滄海叢刊

近代思想史散論

龔鵬程著

東大圖書公司印行

國立中央圖書館出版品預行編目資料

近代思想史散論／龔鵬程著.--初版.
--臺北市：東大出版；三民總經銷，
民80
面；　　公分.--（滄海叢刊）
ISBN 957-19-0890-8（精裝）
ISBN 957-19-0891-6（平裝）

1. 哲學-中國-現代(1900-　　)-
論文,講詞等　2. 中國-文化-現代
(1900-　　)-論文,講詞等

112.8　　80003614

© 近代思想史散論

著　者　龔鵬程
發行人　劉仲文
出版者　東大圖書股份有限公司
總經銷　三民書局股份有限公司
印刷所　東大圖書股份有限公司
地址／臺北市重慶南路一段
六十一號二樓
郵撥／〇一〇七一七五──〇號
初　版　中華民國八十年十一月
編　號　E 11013①
基本定價　陸　元
行政院新聞局登記證局版臺業字第〇一九七號

ISBN 957-19-0890-8（精裝）

自序

近代，是個不精確的時間概念。它概指距我們不太遠的這一段時間，有時也指現在。為了描述它，有人使用了諸如「半封建半殖民」「資產階級民主」之類稱謂，有人則稱此為千古未有之變局。但此一時代之特徵，似乎並未因此而更清晰，反倒是越發模糊、越多爭論了。

在這個充滿爭論的時代，言辭往往和之以刀光。學術上的「嘗試集」與「實驗主義」，落在現實世界，便是一場場以社會為實驗品、用人生來做嘗試的劇目。這個主義、那個學說，左與右、激進與保守，紛然雜陳於舞臺上。學術與政治、言說和實踐，奇特地糾纏在一起，其間勝勝負負，起伏動盪，是是非非，更是講不清楚。英雄塵土，萬物芻狗，戲倒是一齣難得見的好戲，無奈其蒼涼悲壯何！

這是天地不仁，故以此成就了蒼涼悲壯的戲劇性張力嗎？我們讀史者，總不免有此疑問。

但這些疑問與感受，又不真屬於歷史，它就鮮明地在我們身上、在我們這個時代中。我們對它，不可能如視越人之肥瘠，當成是身外之物。我們活在這個特殊的時代中，即不可能不接受這百年來之歷史所帶給我們的恥辱與哀傷，也不能不享受這激昂的革命情緒之撞擊。在這種情境中做學問，便有了特殊的意義。因為治學不再只是所謂客觀真理的探索或歷史真相的辨明，它還必須澄清或撫慰我們被時代激擾的生命，必須為時代找尋走出迷霧的道路。

這樣的工作，實在太艱鉅了。我試著努力做做，漸漸積了點文章，但問題並未逐漸清晰，生命並未逐漸清澈，處於焦慮與挫折中的靈魂，也彷彿國家的道路那樣，不易立刻找著方向。即使只是所謂歷史事件的考辨，亦未必便有定論。理未易明、事未易察，唯一能獲得的，大概仍是爭論和困惑罷了。

可是這並不足以令人悲觀或沮喪，因為治學本來就是如此。

讀書做學問，是頂嚴肅的事，但也是極好玩的事。奇書搜討，疑義與析，其中真是萬怪惶惑，奇絕難名。我們尋幽訪勝，時而驚喜會心，時而瞠目結舌，自能享受一種靈魂冒險的樂趣，彷彿遊賞名山大澤，或在叢林中狩獵一般。

然而，知識的探求，固然像狩獵一樣，不會毫無所得；這種探求與收穫，卻未必是要使人快樂。王國維曾言：「人生過後惟存悔，知識增時轉益疑」，我們探求知識的目的，似乎不在解答人生的問題，而在於更清楚地明白人生存有著各種問題；不在解脫人生的苦難，而在於更深刻地去承擔這些苦難。

因此，只有無知，才能獲得幸福。但人是不能無知，也不應無知的。特別是活在這樣一個時代，每個中國人都不可能不承擔一些屈辱與苦難，每個人亦必須了解屬於這個時代的問題。不問這些問題，不面對這些苦難，便是對自己苟且、不負責任了。

我在這裏輯存的幾篇文章，即是對近代中國文化發展的一些反省。探尋社會文化變遷的軌迹，追查知識份子的生命型態，討論理性主義的功過，預測未來的發展。其中充滿了對過去發展狀況的悔痛與不滿，對現在情勢之疑慮與不安，對未來之期盼與不確定感。這不滿、不安及不確定，就是我的人生態度嗎？我也不能斷言。但不管怎麼說，我總算承擔了一些苦難，也思索了一些問題。

對這些問題的解說，我的意見當然與學界流行的看法頗不相同，但我希望能以此貢獻給每一位開始思索當代文化問題的朋友。

民國八十年九月寫於行政院大陸委員會

近代思想史散論

目次

面對近代思想史

一、晦闇不明的近代思想史

牟宗三在《中國哲學十九講》中，以沉痛的語氣做結，說：「我們這個課程只講到這裏。明亡以後，經過乾嘉年間，一直到民國以來的思潮，處處令人喪氣，因爲中國哲學早已消失了❶。」勞思光的《中國哲學史》，也同樣只寫到戴震而已❷。

他們都認爲近代思想沒什麼可談的，不是詆之爲淺薄，便是嘆其爲消亡。這樣的論斷，如果是專就「哲學」來說，認定了乾嘉以後考證的學風，以及各種文藝思潮的發展，皆非針對「哲學問題」的討論，因而略去不述，猶有可說。無奈實情並非如是。例如在勞思光的書中，第三卷第一章論唐末思想之趨勢，便討論了道教內丹派興盛的問題。若按此例，清末佛教之復興，允爲哲學史上的大事，何以竟不齒及？可見值不值得討論，並非一客觀的論斷，而是這些研究者對近代思潮特具偏見。

這些偏見，亦非某幾個人特別的看法，因爲這多半是歷史條件造成的。也就是說，從五四運動以後，反傳統、講新文化、提倡全盤西化的人，固然對中國傳統學問嗤之以鼻，毫無理解、也不想去理解，對近代思潮的發展，更不會寄予關切。反省新文化運動的人，則又因看到了五四提倡民主與科學的結果，徒然造成了科學主義，而憤激哀傷不已。蓋科學與科學方法，超越了它的理性限度，成爲一普遍且唯一的方法之後，科學就變成了宗教，凡不能經由科學方法檢驗而獲知的，都被認爲不是眞理。這種科學方法，提倡者固然深受外國思潮的影響，但卻號稱那就是乾嘉樸學所使用的方法。因此，反對者便對乾嘉之學深痛惡絕，覺得正是乾嘉這種學風，形成中國傳統學問的「墮落」或「扭曲」❸。

不幸的是，乾嘉以降的清朝學風，又是在一非漢族的政權中發展起來的。五四新文化運動以後，反省者對中國之西化深感憂慮，希望能發展以中國爲本位的文化。這種民族主義的文化悲情，當然也使得他們對異族統治下的學術深懷痛傷。因此，他們認爲那種考證之學，若不是異族統治者爲了羈勒人心，使人廢聰明於無用之地，而故意提倡起來的❹；就是漢民族的才人志士，在無可奈何的高壓統治之下，聊遣有生之涯，用以全身遠禍的辦法。而對這樣的學術與思潮，除了哀矜與憤懣，還有什麼好說的呢？

存在感受與人的歷史理解，往往是結合爲一的。對時代的傷痛與憤激，使得這些論者反科學主義、反異族化、反漢學、不忍言近代學術思想之發展，其心情與主張，都不難理解。

但這只是原因之一。近代思想史之所以常被人忽略，也有它本身的問題。整個近代思想，跟中國古代比，似乎頗有遜色；與西方近代思想家比起來，也好像要差了些。在顧炎武、黃宗羲、王船山之後，我們好像不容易再找到能與程朱陸王或董仲舒、劉向等人相提並論的名字。而十八世紀的戴震、章學誠，只能勉強和盧梭的《民約論》、亞當史密斯的《國富論》、休謨的《人類悟性論》、康德的三大批判等相周旋；十九世紀西方出現一些大師，如黑格爾、馬克思、達爾文、史賓塞、孔德等，我們能找出什麼樣的人物來與之對應呢？廿世紀以後，胡適、陳獨秀、魯迅等人，又能跟海德格、胡塞爾、沙特、羅素、弗洛伊德、懷特海……等比擬嗎？

這樣的比較是極殘酷的，而且它印合了我們一般的印象：中國在明末清初時並不比西方差，正是因爲在政治上亡了國，故文化精神無法開展，乾嘉以後的學術又斲傷了思想上的創造力，保不住中國文化的血脈，致使國力及學術遠遠落在西方後面，遭受了史所未有的屈辱。這種內容不甚高明精采的思想發展歷史，有何值得研討之處？

二、難以掌握的近代思想史

不過，有些時候，人們所能看到的，只是他想看的東西或能看的東西。我們看不出近代思想史有什麼值得研究之處，有沒有可能正是因爲依現有的詮釋眼光，無法掌握此一時代之複雜面貌呢？我們說乾嘉以後的思潮，「處處令人喪氣」；可是當年譚嗣同卻認爲：「千年暗室付喧豗，汪魏龔王始是才」。汪中、魏源、龔自珍、王闓運，被譚嗣同認爲是超越宋元明諸朝的人物，此與我們現在的評價豈非相去甚遠嗎？

再看沈曾植的例子。民國二年俄國哲學名家卡伊薩林來中國，曾會見了沈氏，並撰〈中國大儒沈子培〉一文，說：「沈氏實中國之完人，孔子所謂君子儒也」「蘊藉淹雅，得未曾有。其言動無不協於禮義，待人接物，遇化存神。彼深知中國之情形無論矣，即於國外亦洞悉其情僞。所謂象物之表裏精粗無不到，更能見微知著。」這是外國人的品題，中國學者如王國維，則推崇之曰：「其視經史爲獨立之學，而爲探其奧窔、拓其區宇，不讓乾嘉諸先生。至於綜覽百家，旁及二氏，一以治經史之法治之，則又爲自來學者所未及。……學者得其片言，具其一體，猶足以名一家、立一說。……使後世之學術變而不失其正鵠者，其必由先生之道矣」（《觀堂集林》・十九卷・〈沈子培先生七十壽序〉）[5]。王國維的學問並不差，其人亦非餖飣瑣屑者可比，亦有哲學頭腦，而其推崇沈氏如此，則沈氏之爲人也可知。然而，像沈曾植這樣的人物，我們論近代思想史、學術史時對他又何嘗有什麼討論？因此，近代思想史之乏善可陳，會不會是由於我們對這個時代太過無知的結果？會不會是因爲我們對它根本無力掌握的緣故？

例如楊儒賓便曾質疑：在新儒家如牟宗三的思想體系中，做爲儒學傳統根源的五經，幾乎沒有任何獨立的地位[6]。而整個乾嘉學術或晚清思潮，卻是環繞著經學而展開的，以新儒家的思路，如何叩探這個時期的思想底蘊及學術發展呢？

這樣的困難，並非新儒家才會碰到。事實上，依現今學術分科及一般學者的治學範圍、能力看，恐怕都有無法掌握近代思想家與思潮發展之苦。像常州派，影響深遠、治學規模宏大，龔定盦〈常州高才篇〉謂此派學者：

> 易家人人本虞氏，毖緯戶戶知何休。聲音文字各窔奧，大抵鐘鼎供冥搜。學徒不屑談孔賈，文體不甚宗韓歐。人人妙擅小樂府，爾雅哀怨聲能道。近今算學乃大盛，泰西客到攻如仇……。[7]

也就是說這一派學者人人都博通經學，特別是虞氏易、公羊春秋；對聲音、文字、訓詁、金石考古也很擅長；又能作文章。文章不太宗法唐宋八大家，兼融駢散，下開陽湖派，足與桐城派分庭抗禮；更擅長塡詞，自張惠言起，即創有常州詞派，名家輩出，可與兩宋爭輝；至於天文曆算之學，亦此派學者之所長，紹述發揚古法，不採清初已漸流行的西方曆算之學；……。諸如此數種學問，在常州派來說，是每個人都綜合地懂得的。但試問：我們現在的學者，誰有這樣的才情氣魄，足以兼通經史小學金石詩文詞及曆算等等，籠罩圈有此派學問而予以衡論其高下？我們現在的學術分科，如哲學系，可能可以討論此派學人論《易》與《春秋》之看法；歷史系，可能可以談談此派興起之原因及其與學術發展史之關聯；文學系，可以研究他們的詩、文、詞及理論；但沒有一個學系能綜合地描述並探究此派，因爲根本無此學術規模。我們至多只能將之拆解來講。

然而，七寶樓臺，拆解下來，不成片段。論常州詞派者，述其比興寄託之義，乃不知其說正與該派之論《易》、《春秋》有關，復不知此與其政論亦有關（如周濟，編過《四家詞》，然其人善於言兵）；研究該派之公羊學的人，又多半不懂詩文金石小學及詞。論這樣的學派，怎能論得好？每一片段，拆開來看，都覺得沒什麼了不得；其實正是因爲我們根本無法觀其全體、得其大要。遂覺大海滄波，轉不如一掬之水清瑩可喜也。

論一學派如此，論一位思想家亦然。如龔定盦自己，學問就極淹雅。後來江標曾榜其書房曰「龔學齋」，可以想見其一斑。他是段玉裁的外孫，聲音文字訓詁一道，得諸家學，自極淹通。又從阮元、劉逢祿遊，論經學亦頗道地，集中如〈五經正名答問〉五篇、〈五經大義終始論〉、〈五經大義終始答問〉九篇、〈春秋決事比答問〉五篇、〈大誓答問〉廿六篇等等，俱見功力，非一般文士者流。據聞並撰有《春秋左氏服杜補義》、《左氏決疣》，可以想見其眼光心力爲如何。至其史學，不僅有〈尊史〉篇，又有〈古史鉤沈論〉等；且深於校讎掌故之學，創立〈徽州府志氏族表〉，又熟於內閣故事及當代典制。是章學誠之後，史學向清末民初過渡的重要中介者。於諸子學，則他喜歡老子，撰《老子綱目》，反對分上下經、分章；闡揚告子；又標舉列子及司馬法等，影響反傳統思潮甚大，亦爲諸子學復興之先聲。金石之學，則有《鏡苑》二卷、《瓦韻》一卷、《漢官印拾遺》一卷、《泉文記》一卷、《自晉迄隋石刻文錄》、《漢器文錄》等，又欲撰《金石通考》五十四卷，後成《吉金款識》十二卷。佛學方面，主張以天台宗修淨土法，正佛經

譯文之誤，辨廿三祖廿七祖之異同，論述甚多，於晚清佛教之復興，關係亦極大。又〈尊俠〉

〈尊隱〉；收藏書畫，討論藝文，擅長詩、文、詞；兼治中外關係史，撰《蒙古圖志》，對青海、西藏史地亦有研究，號稱「天地東西南北之學」……。面對這樣的學者，讀其書，輒覺浩瀚無涯，許多地方根本不具備相當的常識（更不用說知識了），要如何去討論他？讀龔定盦如此，讀章太炎、劉師培、康有爲……等人之書亦無不然。一概詆之爲淺薄、令人喪氣，摒去不觀，方便倒是方便了，無奈其爲不懂何！

三、複雜變異的近代思想史

事實上，複雜、龐大，正是近代思想史的特色；任何想用簡單概念或架構予以處理的辦法，都不切實際。

在歷史上，我們很難看到一個時代，像這樣浩博龐雜。學人的精神氣力，噴薄四射到文化的每一個角落中去，而又能綜攝包舉之。堂廡特大，格局開闊。這個時代中，稍稍著名一點的學者，就不可能株守一先生之言，規行矩步，廻旋進退於某一個小角落小地盤小空間小格局上，以專家狹士自居。而善於八面受敵，天骨開張。若求比擬，只有先秦諸子可以與之相提並論。

據帕森思（Talcott Parsons）的看法，在公元前一千年左右，希臘、以色列、印度、中國四大古文明，都曾以各不相謀的方式經歷了一個「哲學的突破」(Philosophic breakthrough)的階段，對人類處境之宇宙本質，產生了前所未有之理性認識，從而奠定了各大文明的歷史傳統。與此一觀點類似者，尚有雅士培(Karl Jaspers)的「超越的突破」(transcenalent breaktuaough)說。認爲上述四大文明都在約西元前一千年左右的「樞紐時代」(axial age)由原始階段突入高級文化階段。確實，在約春秋戰國之際，中國、印度、希臘諸文明都有大放異采的表現，哲人蠭起，形成了各文明的文化傳統。所以這個時代是個樞紐時代[8]。

然而，歷經二、三千年的發展，似乎中國與西歐之文化傳統又都面臨了新的樞紐時期，都在努力想要再來一次偉大而痛苦的突破。

從尼采開始，西歐文化傳統中便發出了破壞一切原有價值，並重估一切價值的呼喊。神學革命、社會改革、現代藝術狂潮、世俗化之推進……等，引發了各個文化領域中空前的不安與騷動。西方文明的幾根重要支柱，都出現了巨大的裂痕。

例如以相對論和量子力學爲核心的物理學革命，以及非歐氏幾何、邏輯悖論的出現，科學的信仰地位已受到強而有力的挑戰。「具普遍必然性的科學是如何可能」的問題，業已取消，轉換成問「是否可能」了。曾經秩序井然的世界圖象，亦面目全非。與科學有同等地位的理性，也受到質疑，劃時代的弗洛伊德精神分析，開創了對人類非理性世界的探索。且波瀾壯闊，發展成本世紀的非理性主義洪流。

這樣一種逆反傳統的走勢，在藝術中表現得最爲明顯了。現代藝術在世紀初異軍突起。美術中的立體派、未來派、野獸派、達達派、抽象派、超現實主義……紛至沓來，梵谷、高更、畢卡索、康定斯基們，這些叛逆者另闢蹊徑，各領風騷，怪象環生，把令人尊敬的傳統棄置一旁。音樂中的印象派、象徵派、表現主義乃至無調性音樂、隨意音樂、微音音樂、噪音音樂如野馬咆哮，德彪西、勛伯格、斯特拉文斯基們使音樂的和諧美被一陣無章可循的放肆喧囂衝刷以去。文學中的意識流、象徵派、表現主義、未來派、荒誕派、超現實主義、新小說、黑色幽默八面襲來，喬艾斯、卡夫卡們突破了從荷馬到托爾斯泰的歷史悠久的樊籬。在所有這些領域中，從再現到表現，從具象到抽象，從外界到內心，從理智到荒誕，是世紀初最常展示的標籤。

這就是本世紀初西方哲學生存的基本文化氛圍。它與哲學互爲因果，息息相關。鑒於此，西方哲學染上上述「時代病」本是順理成章的。事實上，世紀之交西方哲學傳統正面臨堪與笛卡爾和康德的轉折相並列的近代第三次大轉折，在某些方面，其姿態甚至比前兩次更爲徹底。前兩次是順著傳統在走，現在則掀動了整個文化方向與內容。其特徵，正在於：否定。

瀏覽當代西方哲學流派，不難發現一個並非巧合的現象，卽二十世紀哲學各流派或學說的稱謂之前常被冠以一種否定性的限制詞，如「反」、「非」、「否」、「拒斥」、「破」、「拆」、「無」等等。該現象值得細細深究。當然，首先要澄清的一點是，這裏的「否定性」並不內蘊黑格爾「否定之否定」的涵義，卽不存在什麼「三段式」，沒有一個「合題」在前方迎候，根本不是一場直奔「絕對」的凱旋式進軍。玆舉幾例：

「拒斥形而上學」，這是本世紀上半葉西方哲學中最負盛名的口號之一，曾經在分析哲學中醞成狂飆突進式的大潮，並以全面否定整個西方哲學傳統的激進姿態載入史册，從而形成了以維也納學派爲高潮的一次當代哲學運動，這已經廣爲人知，玆不贅述。這裏需要提醒的是，在被分析哲學家斥爲形而上學家的歐陸哲學家中，如海德格，也從根本上反省自希臘開源的形而上學傳統，也在自己所規定的意義上消解形而上學。海氏疾呼要克服對存在的形而上學解釋。在他看來，統治了自古典世界至尼采的全部西方哲學的形而上學結構必須徹底擺脫，因爲這些形而上學的探究毫無意義。而擺脫形而上學結構的途徑，就是把本體論的探討與形而上學相分離。當代著名哲學家伽達瑪與德希達也都主張一種要摧毀或戰勝形而上學的歷史意圖，他們堅持使用開放性作爲形而上學的消毒劑，這種開放性是永恒的向新的可能性的開放性，是與終極的整體性相對立的。這裏不難發現，雖然分析哲學與歐陸哲學在概念使用上相去甚遠，然而在反省西方傳統的形而上學方面，卻同樣徹底。

「非理性主義」，作爲本世紀最爲泛化、滲透文化領域最廣的哲學思潮，在世紀初由柏格森主義和弗洛伊德主義發其端，其實，遠在叔本華哲學中就隱然萌動了。至弗洛伊德，一舉摧毀了所謂高踞於意識之上的客觀精神和理性的謊言，從而揭蘖了一場對傳統理性的浩大討伐。以發掘弗洛伊德主義而獲得靈感的馬爾庫色認爲：「在黑格爾以後，西方哲學的主流枯竭了。統治的邏各斯建立了它的體系之後，餘下的便是掃尾工作了：哲學只是作爲學術機構中的一種特殊的（但不是特別重要的）功能而得以倖存。……這個變化，用形而上學的語言來表達，就是指存在的本質不再被看作邏各斯。」反邏各斯中心的非理性主義大張其勢，從而使二十世紀幾乎每一學術領域都能瞥見它活躍的影子，甚至歷來被標榜爲正宗理性典範的自然科學，也被發掘出了非理性的成份，這特別可從孔恩、費耶阿本德等人的科學哲學中發現，這是對啓蒙運動以來理性崇拜的反省，也是對唯科學主義的反省。

表現於科學哲學中的反歸納主義（以巴柏、孔恩、費耶阿本德等人為代表），重中並深化休謨的論證，斷言歸納的不可能性，強調由經驗所獲知識的非確定性和非絕對性，強調科學的假設性、約定性和可錯性。

而巴柏的否證主義，更進一步化解了對科學作肯定性和靜態理解的實證論神話，把對未來無窮多可能性的開放視爲科學的根本命運，把不斷的否認和批判看作是科學存在和發展的基本模式❾。

總之，對於追究本質、基礎、深層，具有歷史客觀主義傾向的思想，在近代都普遍受到抨擊。西方近代思潮，是要徹底與內／外、深層／表層、本質／現象……等傳統學術模式決裂。對於西方文化，雖未必人人都發出如史賓格勒《西方之沒落》那樣的哀嘆，實質意義卻無太大差異。對希臘及希伯來文化傳統，他們正不斷地在否定。

與此否定同時顯示的，就是變遷。整個社會變革之迅速，爲前史所未有，哲學思潮之興衰起伏，亦復如之。有人戲言，現代哲學，是個無固定主角的舞臺，每位哲學家頂多只能占據其中心五分鐘，隨即要被撵下臺，讓新主角粉墨登場，繼領風騷。這話一點也不誇張。

構成這種否定與變遷的原因，甚爲複雜。但其中値得注意的原因之一，就是：所謂西方文化，並非一整體的、系統的文化，其內部實有許多異質性的因素，而這些因素，在近代正在分解、重組。因此，這個時期所表現的，並非理已直、氣已壯地批判質疑舊的系統架構，而是充滿了矛盾、複雜、變異、糾纏、混亂的反省精神，狂熱又痛苦、冷靜又急切，誰都找不到答案，誰又都認爲已握有開啓明日世界的鑰匙。這類似世紀末的心態，卻孕育著新文化臨產的期待。

與此一發展同時在進行著的，便是東方中國的變革。反傳統的狂潮、對中國文化業已沒落死亡的詛咒，與西方並無二致。放在一個大的世界史格局中看，我們就知道：近代中國的苦難，近代中國思想史上的矛盾、複雜、變異、糾纏以及紊亂，亦是整個文化傳統面臨統合、再造、轉化、異變時的表現，而非只肇因於中西文化衝突後中國文化挫敗的反應。全世界都處在一個新的樞軸時代中，都在思索文化的出路，尋找突破點。

正因爲如此，我們對近代思想之發展，便應特別注意。不僅因爲它關聯著我們現在的處境與問題，更因它深切關係著我們未來的命運。在時代與問題都改變了的今天，只談康德，恐怕是無濟於事了。

附注

❶ 見牟宗三《中國哲學十九講》，第十九講一九八三年，臺北學生書局。

❷ 見勞思光《中國哲學史》，第三卷一九九〇年，香港友聯出版社。

❸ 理性精神與科學方法，超越了限度，膨脹爲科學主義及專斷態度，另詳本書〈理性與非理性——論近代知識份子之理性精神〉一文。對於乾嘉樸學所代表的現代學風之抨擊，則可見諸牟宗三、徐復觀等人的著作。勞思光則謂：「乾嘉學人每以精細之訓詁開始，而以極幼稚粗陋之理論了解爲終結。此是乾嘉學風之根本病痛所在。……乾嘉學風本身原是一『以史學代替哲學』之潮流，基本上自屬謬誤。……其病在於不能眞正了解哲學問題」（同注❷，卷三上册）。

❹ 以民族主義立場解釋清代學術發展，是清末民初常見的辦法。但抨擊乾嘉，乃道咸以後風氣，如方東樹、魏源，皆其人也。晚清樸學復興，章太炎先起而爲乾嘉之學平反，謂戴東原等人確實如魏源所謂：「錮天下知慧爲無用」。因爲當時乃是夷狄入主中國，一般士人正準備求仕祿，就用於異族，故東原等「教之漢學，絕其恢譎異謀，使廢則中權，出則朝隱」（《訄書・學隱》）。又說清朝士行敗壞，乃清朝教化之惡使然，不能歸過於漢學（見《文錄續編》卷一〈漢學論上〉）。其後胡適正面推崇乾嘉考證，譽爲科學方法。反對五四運動之文化主張者，遂重新從民族主義等立場來批判漢學。其中曲折甚多。

❺ 詳王蘧常《沈寐叟年譜》，一九七一年，臺北商務重印。

❻ 見楊儒賓〈人性、歷史契機與社會實踐——從有限人性論看牟宗三的社會哲學〉，一九八八年，《臺灣社會研究》，第一卷第四期。

❼ 龔自珍〈己亥雜詩〉自云出都時，一車自載，另以一車載文集。又曾埋棄文稿三千七百九十一紙。則今存文集，只保留了他著作的一小部份。

❽ 另詳余英時《中國知識階層史論·古代篇》，一九八〇年，聯經，頁三〇。

❾ 對西方近代思潮之描述，此處引述陳奎德〈新靡非斯特的幽靈——二十世紀西方哲學思潮一瞥〉，一九八九年，上海《思想家》，頁一——一七。

傳統與反傳統

——論晚清到五四的文化變遷

一、向西方尋找真理？

清朝末年幾位思想先鋒，如康有爲、嚴復等，後來都被批評爲「保守」或「倒退」。章太炎也是如此。五四新文化運動後，章氏在上海創辦《華國》月刊。九一八事變後，又在蘇州組國學會，辦《國學商兑》季刊，設置國學講習會、刊行《制言》半月刊。凡此，皆魯迅所謂：「旣離民衆，漸入頹唐」之舉❶。

故在研究章太炎思想時，一般都援引太炎自己在《菿漢微言》中的自述，認爲他：「始自轉俗成眞，終乃回眞向俗」。意即先從傳統觀念的執迷中解脫出來，表彰老莊及荀韓墨子，以與儒家抗衡；然後再通過佛學的研究，復歸於儒術，或以莊證孔，得儒道之會通。

這個詮釋路向，一方面解析了章太炎晚年「思想趨於保守」的原因；另一方面也可以由太炎早年富革命性的攻擊傳統及儒家之言論，看出章氏思想對五四新文化運動反傳統精神的啓蒙意義。且正因爲新文化運動是順著太炎等人所開啓的道路向前發展，故章氏等人反而被拋在後面了。

根據這一理解，我們可以說章太炎思想有前後兩期不同的表現，但也不妨說它們並沒有根本的不同。因爲所謂後期的保守，即是他思想中原已含藏的因素使然，或時代使然——在保守的時代中他顯得激進，等到時代激進時他又似乎保守了。

有關章太炎的研究，基本解釋模型或詮釋的邏輯結構，大抵不脫上述。故將章太炎思想分爲兩期來看，就發生了有關分期年代的爭論：或以五四爲界、或溯至《民報》時期❷。而此前後兩期，各將如何理解，亦有不同的看法。或云前期爲對儒家傳統之懷疑批判期，後期則復歸傳統；或云前期爲資產階級改良派，後期則封建色彩地主階級作用漸濃；或分前後期爲唯物主義及唯心主義思想。至於這兩期區分，是否能合理地解說章太炎「轉變」的原因，更是研究者聚訟之所在。有人說他是領受了佛學的影響；有人說是由於接觸到西方休謨、康德、叔本華、尼采之學說；有人說是因爲他原先的唯物主義並不徹底；有人又說是封建地主因素在他身上逐漸起了作用；還有人覺得是革命形勢之受挫使然❸；或「其父行刼，其子必且殺人」，形勢不斷激進發展，轉令長者驚愕而反趨保守。

這些轉變說或局限說，尋求了一切內在與外在原因來解釋太炎思想早晚期的變化。然而，由內在原因解說章氏思想者，也可以輕易地把「轉變」說成是「發展」，把所謂的「局限」換成另一種價値判斷，指出章太炎思想中本有的內在因素，使得他後來做了那樣的表現[4]。不過，有關太炎思想中哪些內在因素使其有此表現，當然又有不少爭論。至於晚期的章太炎，固然與新文化運動相枘鑿，但他的思想似乎又已成爲新文化運動的先鋒或啓蒙者。研究這位被稱爲保守主義的國學大師跟五四反傳統思潮間的關係，似乎也頗爲熱門[5]。

以上各種說法之相關論述，篇幅有限，且亦無庸詳加徵述。我的意思是：這樣的研究途徑與詮釋邏輯，固然不乏精闢的論述成果，但基本上都建立在一個既定的價値體系上。這個體系，是不辯自明的、既存而穩定的。章太炎的思想，乃與此一體系對照時，才顯得出它的「進步」或「保守」、激進或頹唐。故五四運動以前，太炎之說，可以是五四的先聲；五四運動以後，該運動所揭櫫者，在反傳統方面，未必就遠超過章太炎，可是太炎卻已成爲保守了。這個價値體系，不僅是指馬克思的唯物主義，更是一個與「進步」理念相關聯的，或以「進步」爲基本理念的西歐世界史觀[6]。整個晚清到民初的思想文化發展，亦依此而被解釋爲一種逐步趨近這一西歐世界的歷程。

也就是說，晚清以來的思想，被認爲是中國知識分子受西方之刺激後，逐漸由排斥、融合（洋務運動及「中體西用」等說）、到接受西洋文化的過程。這個過程是對中國傳統的逐步背離，以漸趨於歐化或稱爲現代化。合於此一趨向者，謂爲進步，否則就是保守或後退了。舉個例子。早先毛澤東曾說：「鴉片戰爭失敗那時起，先進的中國人，經過千辛萬苦，向西方國家尋找眞理。洪秀全、康有爲、嚴復和孫中山，代表了在中國共產黨出世以前，向西方尋找眞理的一派人物。」近來李澤厚也說：「正如自鴉片戰爭以來，中國近代歷史無不客觀上帶有民主革命的性質一樣，近代中國的進步思想，更無不是在『向西方學習』這樣一個前提和環境下發展起來的。」故包括《國粹學報》都要表態：「夫歐化等，固吾人所禱祀以求者也」（第七期・〈論國粹無阻於歐化〉）。據此，李澤厚便把早期的章太炎理解爲：「是自然科學和民權思想的熱烈的學習者」、「援引古典來倡導宣傳資本主義的政治、經濟、思想、文化……」，與嚴復、孫中山、康有爲、譚嗣同等相類似。而晚期的太炎，則因「走上了自己獨特的道路，即反資本主義的道路，反對『委心向西』」，所以成爲保守落後的代表❼。

「資本主義」的標籤，可以換貼成「唯物思想」等等，但這個基本詮釋邏輯是不變的。早期章太炎、康有爲的作爲，遂被解釋爲如馬克思所說：借用古代亡靈和語言來進行革命，是一種託古改制。但此時就像一個人剛學會外國話，總要在心中先把外國話翻譯成中文一樣。等到後來，對外國話日漸熟稔而能運用自如了，便不再需要套穿古裝、運用傳統。章、康之流，遂爲已陳之芻狗矣。

這樣理解晚清之傳統與反傳統，然乎？否乎？

二、文體日漸淺白化？

今且以語言爲例。從晚清到五四，常被看做一個古典語言體系逐漸瓦解的過程：傳統的文言文系統，隨著支撐它的科舉制度之崩潰，以及革命形勢的需要（宣傳、啓迪民智等等），逐步白話化，而趨近於西歐的語、文合一狀態。

依這個看法，我們可以看到梁啓超所提議的「小說界革命」、他與譚嗣同等人推動的「詩界革命」、裘廷梁、汪贊卿等人辦的無錫白話學會、發行的《中國官音白話報》等白話報刊……等現象，而發現晚清的文學語言，皆有逐漸倡導普遍化與平民化的趨勢，以致日益脫離傳統文學體系，跨入新文學的領域❽。

然而，這個幾乎毫無可疑的論調，可說全是詮釋路向選擇出來的，猶如帶著某種有色眼鏡在看東西，東西當然要變些顏色。因爲，當我們說晚清之文體日益淺俗，出現了「新民叢報體」、各式白話報刊，甚至章太炎、劉師培等人也曾提倡過利用白話以便啓蒙與革命……等等事項時，我們都忽略了：在晚清，也同時存在著文體艱深化的趨勢。

例如革命派的章太炎，其文章之古奧艱澀，是衆所周知的。與他並肩作戰過的劉師培，文章又何嘗淺俗？而這一派，在文宣工作上，顯然又勝過文體淺易的梁啓超新民叢報風格❾。這一現象，是迷信爲了宣傳及普及思想，卽必須採用通俗淺顯語言的人，所宜深思的。整個晚清，在大趨勢上說，恐怕正是這一艱深文風興盛的時代。例如詩歌，乾嘉時期的詩風，由於有袁枚、趙翼、蔣心餘等人的提倡，較爲淺易。同治以後，則不論是王闓運所代表的湖湘一派，專攻六朝；抑或曾國藩所開啓，而經陳三立、陳寶琛、鄭孝胥、沈曾植、林旭等人所推闡發揚的宋詩風氣，都遠較乾嘉深刻艱僻。所謂「同光體」，張之洞曾有「張茂先我所不解」之嘆；陳衍弟子曾克耑也說這是揉合詩人與學人爲一體的詩。其奧衍艱深，似乎還要超過他們所效法的宋朝詩[10]。

詞，王鵬運、朱彊村、鄭文焯等人，在此時也發展出一種接近南宋的詞風。「一字不苟，覺厲氏於律之疏也；一往而深，覺張氏於意之淺也」，上追碧山、白石、夢窗，鎚幽鑿險，理隱而志微，講究「重、拙、大」。

文章方面，看來也是如此。自魏源、龔定庵以降，文章實在不是「形成一種平實的風格」，而是奇怪與艱澀。魏源序龔自珍集，謂其喜於復古，且云：「錮之深淵，緘以鐵石，土花鏽蝕，千百載後發硎出之，相對猶如坐三代上」，自然很難說它是平實淺易的。故曹籀序，說龔氏「奧義深文，佶屈而聱牙也」，龔氏的影響，在晚清非常鉅大，吳宓曾提到當時稍稱新黨之家，案頭皆有《定盦集》[11]。所以這種佶屈聱牙的文風，實是晚清的一大特色。但這一受常州派影響下的文風，較爲奇麗恢瑰；另一支較爲雅正的文風，就是桐城派的發展。晚清桐城派如吳汝綸父子、馬其昶、姚永樸兄弟……等，勢力極大，卽使章太炎也不敢忽視之。嚴復、林紓之介紹新思想、新文學作品，所倚賴的都是這一派文體。風格蘄向，乃在雅潔，而非平易。故《原富》等書初出，讀者已謂其艱深⑫。

即使是正面提倡詩界革命的譚嗣同，他的新體詩，也是堆垛新名詞、隱語、諸宗教經典中語，而具有「索解爲難」的效果。因此，整體地看，晚清文風，應當是趨向於艱深的。白話固已濫觴，實仍涓細不足道也。

而在這種趨向之中，値得注意的就是魏晉南北朝文風的復興。從阮元提出〈文言說〉、李兆洛編《駢體文鈔》以後，以汲源六朝來超越唐宋八大家以迄桐城派長期籠罩的文風，可說是一重要的傾向。王闓運暫且不論，激進者如譚嗣同，亦自謂：「嗣同少爲桐城所震，刻意規之數年，久自以爲似矣。出示人亦以爲似。誦書偶多，廣識當世淹通歸一之士，稍稍自慚又無以自達。或授以魏晉間文，乃大喜，時時籀繹，益篤嗜之」（全集，卷中、〈三十自紀〉）。梁啓超也說：「啓超夙不喜桐城派古文，幼年爲文，覺晚漢魏晉，頗尚矜練」（《清代學術概論》）。維新派人士如此。在主張革命的陣營裏，亦有追躡服膺阮元之說的劉師培。他曾作〈廣阮氏文言說〉，撰《中古文學史》，講授「漢魏六朝專家文」，自己也擅長駢文。章太炎雖不相信阮元的說法，但他論文章，卻特崇魏晉，以爲：

魏之末造、晉之盛德，鍾會、袁準、傅玄皆有家言，時時見他書援引，視荀悅、徐幹則勝。此其故何也？老莊形名之學，逮魏復作，故其言不牽章句，單篇持論，亦優漢世。……經術已不行於王路，喪祭猶在，冠昏朝覲，猶弗能替舊常，故議禮之文亦獨至。……（《國故論衡》．中．〈論式〉）。

主張「持論以魏晉爲法」「上法六代」，並謂魏晉之文勝於漢朝。可說是從另一個方向去師仿六朝文。這種作爲，應該是對唐宋以來文風的反撲。所以他把六朝文風視爲「雅」，唐宋文風稱爲「俗」。說：「並世所見，王闓運能盡雅，其次吳汝綸以下，有桐城馬其昶爲能盡俗」[13]。

太炎的文章，卽是以這種「雅」自負的，頗不屑於淺易諧俗。雖然在〈鄒容傳〉中提到鄒容寫好《革命軍》以後，自覺「語過淺露，就炳麟求修飾」，而章氏以爲：「感恆民當如是」。但〈與鄧實書〉又云：

昨聞上海有人定近世文人筆語為五十家，以僕紆厠其列。僕之文辭為雅俗所知者，蓋論事數首而已。斯皆淺露，其辭取是便俗，無當於文苑。向作《訄書》，文實閎雅。篋中所藏，視此者亦數十首。蓋博而有約，文不掩質，以是為文章職墨，流俗或未之好也（文錄．卷二）。

可見為了革命的需要，固然不妨運用白話或通俗的文詞，就文章的標準來說，卻得要上追六朝，力求閎雅。

這種上追六朝的做法，其實又不僅限於文學方面，而是與其學術嶄向相關聯的，所以他批評：「近代或欲上法六代，然不窺六代學術之本，惟欲厲其末流。」在提倡六朝文時，同時他也提倡「五朝學」[14]。

這些現象告訴了我們什麼？

從章太炎所影響的新舊派門人身上，我們都不應忽略這獨崇魏晉、上追六朝文風乃至學風的意義。例如舊派的黃侃，對《文選》極為用功，又作《文心雕龍札記》，寫駢儷文，撰《漢唐玄學論》，顯然浸淫五朝學至深。新派的魯迅，也是以「魏晉文章」著名，對《嵇康集》及六朝碑拓等，下過很多工夫。甚至整個五四文學革命，劉大杰都曾表示它與魏晉文學具有相同的精神[15]。因此，艱深雅練的文風與主張白話淺俗，在效法魏晉這一點上，卻是可以相通的。

那麼，文章效法魏晉或其他各種艱深化的舉動，到底代表什麼意義呢？

三、復古以求新變

文體的艱深化，基本上是一種反對時代的表示；是對現存文風不滿之後的變革。為了達成這種變革，思變者往往必須跨越一個文化世代，去尋找他所需要的典範來支持他的新變。

在中國史上，漢末至唐朝初期，可算是一個世代，卽章太炎所說的六代或五朝學的時代。唐朝中葉之後，直到清末，可算另一個文化世代⑯。唐宋元明清各朝，在改革其時代文風時，往往都會上溯其前一世代。例如唐朝中葉的古文運動，是要跨越六朝，上追秦漢；明初館閣體「文章尙宋廬陵氏」，復古派遂上溯至「爲文法秦漢，其爲詩法漢魏李杜」；導致後來公安派出來，「辯歐韓之極寃」（袁中郎，〈答李元善書〉）；但復社繼起，又認爲「宋文最不足法」，而欲上溯秦漢。桐城以後，唐宋文的勢力逐漸鞏固，到了清末，思變者乃又跨越唐宋，上追漢魏六朝以變革之。文學當然也就比較古奧了⑰。

這個文學藝術變遷的模式，在書法上也是相同的。晚清在帖學（由宋朝開啓）長期籠罩下，阮元開始提出北魏碑刻的書風來尋求改革，到康有爲而發展成一個嚴密龐大的理論體系。主張「卑唐」，力貶唐以下書風，而上溯南北朝。書法遂擺脫了姸美姿媚的風格，而趨向於艱深化，表現出一種「艱難的美」⑱。

至於詩，王闓運的效法六朝，同樣具有這種意義。章太炎自己的詩也是崇法魏晉的。所謂「同光體」詩家，固然不法六朝，但一般均相信他們不是單純的宋詩，而是揉合消化了六朝的宋詩。例如陳散原早年的詩，深受選體影響；鄭孝胥則浸淫大謝極深；沈曾植對同光詩也有個「三關」的解釋，說詩人必須經元祐、元和，而上追到元嘉。故其古奧艱深亦遠超過乾嘉時期的詩

[19]。

他們不能追得太遠，因爲太遠了又與自己那個時代隔閡太甚。適當地從上一個文化世代中擷取某些價值，才可以安心地對身處的時代與傳統做一番改革。

這卽是魏源序龔定庵集時，特別強調「復古」的意義。復古的目的，正是爲了要創新、要改革。而復古的方式，則必須通過對古的重新理解、重新掌握，方能選擷出某些價值，以便依循。濃厚的歷史意識，遂在這種情況下形成。章太炎的「尊史」，就代表這種精神。

固然在章太炎的觀念中，歷史是已經客觀存在的，不容託古改制、古爲今用[20]。但是人在理解歷史的同時，實際上已替歷史做了新的詮釋；人的歷史知識，也必然與他個人存在的境遇感相綰合。從章太炎論〈儒俠〉等各篇，以及《訄書》幾次不同的修訂，我們就可以看出：他的歷史理解，是怎樣與他的現實境遇感分不開了。

因此，這種復古，不但在意義上代表一種革新與變遷。對「傳統」而言，所謂的傳統或歷史，也在內容上出現了新的變化，有了新的內容。可說是替傳統畫了新的地圖。而也正因爲傳統有了這些新內容，它才能做爲批判他身處那個時代的力量，進而顚覆那仍在他的時代中起作用的傳統。

這就是傳統的複雜性，及其內部辯證發展的邏輯。傳統與反傳統完全是糾合爲一的，傳統的深化與強化，同時卽構成了內在批判與重構的過程[21]。

在這個過程之中，改革者超越了自身所處時代及在那個時代中主要的文化勢力，溯尋古代文化因素。這些因素，在他們身處的那個時代，亦非毫無遺存，只不過跟當時主要的勢力相比，它們顯得微弱或非主流所在而已。例如古文運動以後，駢文就死亡了嗎？當然不！在宋朝，它仍以實用官文書公牘等形式存在著，爲宋代之「時文」；隨著唐宋八大家勢力日益鞏固強大，駢文雖日蹙日銷，然亦終未死絕，只是不復爲文章之主流罷了。明末張溥等人，在反對唐宋八大家所代表的文風時；清末從李兆洛、阮元到章太炎、劉師培，在反對桐城派時，都曾把這非主流因素找出來，特予標舉，俾便促進改革。

換句話說，溯求前一文化世代的行動，同時也可以理解爲：在傳統的主流之外，尋找旁支、非主流因素，來批判主流，而達成文化變遷。

晚清維新派或革命派均常採用這種方式。如譚嗣同把兩千年來的文化，全部批判爲荀學、爲秦政。表現了濃厚的尊儒色彩，要把一切非儒的因素全部掃除，以恢復三代眞儒的精神。即是溯求往古的模式。但在這同時，他的《仁學》又並非純宗周孔，而是孔墨並舉的。據《仁學》自序云：「墨有兩派，一曰任俠，吾所謂仁也。一曰格致，吾所謂學也。」墨家精神在他學說中的地位可想而知。所以這是在事實上吸收了非主流因素來批判兩千年的傳統主流。

章太炎之「尊荀」，與譚嗣同迥異，但其對應時代問題的改革模式，實際上並無不同㉒。自宋明以來儒家已爲中國文化的主流，儒家之中，又以孔孟爲主流。章太炎卻：「歷覽前史，獨於荀卿韓非謂不可易」（《菿漢微言》）「歸宿則在孫卿韓非」（《自編年譜》）。在儒家中擡高荀子，批評孟子的性善論（見〈五無論〉）、子思與孟子的五行說（見〈子思孟軻五行說〉）；並通過荀子連接到法家的傳統，寫〈儒法〉〈商鞅〉等文，「以不忘經國，尋求政術」。在哲學上，則標舉老莊與佛家，用以壓抑當時仍居主流地位的儒家，出現〈儒道〉〈訂孔〉及〈諸子學略說〉等激烈非儒反孔的文章。這跟康有爲在儒家傳統內部，尋找那久已「不絕者如縷」的「公羊學」，批判中國兩千年來皆屬「新學」、僞經與莽政，有什麼兩樣[23]？

四、複雜的傳統與反傳統關係

(一)復古與中西體用論

於此做法中，援引西學，亦無不可。因爲他們可以將西學視爲傳統的一部份，亦即傳統的非主流因素。說西學中某部份即周孔之道或與周孔之道相合，只不過兩千年來居文化之主流的，都恰好不是周孔之道。所以必須提倡這些西學，以追復古道。

章太炎與康有爲、譚嗣同等人，均採此一模式。譚嗣同說：「勢不得不酌取西法，以補吾中國古法之亡。正使西法不類於古，猶自遠勝積亂二千餘年暴秦之弊法，且幾於無法。又況西法之博大精深，周密微至，按之《周禮》，往往而合，蓋不徒工藝一端足補〈考工〉而已。斯非聖人之道，中國亡之，獨賴西人以存者耶？」（思緯壹壹臺短書），卽是此意。

這類做法，無論談西學談得多還是少，整個理論的根本處，仍在傳統。西學不是被徹底吸收消化在傳統之中了，就是只具有輔助性或裝飾性的功能。章太炎和康、譚一樣，都可以顯示出這一意義。故康終究只是提倡孔教，章也終究只是「國學大師」。

正因爲如此，所以他們的思想中，沒有「體／用」的糾纏。「體／用」問題，是從洋務運動中帶出來的。在洋務運動的改革中，因偏重西洋器械知識，所以認爲政教是道，機械是器。欲輸入西洋機械，以謀中國之富強，並藉以維持中國之政教，卽是「求形而下之器，守形而上之道」。這種主張，後來徹底失敗了。於是學者又提出新的論據，謂道器並不對立，而是互爲表裏的，透過器卽可表現道，只不過道與器有體用本末之異而已。陳熾《庸書》、鄭觀應《盛世危言》、湯震《危言》都提出了這類主張。張之洞的「中體西用」說，則具體總結了這一派應變模式的看法[24]。

然而，我們不要忘了張之洞提出這一說法，實乃用以對抗變法論。康、譚以及後來更激烈化、走向革命的章太炎都不採取這一模式。他們的應變策略，反而是比較傳統的，與中國歷代之文化變遷經驗較爲忻合，而省去了「中／西」、「體／用」、「道／器」……等糾葛。從更深入傳統的方式，去解構傳統；又從對傳統的批判，來強化傳統，以使傳統在面臨新時代的變局時，能更具活力地成爲現存處境的指導。

(二) 復古與修古論

這一模式，也與嚴復、林紓等人不同。

在章太炎等人溯求往古或擷取非主流文化因素來進行變革之際，那遭到正面沖擊的傳統勢力，亦必須對它本身做一些調整，並對自身存在的理由，做一辯護。林紓和嚴復，即代表了這一類型。嚴復精嫺西學，林紓不諳洋文，而兩人都從事了重要的翻譯事業。但是，我們不應只注意到翻譯，得更深一層看，看他們是如何做翻譯。因爲他們的譯著，雖然一偏於政法論述、一偏於小說，卻有個共同的地方，那就是運用桐城派古文。換言之，在桐城派受到魏晉文風復興的挑戰時，桐城派也相對地在變。以桐城派古文譯述西方著作，事實上卽是豐富其本身傳統的一種方式[25]。這種行動，與桐城另一批人，如馬其昶、姚永樸、姚永概、吳闓生等人對韓柳古文的加強研治，以重新鞏固其傳統，意義實在是一樣的。所以，嚴復固然以譯介西學爲世所推重，他本人的文化理想卻是要「修古而更新」。他在譯《法意》第十七章的按語中說：

> 宗教、哲學、文章、藝術，皆於人心有至靈之效。……是故亞洲今日諸種，如支那、如印度，當不至遂為異種所剋滅者，亦以數千年教化有影響效果之可言。特修古而更新，須時日耳。

這是企圖對傳統修整補葺，以展現新的活力，來應付變局。我們只看到他的修補整葺，只看到他譯介西學，便以爲他是激進的：因此又不免懷疑他之終究歸於傳統，是一種後退與保守。殊不知修古而更新，本來就是爲了要鞏固傳統，所以光緒廿七年嚴復有信寄給張元濟說：「不知教中國少年以西學，其門徑與西人從事西學者霄壤迴殊。故近日所成之材，其病有二：爲西人培其羽翼，一也：否則學非所用，知者屠龍之技，而當務之急則反茫然。……中國之舊，豈可一意抹煞？而西人則漫不經意，執果斷因。官則無一非貪、政則無往非弊，而所以貪、所以敝之故，又非異類所知也。」教中國人以西學，嚴復眞正的用意並非欲傳授西學，以變中國；而係旨在豐富中國的傳統以適變。故其門徑與目的均與西人從事西學不同，且西學與中國柢牾時，他大體也是主張保有中國之舊的。他的應變模式如此，則晚年的表現較偏向於守舊，甚至從事恢復帝制的活動，亦是十分自然的。對五四新文化運動，他與林紓，也都表示了相同的反對態度，重申唐宋古文家系統對文學的信念，以資對抗。

(三) 復古與傳統的深化

但這種修古而更新的模式，在章太炎看來，仍不甚妥。因爲他們所持之古，依太炎這一類型的人看，其實還不夠古；而且既修古以更新，則此不夠古之古亦已不能堅守。〈與人論文書〉謂：「下流所仰，乃在嚴復、林紓之徒。復辭雖飭，氣體比於制舉，若將所謂曳行作姿者也。紓視復又彌下，辭無涓選，精采雜汙，而更浸潤唐人小說之風。……若然者，既不能雅，又不能俗」，即是此意㉖。由這點看，此一應變模式的積極性是比較弱的，也不像太炎他們那樣充滿批判精神。然而，其結果可能並沒有太大的差異。

因爲批判者援引往古，或選擷傳統中的非主流因素，來反抗當時居於主流地位的傳統勢力時，固然對傳統造成了某些衝擊，瓦解了某些價值。但這同時也是把傳統從某個固定的框套中釋放了出來，傳統內部的豐富性與複雜度，一齊展現到國人眼前。傳統遂在被摧毀的同時，其活力也大爲增強。晚淸以降，西潮拍擊之勢雖然強勁鉅烈，研究者觀聽之所在，不免較集中於中西關係；且模糊中總是感覺整個發展乃是一現代化或西化的過程，傳統一直在崩潰或退卻之中。其實公羊學今文家的復興，從魏源、康有爲、廖平、王闓運、皮錫瑞、葉德輝……，到民國的崔適、呂思勉等，一直活力旺盛；至今臺灣民間講學，如毓鋆之類，影響亦不在小。古文家，則章黃門人及其他，也有不少表現。熊十力、梁漱溟等所開啓的新儒家學風，同樣可以視爲近代陸王學的復興㉗。這些復興，不論章太炎、黃侃，還是康有爲、廖平、抑或熊十力，都不是規行矩步的人物，都不是循煦守成的性格，反而都充滿了縱軼噴薄、控摶激昂的氣息，爲世人目爲狂者、怪人、瘋子。這豈不是傳統活力大增的一種表現嗎？

再從傳統在這些人身上的作用看。他們援引往古及標舉傳統中非主流因素時，對傳統的破壞當然不小，反傳統的姿態甚高。但是，如前文所述，經過這一反以後，傳統事實上已出現了新的內容。因爲批判者用以批判傳統的資源，仍然在於傳統。批判者藉著對傳統的重新理解與重新詮釋，來達成批判改革之功的同時，他與傳統的關係也越來越緊密。到最後，他的理想以及理解，全部要以傳統來說明，並化爲傳統本身的屬性。

讓我舉個例子：章太炎早年是揭舉法家、道家，來訂孔貶儒的。中年經歷憂患，又加上了佛家。認爲佛家之哲學最爲玄妙：「私謂釋迦玄言出過晚周諸子不計數，程朱以下，尤不足論」。但他鑽研愈久，愈深入傳統，他所理解的莊子也就愈深刻，深刻到「乃與瑜迦華嚴相會」。這時候他仍認爲孔子之玄妙是不及老莊的。可是等到他更深入理解《易經》時，才恍然「知其（孔子）價位卓絕，誠非功濟生民而已」。這就意味：歷史與傳統不是凝固既存的，它仰賴讀者的參與、詮釋；它也不是自明的，而是需要讀者思索以通、誦數以明。讀者不斷鑽研，見識越來越明通深刻，傳統也隨之深刻化，因爲它被高明深刻的讀者看出深刻的意義。在此情況下，讀者思索理解出來的道理，也同時就是傳統或經典「本身」的意涵。所以到最後，《齊物論釋》既是對莊子的解釋，也是章太炎自己思想的說明。那「價位卓絕」的孔子，亦非他人所理解之孔子，而即是章太炎自己理想與理解的最終典範。以致他在表述自己的意見時，也就是在解說傳統。反過來說，他也必須不斷講述傳統，才能表達他自己。此所以有太炎國學院之開辦也。

——透過這種詮釋學的剖析，我們才能了解康有爲之崇慕孔子，與太炎之歸宿孔子，實代表著同樣的意義。這些人早年的批判意識，其實卽是導致他們最後與傳統貼合的線索。從反傳統到擁抱傳統，成爲傳統的代言人（注意章太炎「國學大師」的徽號），乃是內在邏輯的合理發展。

五、從復古到西化

章太炎這種應變模式及其由反傳統到傳統的歷程，其實也就是五四新文化運動的模式與歷程。一般我們只注意到章氏與其門人如黃侃等跟新文化運動者的齟齬，而未認眞看待胡適對章太炎的感謝。對這一點便常有忽略㉘。

胡適在《中國哲學史大綱》自序中說：「對於近人，我最感謝章太炎先生。」這不僅是因這本書的局部論案深受章氏影響，而更是學術方向上的。在《胡適留學日記》之中，他已經屢屢言及章太炎了㉙。故章太炎推崇法家道家以及儒家中的荀子，擡高非主流因素以抗貶主流而啓新變的作風，對他應深具啓發。而整個五四新文學運動，也卽是一場以「語」代「文」的活動。因爲在中國文化裏，本來一直有主文的傳統，「語」，僅用以輔助文。胡適等則凸顯了語及一切口傳文學，以白話來涵攝一切文學，名之爲活文學，批判「桐城謬種」「選學妖孽」㉚。依《白話文學史》來看，一方面他跨越了唐宋與六朝，更往上追到「兩千五百年前的白話文學——國風」與「春秋戰國時代的文學是白話的」；一方面在六朝以下，找出原先不居主流地位的民間文學、口傳文學，予以標舉推揚，用來打倒幾千年來主文的、文人的「文言文」。並把唐宋古文，從桐城派手中搶過來，解釋做白話文[31]。

這難道不是跨越身處時代，溯求往古，以及尋找傳統中非主流因素以批判他所身處之傳統嗎[32]？在儒學上，他批判程朱，提倡戴震與考證式的樸學，亦屬此一模式，且門徑路數皆大類章太炎。不過，追白話於《詩經》畢竟太遠了。繼起者便提出晚明小品來。——周作人《中國新文學的源流》明白指出：「胡適之先生的主張……便是公安派的思想和主張」[33]。這自然是對胡適說法的一種補充或修正。但此說之基本模式仍是不變的。

據此，我們也可以理解到：爲什麼胡適在掀起反傳統的滔天巨浪之後，竟逐漸埋首故紙堆中去「整理國故」了。這豈不與章太炎相同嗎？「國故」一辭，亦採自章太炎哩！從反傳統到傳統的邏輯，再一次地出現了。

但是，新文化運動以後，並不是所有的人都如此「回到」傳統之中，更多的人是日益其新、日益其反，此又何以故？

此亦不難理解：

(1) 跨越自身時代，而溯求往古，得要眞積力久的工夫。不僅批判者要對整個時代傳統有徹底的了解，熟知其利弊得失，更要對那已「舉世不爲」的上代文化有特殊的理解與掌握。此非識力迥出時流、超越時代，學問又眞能深入文化傳統內部者不辦。但是這種具大氣魄、大學養的人出來登高一呼，造成現存傳統的崩解之後，他自己固然仍能因其本身對傳統已有極深的修養，而不斷深入傳統；一般人卻在傳統崩解之際，愈來愈不容易獲得有關傳統的滋潤與教養；對於原先所批判之傳統和經過批判後重建的傳統，也無法分辨；對復歸傳統者，又缺乏理解與尊重，以致一反不復。而被批判者，亦恆因此輩之「淺薄」而愈趨憤懣，轉而益形鞏固其傳統壁壘，更加地保守頑固[34]。二者相激，文化變遷中的災難，往往因此而起。

(2) 揭舉傳統中的非主流因素，用以打擊主流，誠然甚為犀利。但主流之所以能在歷史中成為主流，亦非純屬倖致；非主流之所以長期未能居於主流，其間亦未必沒有「歷史的理性」在。然而，在激昂的批判意識下，強將非主流者擡高。對非主流之價值自不免有誇大矜張之弊，對主流與非主流者之間的歷史關係，理解也未必得中，且易偏向於從對抗關係去了解。如章太炎論孔老（說老子之所以出關，是因為逢蒙殺后羿，恐遭儒家殺害）；胡適論文言與白話；周作人論公安派與復古派……等，均是如此。故一方面，在嚴格的學術檢驗標準下，這些說法都很難站得住腳；但在革命大勢的趨導下，卻往往風起雲湧，聳動一時。於是持論之已偏者，逐漸偏而又偏，有時甚至淹沒了原先主張中理性的部份，使得早期的領導者也無法認同。其次，則是非主流本身有時比較不能提供足夠的、豐富的資源，來支撐整個運動的發展，或開展出一個嶄新的傳統。以致援汲非主流者逐漸流遁無所歸。

(3) 在中國歷史中，溯求往古及援採非主流因素來達成文化變革，是最常見的模式。但那都是在中國文化內部這一個封閉而自足的體系中運作，西方東漸以後，形勢頓爾改觀。此時改革者常汲引西學，視爲傳統的非主流因素之一部份，以強化其變革文化之說。然非主流因素既然有時無法提供繼續開展的資源，則勢不能不加深西學的成份，因爲西學所展示的是另一個豐富而完整的系統，足供採擷。所以，原先是爲了改革現有的傳統，以強化民族文化生命，才去吸收西學；最後卻被異化了。變成：爲了吸收西學，卽必須放棄民族文化。

例如胡適提出的白話文運動，是要以《水滸》《西遊》《紅樓》的白話爲主，再參酌今日的白話加以割捨、補充。這仍是援溯往古，並輔以現存之非正統因素而已。故錢玄同、黎錦熙皆謂其所採摭之時代太古，且亦不敷使用，無法處理新事理新事物。這卽是對白話做爲未來開展之資源時內在不足的疑慮。傅斯年則發表了〈怎樣做白話文〉，提出寫白話散文的憑藉，一是留心說話，二是直用西洋詞法。這個說法，前者仍屬於吸收非主流因素的模式，後者卻開始異化了。然胡適當時並未察覺，仍以爲這是「國語的文學，文學的國語」最重要的修正案。其實呢？這個修正案，最後乃是要將白話文成就爲「與西洋文同流的白話文」。故主張「直用西洋文的款式、文法、詞法、句法、章法、詞枝，和一切修辭上的方法」，以使白話文徹底歐化。要寫作者「心裏不要忘記歐化文學的主義，務必使我們做出來的文章，和西文近似，有西文的趣味」。據此，他並斷言：「中國語的歐化，是免不了的；十年後，定有歐化的國語文學。」

然而，既已歐化，何言「國語」？國語的文學，竟發展到「何不爽快把中國字完全去了」（朱有畇之說）：然後再到「僅廢中國文字乎？抑並廢中國言語乎？」（陳獨秀說）的考慮；最後則強烈主張廢漢語，改用世界語。這便既無所謂國語的文學，也根本無國語了[35]。

這種例子，不僅存在於語文及文學的討論上，也存在於思想內涵的研究裏：全盤西化論的提出，以及整個知識界思維方式、思維內容的逐步西化。早期的改革者，無論康有爲、譚嗣同、章太炎，還是胡適，思想的底子，都仍是中國的傳統，且以傳統反傳統；後來則逐漸出現了「傳統外」的知識份子，以傳統之外的東西來反傳統。而他們所持之「傳統外」，卻也不是別的，正是西方知識份子以其傳統反傳統的那一套哩[36]！

(4) 出現這種異化，不是必然的。因爲在魏晉南北朝，佛教被講老莊之學者所吸收，用以變革兩漢儒家經學傳統時，並未如此異化，何以五四以後便異化了？又，同樣是復古求變的模式，爲什麼章太炎、胡適這一路便異化了，而康有爲卻始終不異化？這裏隱藏著一個內在的原因，那就是：他們的歷史觀念，是個古今斷裂的歷史觀。章太炎與胡適一樣，都把歷史看成自己及現代之外，以獨立客觀存在於過去的一段史迹；相信治史者可以靠「盡於有徵」的方法，把歷史的眞相揭露出來。這種新史學，其實是從乾嘉考證學派化出來的，也很順當地與西方歷史主義、實證主義史學結合了，再加上十九世紀以來，西方對「傳統／現代」的社會的兩極思考，於是「歷史」與「現在」斷裂成兩截，只是「國故」「國粹」「遺產」，聊可爲考古與整理、保存而已，不再能激發民族文化之發展了。太炎說：「說經所以存古，非以是適今也。」（〈與人論樸學說〉）「僕輩生於今日，獨欲任持國學，比于守府而已。」（〈民元年十月十四日與吳承仕書〉）與胡適整理國故、整理文化遺產的口號，都代表了這個看法。然說經既非用以適今，則適今者又何必讀經？此一說法，加強了傳統的崩潰，也斷絕了人們對傳統的嚮往。所以《國粹學報》才會說：「國粹無阻於歐化」，「夫歐化者，固吾人所禱祀以求者也」。言國粹，正所以促進西化的進展。

(5) 更進一步加深了異化狀況的，是五四運動所進行的變革內容。這個變革從根本上動搖了傳統「文字——文學——文化」的具體結構。

在胡適提出白話文主張之前，白話文學的「勢」已經出現了。例如維新派及革命黨人，利用較為淺俗的文字，來宣傳改革的社會政治理想；較開明的知識份子，體察到中國之積弱，在於民智未開，故創辦各種白話報刊，以啟廸民智，進行社會教育。這些現象，近人談論已多，起碼李瑞騰的《晚清的革命文學》一書述之甚詳。但此處宜補充兩點：

一、晚清白話文學之發展，不應只以中國遭受西方衝擊後的反應面來觀察（像上述兩種說法），而應視為中國傳統內部非主流因素勢力逐漸擴大中的一個部份。因為在晚清，中國傳統中較不重視或被貶抑的東西，都被提舉出來，勢力大為增強。民間小說戲劇評話之發展亦然，且有大量文人投入其中，參與研究及創作，如王國維、吳梅、俞樾、劉鶚……等。其目的皆不在啟廸民智也[37]。

二、以白話宣揚政見、啟發民智，在晚清只是個輔助系統，聲勢並不如今人想像中大。以革命黨跟保皇黨的鬪爭來說，革命派之章太炎、劉師培，皆文筆古奧，章氏尤甚。但在宣傳上卻如魯迅所說，是「當之披靡，令人神往」。為什麼？因為大部份的知識分子覺得章氏的文章較有「根柢」，梁啓超新民叢報體，就不免有些淺薄了。所以革命派文宣之勝利，主要是他們的表達方式較符合一般知識份子的文學認知，也脗合他們的格調（當時很多人寫信都用篆字，玩古董、賞古碑、論古學，也是一般知識人普遍的生活方式，且大流行於晚清）。白話固然也有人提倡，但根本上仍是重「文」而輕「話」。

以章太炎為例。他的《文始》，推語言之始，而全以文為說，可見在他的觀念裏，語言學乃是建立在文字學上的。——這跟現代或西方語言學有一基本之差異，所以直到現在，章氏後學如林尹、陳新雄先生等之小學，仍以《說文》《廣韻》之歸納分析為主。形成一「以字為中心的聲韻學」㊳。由這個文字訓詁之學進而到文學領域，他也認為：「有文字著於竹帛，故謂之文；論其法式，謂之文學。」（《國故論衡》．〈文學總略〉）稱「文」而不採後來習用的「文學」二字，即是把文學推回到古義，指一切文字書寫品，而不僅以「流連哀思、吐屬藻麗」者為文。為什麼他要如此說呢？主要就是區別「語」「文」：

> 凡此皆從其質為名，所以別文字於語言。其必為之別，何也？文字初興，本以成聲氣，乃其功用有勝於語言者。言語僅成線耳，喻若空中鳥迹，甫見而形已逝。故一事一義

> 得相聯貫者，言語司之。及夫萬類坌集，棼不可理，言語之用，有所不周，於是委之文字。文字之用，足以成面，故表譜圖畫之術興焉。……然則文字本以代言，其用則有獨至。

以語、文的區分，來論斷文學的本質，且對文充滿了信心，說文之用勝於語。他這一亘古所無的看法，當時有贊成者也有反對者，但怎麼定義文學並不重要，重要的是此說顯示了一種當時知識份子普遍的態度：相信文而輕忽語。

五四運動就不同了，白話文學的主張：高舉語而推倒文，謂文言爲死文字死文學，提高民間口傳文學的地位，以語之用勝於文等，皆令晚淸思想先鋒震愕不已。林紓詆其以「引車賣漿者流」的語言來取代《史記》《漢書》之文章，可以充分說明問題的關鍵所在。此爲世所周知者，不必詳述。這裏要談的是：這場以語代文的運動，其是非與影響如何。

文言與白話的劃分，根本是虛構的。張漢良曾稱文言與白話的對立，是「語言的二元論神話」。因爲：「語體文和文言文並非對立的語言系統，兩者本無先驗的、獨立的語言質素，足以作爲彼此區分的標準。就語音、語構和語意三層次而言，兩者沒有本質上的差異。如果有區別，也僅在語用層次。亦卽語言使用者對以上三種層次的慣例的認知、認定和認同問題。其次，所謂『語體』的白話文，和文言文一樣，已經不再是口語，而是被書寫過的文字[39]」。

也就是說：「白話文」一詞根本是自相矛盾的，白話文就是文言。即使我們稱它爲「語體文」，語體依然是文體。即使在語彙及語態上刻意模擬說話，其文詞規律仍是文的，而非語的；是視覺的藝術，而非聽覺的美感。故文言與白話無從對立，五四以來一切文言與白話的戰爭，都是在這一虛構中抓瞎起鬨。

所以在這裏我們就必須注意到胡適所提的「白話文」與「文言文」二詞中的「文」字。順著晚清如章太炎等人的「文」「語」區分，胡適做了兩個推展，一是承認文與語的區分，但這兩者都存在於文中，文中即有語與文之分。二是逆轉了文與語的價值判斷，說文中之語體者，其用勝於文中之文言者。

爲了證成這個紆曲繚繞的理論，他先在古代文學作品中分出什麼是白話文、什麼是文言文；再賦予價值判斷，說前者是活的，而後者是死的。然而此一區分實在帶有若干任意的遊戲性質，例如把《詩經》、春秋戰國諸子、《史記》、《漢書》、杜詩……等，全都歸爲白話文，來跟桐城派古文家爭地位；其判斷一文是否爲白話文學的標準，又隨時移易、互不相同。這樣的做法，實在問題重重。不過，這一語與文的分判，也確實觸及了一些文學史上重要的論題，例如語如何進入文、文如何消融吸收語，口傳的或帶有表演性質的藝術（如說話、評彈、戲、曲）如何與文相離相合、文人傳統與民間傳統的關係……等等，都在這種研究觀點下帶生出來了。

然而，不幸的是：這其中一方面含有太強烈的價值判斷，推倒一面而肯定另一面，在事理未詳、義理未安之際，即發展成一種獨斷專橫的意識形態，流弊自然甚大。另一方面，語與文的區分，乃是指文中之語與文中之文，但此「語」與口語活動之語，卻時相混淆。寖至「文」「言」兩歧，歧路羊亡，文既不文，語亦横受干擾。

這也就是說，五四新文學運動，表面上推倒了文的傳統，白話取得了全面優勢，但實際上這個話乃是文中之話，故所建立的不是個語的傳統，而仍是文，是對文另一種形態的強化與鞏固。以小說爲例，五四以後的小說論者，所欣賞的都是文人小說家（Scholar-novelist）而非民間說話傳統，所偏愛的小說也仍以文采可觀者爲主㊵。至於小說之寫作，亦復如此。最近陳平原《中國小說敍事模式的轉變》特別指出：現代小說不是比古典小說更大衆化，而是更文人化；作家主體意識的強化，小說形式感的加強及小說人物的心理化傾向，全都指向文人文學傳統而非民間傳統；小說書面化的傾向，轉變了古典小說的敍事模式㊶。這種結果，乍看之下似乎是與五四提倡民間文學傳統、打倒山林貴族文學之口號矛盾。但仔細想想，何只小說？白話新詩比古典詩更難懂，話劇也從來就不像話。可是，雖然不像話、雖然是文的深化與強化，它卻又自稱爲「白話文」；然後再簡稱爲「白話」，來跟「文言」對立對抗。

這就混淆了文中之語與語的界限，以至治絲益棼，搞得莫名其妙。對抗的結果，使人普遍地對文言產生抗拒，文言變成保守、腐敗的象徵。人不再讀古典文學或不能讀文言作品了。不再讀古書或不能讀古書了，不必書寫或不能書寫了，文字使用能力及對文字的理解能力，也都日益低落[42]。

這眞是從古未有的情況。文化界固然還在形式主義地爭辯能不能全盤西化、可不可以全面反傳統；固然還有許多人以保存文化爲己任。然而社會上普遍對固有文化卻是隔閡的，因爲文字就是天塹，難以跨越。在虛構的文言與白話二分中，每個人都以爲文言是另一套極艱澀、已死亡的語言，而古代典籍就是以這一套語言來書寫的，所以望之卻步，心生畏懼。甚至於反對在學校裏講授文言，認爲居今之世，要教育生童，使其能運用中國語文以應付社會需要，自當加強白話之訓練，日誦古文言，有何用處？徒錮窒性靈而已。有識之士，見此情況，惄焉憂之，於是努力地替古籍作白話譯述，以通古今之郵，讓現代人也能讀得懂古書。

可是文言能譯成白話嗎？文言文與白話文根本就不是兩套語言系統，所謂文言翻成白話，其實只是語句的自我解釋與複述。如「牀前明月光，疑是地上霜」，譯成「看見牀前明亮的月光，我以爲是地面上的霜」之類。這不是翻譯，最多只是訓詁的關係。翻譯，是在兩種語言系統之間尋求對等關係，所謂文言譯白，卻頂多只有「以今言釋古語」的訓詁功能；大部份則是像上面舉的這個例子，把原有的文句囉嗦夾纏地再講一次而已。

文言譯白之不恰當，不止於此。訓詁的涵義是開放的，每個時代也都在做訓詁的工作，可是文言譯白的「譯」，卻把意義限定了、窄化了。不但文字淺俗，意涵也淺俗化狹窄化。且翻譯者替代了經典在說話。這種毛病，不必詳論，只消看看柏楊版《白話資治通鑑》，就了解啦！

還有，從理論上說，現代人可以通過所謂白話翻譯去理解古典，或進而閱讀古書。可是一旦有了白話譯本，讀者就更不讀古書了，因爲白話譯本既養成了讀者的依賴心理，又教育了他：古書古文是非常艱難的。他讀白話譯本愈久，愈學不到東西，就愈覺得古書也沒什麼了不起，而且也愈來愈沒有能力自己去看古書了。如此輾轉循環下去，國人對其傳統之了解自然就從根本上出現危機。何況，古籍之有所謂白話翻譯者少，未譯爲白話者多，知識份子遂亦樂於藉口無譯本、看不懂而心安理得地不再讀古籍了。

當中國高級知識份子都不能讀古籍或不願讀古籍，都不擅長使用中國文字時，中國焉得不加速西化？五四以後新一代的知識份子，固然在理論層次上仍徘徊於「中／西」、「新／舊」之間，可是在實際思維方式、語文使用、觀念架構上，均已無法再像五四前的知識份子那樣深入傳統，或藉傳統以批判傳統。反倒是外文的使用日益純熟，他們要擁抱傳統時，自然便去擁抱了西方文化的傳統。而西方自啓蒙運動以來，對其傳統之批判，也就成爲新型知識份子批判意識的主要資糧[43]。

六、文化變遷模式之再思

總括來說，近代中國的西化，有一曲折的歷程。先是在船堅炮利的衝擊下，欲以體用道器之說，整合中西，消納西學。失敗後，一方面尋求修古以更新之道，一方面則通過溯求往古及採汲傳統中的非主流因素等辦法，批判傳統，以致新變。偶或援引西學，聊爲參照。這兩種模式，彼此競爭，成爲同治中興以後，主要的思想文化變遷脈絡。林紓、嚴復代表前者，康有爲、譚嗣同、章太炎、胡適等，代表後者。五四新文學及新文化運動，即是在這個脈絡中形成的。但形成之後，逐步異化，漸至全盤西化了。

依這樣的理解看，近代中國根本不是反傳統以西化的簡單模式可以涵蓋的。整個晚清，久成絕學的今文經學，久遭淡忘的先秦諸子學，久已沉寂的佛學（特別是已屬絕學的唯識學），久遭排抑的陸王心學，久受貶斥的魏晉玄學、駢體文，久已束諸高閣的宋詩，全都復興了。到民國，則民間文學、戲曲小說也出沈霾而見天日[44]。這個大趨勢中，固然內部歧見紛如，爭鬪不斷，但有一個貫通大勢的理在。這個理，豈可以「學習西方」解釋之乎？駢文復興、書法學北魏、大講唯識學、談陸王心學……，是學習西方什麼呢？反傳統健將與國學大師，又有何矛盾、落後與進步之有？過去的解釋模型，豈不應好好修正嗎？傳統與反傳統的關係，豈不該重新思考嗎？

早先魯迅曾說：「舊文學衰頹時，因爲攝取民間文學或外國文學而起一個新的轉變，這例子是常見於文學史上的。」（《且介亭雜文・門外文談》）從晚清到五四的文學運動，表面上是攝取了民間文學，然而不然，匪但其文人化更爲嚴重，五四前的章、劉、林、嚴，五四後鴛鴦蝴蝶派的駢文小說，也都盛行一時，所以光說它是有取於民間文學，實在有欠思量。既然如此，那外國文學便成爲唯一的養料了。魯迅自己就說：「我所取法的，大抵是外國的作家。」（《南腔北調集》·〈我怎麼做起小說來〉）茅盾也「懷疑於這些舊小說對於我們的寫作技術究竟有多少幫助」（〈談我的研究〉）。——這就符合毛澤東「向西方學習」那個論斷了。

這一論斷，其實也就是當代史學上對近代中國思想變遷最普遍的解釋，從蔣廷黻、費正清……以降，大家都認爲整個近代中國思想界的主要潮流是西力衝擊。因爲西力衝擊，所以中國人開始質疑、拋棄傳統，並經歷一個社會解體、變革和抗拒的過程，逐步「現代化」。而又由於現代化第一階段的模式，無法處理日益嚴重的動員問題，所以出現了現代化第二階段的模式，形成革命民族主義政權和共產主義政權[15]。

但相反地，李文孫（Joseph Levenson）也指出：在西力衝擊下，中國知識份子也常有由挫折感與屈辱感所產生的自卑心理，故常美化傳統，以重新建立「文化認同」。

這麼一來，近代中國知識份子顯然就可以區分成兩類：前一類是走向世界、向西方（不管歐美還是蘇俄）尋找眞理、進步的知識份子；後一類是傳統的、保守的、有心理自卑結作祟的知識份子。一個人，如章太炎，若早期批判、揚棄傳統，而晚期推崇傳統，那他就是由進步變成保守了。

這樣的論案，實在甚爲疏略。因爲：⑴批判傳統有許多方式，推崇傳統也有許多類型，到底批判什麼、如何批判？推崇什麼、如何推崇？這些實質的問題，在這種形式化的討論中完全滑失了。⑵思想的變遷，是否眞的超越或脫離了「傳統」，並不能完全取決於它受到外來影響的表象，還必須深入觀察這種影響的程度與性質。⑶一個文化傳統與外來影響之間互相容受、對話的狀況，至爲複雜，此說卻將之簡單化約了。由於它具有以上各種缺點，且隨着「現代化」理論在西方遭到批判的反省以後，學界已開始改絃更張，尋求更合理的解釋。値得一提的是張灝與余英時的研究。

張灝在論〈新儒家與當代中國的思想危機〉時，認爲我們不能從「現代化」的思想危機及文化認同角度，來詮釋新儒家。呼籲大家注意：「中國保守主義的複雜性，其中種種的方面和不同的潛流，都有待去闡明、分析和評估。若只從和現代化之關係的立場來考察這個問題，那將無法辨知其複雜性。」[46]又在〈晚清思想發展試論〉中，指出：在一八九五年以前，當時之大儒如朱次琦、陳澧、俞樾、黃以周等，對西學均不太在意，晚清許多思潮也是「傳統之內在發展的結果」，而不必以西力衝擊來做解釋[47]。近著《烈士精神與批判意識——譚嗣同思想的分析》，重申此義，但結論是：譚嗣同的理想主義精神來自傳統對他深刻的影響，而其批判意識則係傳統與西力衝擊的共同結果[48]。

他質疑文化認同說與現代化理論在中國近代思想史上的適用度，確有所見；然論傳統與西化，則仍未達一間。他把先秦諸子學及大乘佛學之復甦，視爲傳統內部的轉化，並說此一轉化增強了傳統內部的緊張性和激盪性[49]。這不錯，但知識份子不就從這裏學習到了批判精神嗎？他們在批判時，或曾援引西方，用示針砭，然而批判意識卻不是從對西學的理解中來的。恰好相反，是在批判意識已形成並高漲時，人才會自感歉然不足而想去學習別人的長處。而這種學習，在任何細節上也都受到學習者批判意識內容的影響，所以每個人的理解與選擇均不相同。張灝的說法在這兒是有點倒果爲因的。其次，傳統內部的緊張性與複雜度，迸發了它內部的批判，通常未必與時代外部事件相關聯。因爲思想與思想之間自有其內在理路，宋朝陸學之不同於朱學，明朝陽明又反朱熹，均不易找到外在社會條件的說明。晚清常州派抨擊乾嘉，到底是學術的理由，還是現實的刺激，殊難論斷。先秦諸子學，在乾嘉時期即已得到重視，汪中、凌廷堪之論荀，汪中之治墨，亦皆與西學之刺激無關。楊文會等推揚大乘佛學，主要也是爲了治救禪宗「縱橫排盪，莫可捉摸」之病。對於這種傳統內部的對話，我們不能有意忽視。再者，這種內部激盪所形成批判意識，不能僅限定在古代「樞軸時代」[50]。特別是在晚清思想中擔綱的古文、今文學派、魏晉六朝文、宋詩，均與樞軸時代哲學無大關聯，張灝只注意到先秦諸子學和大乘佛學之復甦是不夠的。

至於余英時《中國近代思想史上的胡適》，認爲胡適返國前夕，整個中國仍籠罩在「中學爲體，西學爲用」的思想格局中[51]。當然並不正確。但他指出了兩點頗爲重要，一是胡適在正式歸宗於杜威的實驗主義之前，早已形成了自己的學術觀點和思想傾向。這些觀點和思想傾向，大體來自王充《論衡》、張載、朱熹懷疑的精神和清代考據學的「證據」觀念[52]。二是胡適的革命，主要業績之一便是在上庠講授國學。因爲儒家的意識型態在廿世紀固然已經失效了，儒學本身在當時卻依然活力充沛。晚清以來各學界鉅子，儘管背景與專長不同，也都多少受到西方思潮的洗禮，然而他們的精神憑藉和價值系統基本上仍來自儒家。胡適要進行文化革命，即必須與這些人爭對儒家及傳統文化的解釋權[53]。這種解說傳統的工作，依我們看，基本上即以前述懷疑的精神和找證據的方法爲之，而主要的憑藉，即是乾嘉的「漢學」。

蔡元培在替胡適《中國哲學史大綱》上卷作序時，再三提及胡適能治漢學。然而，乾嘉考據之所以名爲漢學，正是梁啓超所謂的「復古」。在民國時代，仍用乾嘉之法，那不更是復古了嗎?梁啓超《清代學術概論》以胡適爲殿軍，說：「胡適者，亦用清儒方法治學，有正統派遺風。」反傳統的健將，竟被目爲正統派之殿軍，是什麼道理?

原來，乾嘉之學發展到咸同之際，即引起了莊存與魏源等人的攻擊。常州學派起而與之相抗，延續到清末，可說所有新思想都是反乾嘉的，常州派、公羊今文學派固無論矣，桐城自姚鼐、方苞、方東樹以來也都與乾嘉漢學不合。但章太炎師事俞樾，仍承乾嘉學脈，對戴東原特爲推崇。《訄書》初刻本附〈學隱〉篇，替戴震等乾嘉之學辯護，批評魏源媚清。重訂本增〈清儒〉篇，對乾嘉之學也力加贊揚。《檢論》卷四於此續有補論。《太炎文錄初編》卷一別有〈釋戴〉一篇。《文錄續編》卷一則有〈漢學論〉上下。凡此，都對乾嘉學派有復興之功。胡適所採用的清儒方法，即來自於此。蔡元培夸飾說他「生於世傳漢學的績溪胡氏，禀有漢學的遺傳性」，並不確切。從歷史上看，章太炎所揭揚的清儒考據之法，影響了胡適的治學方法；章太炎的〈釋戴〉，則啓發了他對漢儒方士化的批評和對宋明儒「以禮殺人」的攻擊。梁啓超推許他是正統派，其實這個正統在晚清業已衰微，現在是「得公奮起力復古」，又重振了活力。

可見復古與新變、傳統與反傳統乃是竟體爲一的，我們在思考這個問題時，不僅要有新的視野，更得調整我們原有的思維方式和評述架構、放棄僵硬而不切實際的「進步」「保守主義」之類標籤，重思傳統對當代人的意義[54]。

附注

❶ 見魯迅〈關於太炎先生二三事〉，收入《且介亭雜文末編》。

❷ 這所謂前後兩期，是大的區分。許多研究者都在這前後兩大期中，另行細分爲若干小的階段，例如李華興的《中國近代思想史》（一九八八，浙江人民出版社），就把前期分爲三個階段。至於後文所舉李澤厚說的四個時期，也仍可分爲前後兩段。其餘多類此，不另舉。

❸ 持此說者，可以侯外廬《近代中國思想學說史》爲代表。殷海光解釋嚴復晚年的「倒退」，也兼採此說。

❹ 最近汪榮祖的《康章合論》（一九八八，臺北聯經），即屬於這一類研究。

❺ 自傳樂詩（Charlotte Furth）以下皆以章太炎爲保守主義，見其所編 *The Limits of Change: Essays on Conservative Alternatives in Republican China* (Harvad University Press,

1976)。余英時《史學與傳統》（一九八二，臺北時報）及王汎森《章太炎的思想（一八六八—一九一九）及其對儒學傳統的衝擊》（一九八五，臺北時報），則側重其與五四反傳統之間的關係。侯外廬也提到章太炎「拆散封建社會」的精神。

❻ 詳胡昌智〈《興盛與危機》中基本理念的問題〉，《歷史月刊》十四期，一九八九，頁一四三—一四五。

❼ 見李氏《中國近代思想史論》〈章太炎剖析〉一文。

❽ 詳見王聿均〈維新派與晚清文學〉，一九八八，淡江大學中文系，晚清文學與文化變遷討論會論文。李瑞騰《晚清的革命文學》，一九八七，文化大學中研所博士論文。

❾ 革命派戰勝維新派，主要仍在文宣工作上。社會條件及組織動員力量，未必便優於保皇黨。

❿ 詳張之淦《遂園書評彙稿》，一九八五，臺北商務。龔鵬程〈論晚清詩——雲起樓詩話摘抄〉，收入本書。

⓫ 見吳宓《雨僧詩話》。南社革命黨系統詩人，受定盦影響尤大，錢鍾書嘗謂定盦詩：「清末以來，爲人撏撦殆盡。」見《談藝錄》，新編，頁一三六、四六五。

⓬ 嚴復〈與梁任公論所譯《原富》書〉：「且文界復何革命之歟？……若徒爲近俗之辭，以取便市井鄉僻之不學，此於文界，乃所謂陵遲，非革命也。……言龐意纖，使其文之行於時，若蜉蝣旦暮之已化，此報館之文章，亦大雅之所諱也。」（《嚴幾道文鈔》）

⓭ 見《太炎文錄初編》卷二〈與人論文書〉。

⓮ 同上，卷一。

⑮ 見劉氏《中國文學發展史》第二十四章。

⑯ 詳龔鵬程〈察於時變：中國文化史的分期〉，《孔孟學報》五十期，收入《思想與文化》，一九八六，臺北業強。

⑰ 這是中國文化史上最典型的變革模式。儒家之批判時政，而遠溯夏商周三代，即是此義。無知者不明其理，乃以爲這其中蘊涵一退化的歷史觀，大謬。另外，有關歷史知識與社會變遷的問題，詳胡昌智《歷史知識與社會變遷》，一九八八，臺北聯經。

⑱ 詳龔鵬程〈試論康有爲的《廣藝舟雙楫》〉，《漢學研究》第三期，收入《文學與美學》，一九八六，業強。

⑲ 陳散原詩原先浸淫選體，見章木〈陳散原詩文的蛻變〉，《藝林叢錄》第六輯。鄭孝胥詩之淵源，詳陳石遺所爲〈海藏樓詩集序〉。沈曾植「三關」說，見王蘧常所撰《沈寐叟年譜》。又，整個晚清宋詩運動，無論其與魏晉南北朝詩之關係如何，都應視爲：對長期以來唐詩勢力的反抗。

⑳ 詳《太炎文錄初編》卷一〈信史〉上、下，〈徵信論〉上、下。《訄書》重訂本〈尊史〉，又《檢論》卷二，《太炎文錄續編》卷二之上〈讀太史公書〉等。章太炎的歷史觀念和歷史意識，宜分別觀之。歷史觀念，是指他對「歷史是什麼」的看法。歷史意識，則是指人將對過去的理解、現在的感受、以及對未來之企望結合在一起的一種心靈活動。人是通過這種意識，才能知道自己正在怎樣的一個有意義的發展過程中，從哪裏來，又將往哪裏去。太炎的歷史意識極強，因此他往往能透過主觀的意識活動，提供許多對過去「特殊」的掌握及認識。但他的歷史觀念，卻是乾嘉考證之學的延伸，持續了諸如崔述《考

信錄》之類的思路，並與十九世紀的歷史主義遙相呼應。相信歷史是本然（an sich）且客觀存在於過去的，只能考徵之，而不可予以主觀運用。這就使得他在進行歷史思維時，不太能自覺到自己的主觀性，時有偏軏之辭。然而，他的歷史思維不斷活動，在主體內部，仍能不斷模糊地覺察到歷史理解的主觀性，所以論史之作，又時有修改。有關章太炎論儒俠及歷史詮釋方法等問題，詳龔鵬程《大俠》（一九八七，臺北錦冠）第三章。

㉑ 詳龔鵬程《文化、文學與美學》，一九八八，臺北時報，自序及〈傳統與現代——當今意識糾結的危機〉。該二文對傳統卽現代、傳統卽反傳統均有理論上的說明。

㉒ 《訄書》原刋本第一篇卽爲〈尊荀〉，他在一八九七年寫的〈後聖〉，說：「自仲尼而後，孰爲後聖？曰……惟荀卿足以稱是。非侈其傳經也，其微言通鬼神，彰明於人事，鍵率六經，謨及後世，千年而不能闡明者，曰〈正名〉〈禮論〉。」同時，他並以荀子爲標準，來衡量諸儒，曰：「悲夫！並世之儒者，誦說六藝，不能相統一。章炳麟訂之曰：同乎荀卿者與孔子同，異乎荀卿者與孔子異。」他的意見顯然影響到民初胡適等人對荀子的重視與研究觀點。

㉓ 康有爲的公羊學，並不是他個人特有的意見，而應放入晚清公羊學復興的大趨勢中看。而且，我們也不能因康有爲主張保皇，便以爲公羊今文學在當時偏向維新，古文學（如章太炎、劉師培）才代表革命。革命之潮流，今文學有很大的推波助瀾之功，故朱德裳《三十年聞見錄》云：「公羊學不爲功令所許，有清一代治此學者不過數家，而晚年極盛。自王湘綺治《公羊春秋》……廖季平……康南海從而光大之，於是有《新學僞經考》之著。時吳縣潘祖蔭伯寅，以《尚書》而治公羊學，京師清流頗放言不諱。從此

士夫有新周故宋、孔子當王之思想，不復屑爲一姓伺養。其後，世界歷史所稱十六七世紀數大革命，曁平等自由之說乘之入中國，迄於辛亥，魚爛而亡。」（公羊學條，一九八五，長沙岳麓書社）

㉔ 康有爲與西學的關係，及中西道器體用之說，詳注⑱所引龔鵬程文。譚嗣同的思想淵源及傾向問題，則詳王樾〈從《仁學》的思想理則論譚嗣同之變法理想與實踐〉，一九八九，臺北。

㉕ 例如古文無長篇、古文不多作細部描寫、曾國藩且謂古文不擅於說理，然自嚴譯林譯出，古文幾於無之而不可。林譯各書之序言，多將其所譯之書，持與古文對擧參照，以見中西一揆。正是豐富其傳統的一種做法。

㉖ 林紓在北大教書，先是遭到章太炎勢力的壓迫，所以林紓寫信給姚永概，批評章氏是「庸妄鉅子」，說他「補綴古子之斷句，塗堊以《說文》之奇字，意境義法，概置勿講」。蓋林紓所認爲意境義法可學者，只在韓柳歐曾及「桐城之派」，故謂唐以前之古爲不可法。據其書，知當時章太炎門人在北大，與馬其昶、姚永概、林紓等桐城派人，甚不和睦。後來王樹枏序汪吟龍《文中子考信錄》時，趁機大罵章太炎「讀書鹵莽，而性情狂悖，又好爲異說，以與古人爲難」，亦是兩派不合的結果。而值得注意的是：北大是吳汝綸開創的。北大由桐城而章劉，繼之再爲章氏部份門人與胡適等管領風騷，其本身之歷史變遷，亦卽爲一文化變遷的縮影。

㉗ 熊十力也有公羊學氣息。詳龔鵬程〈論熊十力論張江陵〉，收入注㉑所引書。

㉘ 太炎門人在新文化運動中，與胡適等人有齟齬者，似乎只一黃侃，而且有關黃侃對新文化新文學運動的評議，僅見於掌故傳聞之中，無正式文獻。卽此類掌故，也都只有趣談佚聞的味道，少學術意義。與其

說是學術上的差異，不如看成是黃氏性格上的問題。《章炳麟論學集》載太炎於一九二四年十月廿三日與吳承仕書云：「得書爲之噴飯。季剛四語，正可入《新世說》，於實事無與也。然揣季剛生平，敢於侮同類，而不敢排異己。昔年與桐城派人爭論駢散，然不罵新文化。今之治烏龜殼、舊檔案者，學雖膚受，然亦尚是舊學一流，此外可反對者甚多。廢小豝而縱大兕，眞可怪也。勸之必不聽，只可俟後世劉義慶爲記述耳。」又一九二六年十一月二日言：「季剛性情乖戾，人所素諗。」均可爲上說佐證。太炎門人，如錢玄同、朱希祖、吳承仕，對新文化運動都不排斥，甚且爲之臂助。錢氏不必論矣，朱希祖也曾認爲：「社會全體的眞象，非白話俗語，不能傳神畢肖。」「文言的文，旣以古爲質，範圍又狹，與現代社會人生不相應，雖有文學而無實用，竟與死一樣。」爲什麼講國學的大師門下，竟有如許多新文化新文學的急先鋒？這不是從前把新與舊文學、章劉國粹派與新文化看成對抗關係者，所能解釋的。

㉙ 詳注❺所引王汎森書，第六章第五節。

㉚ 五四新文學運動的性質，詳龔鵬程〈典範轉移的革命——五四文學革命的性質與意義〉，見《聯合文學》第四三期，一九八六年五月。中國主文的傳統，詳龔鵬程〈說「文」解「字」〉，《古典文學》第十集。

㉛ 這其中還包括反對桐城派所繼承的唐宋古文運動之文學觀：「文以載道」。故把文學區分爲純文學與實用文學（或雜文）。方孝嶽、陳獨秀、周作人、劉半農、羅家倫……等均嘗就此表示過意見。可參考陳媛婷《民國初年的白話文運動》（一九八九，輔大中研所碩士論文）第二章第二節第一項。

㉜ 胡適雖在《白話文學史》中推白話於春秋戰國，但那只是爲了壓倒魏晉文派及唐宋古文派，不得不然。

實際取法時，前文已說過，「溯求往古」常只能跨越一個世代，不能推得太遠。因此胡適之批判桐城文風，在時代方面，便只能在元代找典範，說：「以今世眼光觀之，則中國文學當以元代爲最盛；可傳世不朽之作，當以元代爲最多，此無可疑也。」而在非傳統因素方面，他眞正採爲資糧者，也多是元明清的白話小說。

㉝ 詳龔鵬程〈從菜根譚看晚明小品的基本性質〉，收入注㉑所引書。

㉞ 一九二一，柳詒徵〈論近人講諸子之學者之失〉便提到：「吾爲此論，非好與諸氏辯難，只以今之學者，不肯潛心讀書，而又喜聞新說，根柢本自淺薄，一聞諸氏之言，便奉爲枕中鴻寶，非儒謗古，大言不慚。」（《史地學報》，一卷一期）

㉟ 參注㉚引陳媛婷書，第二章第二節第二目及第三章。

㊱ 當代知識份子常以西方傳統內部之批判爲模型，來討論中國傳統的問題，請參看本書〈我看當代新儒家面對的處境與批評〉一文。又，我們在研究中國近代的文化危機時，常常忘了西方近代也同樣面臨著文化危機的問題，他們也同樣在進行著傳統與反傳統的辯證。

㊲ 平民文學在清朝發展暢旺，晚清戲曲小說之大盛，尤值得注意。但過去我們受阿英《晚清小說史》一類看法影響太大，老以爲晚清小說之發展，係知識份子面臨時代困局所滋生的強烈憂患意識使然，故表現在小說中便充滿了批判社會及教育改革意義。這一看法與研究是不恰當的，詳龔鵬程〈論鴛鴦蝴蝶派〉（收入注㉑所引書）〈論清代的俠義小說〉二文。

㊳ 另參陳紹棠〈章黃學派訓詁學的幾點特色〉、姚榮松〈黃季剛先生之字源學述評〉。二文皆一九八九年

香港大學舉辦「章太炎黃季剛國際學術研討會」論文。

㊴ 見張氏《比較文學理論與實踐》，一九八六，東大，頁一二一〈白話文與白話文學〉。

㊵ 詳注㊲所引龔鵬程文附注二。

㊶ 陳平原《中國小說敍事模式的轉度》，一九八八，上海人民出版社。本書指出五四以後之新小說，非文學通俗化的結果，亦非文人文學與民間文學的合流，而是受到中國「詩騷傳統」的影響，「正是由於五四作家部份脫離了一般民衆的審美趣味，突出主要體現文人趣味的『詩騷』傳統，才得以眞正突破傳統敍事模式的藩籬」。換句話說，即使晚清以來，西方小說業已大量輸入中國，但五四小說家接受的，仍是已滲入了詩騷傳統的西方小說，「五四作家也是根據自己的『期待視野』來理解西洋小說的」。這個說法，其實已衝擊到他仍把「西方小說之啓廸」視爲近代小說敍事模式變遷主因的觀點了。

㊷ 當代知識分子語文能力之低落，參看龔鵬程〈作家的文字爲什麼差勁〉，一九八七，臺北久大，《我們都是稻草人》，頁一五三；〈中國學術語言有沒有生路?〉《國文天地》雜誌第二五期。

㊸ 互詳注㊱所引文。

㊹ 陸王之學，大約在鴉片戰爭前後開始復興，潘德輿曾指出：「七、八十年來，學者崇漢唐之解經與百家之雜說，輕視二子（程朱）爲不足道。無怪其制行之日趨於功利邪僻而不知也。」朱九江、康有爲即以講陸王著名；章太炎也抨擊程朱，推重陸王。雖早期曾稱許陸而彈訶王，但晚歲則謂：「僕近欲起學會，大致仍主王學，而爲王學更進一步。」（一九一六年四月三日〈與吳承仕書〉）但提倡陸王本身便是革命性的。康有爲《新學僞經考》經安維峻糾彈後，朝廷命李滋然查核復奏，李奏便談到：「伏讀聖

朝功令，文人著書立說，其有詆譏程朱、顯違御案者，則應亟行毀板，不可聽其刊行。」

㊺ 理論上的說明，請參看S.N.艾森斯塔德《現代化：抗拒與變遷》，一九八八，中國人民大學出版社。此書卽以蘇聯及中共爲第二階段現代化模式中建立革命政權之代表。持這種現化代理論的人，多曾在七〇年代文化大革命時期，對中共表示贊揚。

㊻ 林鎭國譯，見《近代中國思想人物論——保守主義》，一九七八，臺北時報，頁三六七—三九七。

㊼ 見中央研究院近代史研究所集刊第七期。

㊽ 一九八八，臺北聯經。

㊾ 見該書第二章，頁二九。

㊿ 同右。

51 本書係《胡適之先生年譜長編初稿》之序文，一九八四，臺北聯經。本段爲其第一章之論點。

52 見該書頁二二—二四、四三—四八。

53 見該書頁三五—四二。余氏此文特別討論了學術思想與意識型態的差異，說明章太炎與胡適對儒家之批判，皆只反對儒家意識型態，而不反儒學。這個觀點值得討論。我以爲：宣傳學術思想，大體上信奉者都只得到意識型態，而未深究其思想究竟爲何；但反對某種意識型態時，卻常是先把澡盆裏的孩子倒出去了，洗澡水卻還剩下不少。而且，「儒學」並不是一個固定的東西，無法區分何者爲學術思想，何者爲意識型態。

54 本文似詳實簡，許多地方均採提綱式的寫法，未詳予論證，這一方面是因爲對此一問題，從理論的說明到歷史材料的討論，我均已有不少論文，構成了一個系統的觀點，讀者卽或不能參閱，想也能諒解我這種寫法。但另一方面看，我所想做的，是對近代甚或當代思想研究，從詮釋方法上整個扭轉過來，所以重點並不在各細微末節的地方，自不必詳加論述。五四以後七十周年，我也想做些革命！這個革命的建議，是否恰當呢？這就必須仰賴讀者的評判了。

理性與非理性

——論近代知識份子的理性精神

一、近代思想史之再考察

最近得見北平蕭萬源教授《中國近代思想家的宗教和鬼神論》一稿。從洪秀全談到「持無鬼論不信上帝的胡適」。這個論述角度，是臺灣較罕見的。熟悉馬克思思想的人，自然曉得這與馬克思思潮影響下對宗教的思考有關。大陸起碼編過好幾册《中國無神論史》和資料彙編。臺灣則因宗教自由，護教學和反宗教之言論，反而皆不易生長，故亦少人做此研究。

但這個問題是值得注意的。近代無神論、打倒迷信的思想，先是由「五四」發軔，後來才有馬克思主義之推波助瀾。而這種打倒迷信、主張無鬼論的思想，本身倒未必有什麼外國思潮的刺激。因爲像胡適早在少年時期就有了這類想法，後來讀范縝〈神滅論〉大爲贊同，以爲「得吾心之所同然」，又從王充的《論衡》中強化了這個觀點，乃形成了他自己一套看法。

不過除了胡適以外，如梁啓超之人死不爲鬼、宗教與文明進步不相容、重人力反天命；嚴復之神隨形亡而滅、世俗迷信立根於臆造；章太炎之天且無物何有於上帝；孫中山之素無神異思想……等等，這些近代被視爲「進步」的知識份子，確實是有些反宗教氣質的。他們的思想來源各不相同，說法也未必一致。但是包含在他們反宗教、駁鬼神、斥迷信等態度之中的，卻共同表現了對理性與科學的崇慕。

這種理性精神之勃興，正是近代中國思想史上的特色。因爲理性精神勃興，所以道光咸同以後衰弱了的乾嘉考證之學，又得到了新生。如章太炎、胡適，就是乾嘉之學在新時代的代言人。這種精神講究實事求是、尊重客觀證據。而這種態度，又被認爲是科學的，是樸學而非玄學。依此，他們乃有科學與玄學之論戰，要建立科學的人生觀：對於鬼神玄虛之談、無法客觀證明的靈魂上帝等，均不予信任。斥爲「迷信」而非正信。歷史上一切強調人力、反對天命的學說，也都因此而受到他們的贊揚。例如他們說荀子是戡天主義，不信天能主宰人類的命運；說漢朝講讖緯、談王者受命是迷信，是把儒家宗教化了；說王充是「疾虛妄」的英雄，揭穿了漢儒君權神授說的把戲……之類，無一不是這種理性精神的表演。

另外，根據克羅齊的看法，那些背棄過去或設法把傳統套死在僵固的框框裏的人，都是今日的無神論者與不信宗教者。因爲他們剝奪了人類最後一種宗教信仰，這種宗教就是歷史❶。歷史可以把人和萬有（the All）連接起來，但五四的反傳統態度卻是要斬斷這種連繫的。

總之，理性精神表現在方法上，是乾嘉樸學的復興；表現在學術立場上，是反形上學、反宋明理學；表現在學術見解上，則是貶抑儒家之方士化，推崇不信天命與鬼神的王充、范縝等等。在政治上，理性精神反對君權神授，反對社會迷信，主張打破一切政治與社會的偶像崇拜及神話。而以上種種態度，事實上卽表現爲一「科學的人生觀」。這也是新時代知識份子的人生態度與價值選擇。

然而，這其中卻因爲理性精神之過度申張，而形成了理性的專斷。因爲實事求是、尊重客觀證據，最多只能說有關靈魂不滅的各種證論尚不夠充分，客觀證據尚不足以證明確有鬼神上帝；神秘經驗及宗教體驗，無法客觀化，故亦不易明瞭。卻不能立刻就說：因無法充分證明其爲有，所以就是無。孔子說過：「君子於其所不知，蓋闕如也。」莊子也說：「六合之外，君子存而不論。」這是理性精神的適當分際。可是民初理性的思想家們，卻往往踰越了這個分際，形成了理性的非理性專斷。

正如理性精神卽是他們「科學的人生觀」一樣，這種理性的非理性專斷態度，事實上還不止表現在有關鬼神的事務上。他們慣常表現出一種：我是眞理、我是道路，你必須拋棄你的迷信，以服從我的拯救之態度。像陳獨秀給胡適的信，說：「改良中國文學，當以白話爲正宗之說，其是非甚明，必不容反對者有討論之餘地，必以吾輩所主張者爲絕對之是，而不容他人匡正之也」（《文存，卷三》）。其專斷的權威心態，卽已公然替代上帝，在宣講啓示眞理了。陳獨秀是寫〈偶像破壞論〉〈有鬼論質疑〉的人，我們有理由相信這種專斷態度是與其批判偶像崇拜之理性精神一致的。科學的人生觀，逐漸變成反科學的科學主義，也是同一個道理。「因爲這個道理，也使得五四新文化運動者所提倡的口號，「民主」與「科學」，無法眞正生根。因爲理性越位，自居爲絕對的眞理，不容討論、不容匡正，視反對之一方爲愚昧落後，本身便是反民主的態度。不幸近代知識份子口稱民主，而實際心態屬於此類反民主的獨斷權威者，比比皆是。

至於科學，海德格說得好，他認爲在科技內部運作的眞正預設，其實是形上學的。特別是表象的形上學（metaphysics of representation），與近代科技一同形成，並成爲科技最根本的基礎。這所謂表象的形上學，是說從主體出發，透過概念化與數學化之程序及妥爲規劃的研究步驟，使世界成爲客觀的對象。世界成爲表象，而人成爲研究、操控此一表象的主體。這就是科技的形上學假設❷。近代我們的思想家們，提倡科學，卻誤把客觀性視爲獨立於主體之外的東西，要人服從這與主觀對立的眞實之物，放棄主體；又藉口科學，攻擊形上學。這連科技思想都達不到，都無法眞正建立；更遑論科學，或反省科技的形上學預設了。

不止此也。以中國近代的思想歷程來跟西方對比，我們自會發現西方近代也可以被解釋爲一理性化的過程。理性的「除魅」作用，消解了西洋人對宗教與上帝的依戀，開啓了近代科學與資本主義等活動，皆與中國近代理性化思潮頗爲近似。但他們固然也批判迷信，卻又通過對迷信的理性探索，發展出各種理論、開拓了人類理性認知的新領域。

例如其社會學與人類學，致力於研究近代或原始社會裏的信仰現象。其精神分析，討論人類內在心理結構及隱藏於迷信行爲之後的無意識結構。其心理學，探索感覺、記憶等如何支配人的外在迷信行爲，或個人與其周遭環境的相互影響；另外還有些人研究巫術與迷信的根源等等。不但對迷信及其相關問題，所知愈來愈豐富，也重新「體認到非理性因素在歷史中所扮演的角色」(F. L. Bauner《西方近代思想史》第六章)。

相對於西方有關理性與非理性問題如此繽紛繁富的思考，我們的啓蒙者、新文化運動領航人及後繼者，實在應該感到羞愧。我們只會努力的以理性主義爲幌子，勵行打倒主義。今天打倒偶像、明天打倒軍閥、後天打倒軍閥及獨裁者奉爲偶像的孔敎、大後天再打倒一切宗敎，不斷革命，打倒了事。以爲只要打倒偶像、破除迷信，中國就能躋登富強美善之域。

殊不知要打破迷信，最好的辦法不是去打倒，而是強化自己的理性。否則丟掉了這個偶像，難免又供了另一尊偶像；在一切神祇都打倒之後，巨大的馬列毛氏眞神卽悄然降臨中土。唯有強化自己的理性，迷信與偶像才不能發揮作用，不打而自倒。

何況，迷信也無法破除了事，鋸箭法並不能解決問題。唯一的方法，乃是加強研究，以理性之光，察照那深密隱微的非理性領域，虛敬謙卑地探索人類思維之奧秘，方能拓展視界，眞有益於社會與學術。

二、嚴復：理性精神的表現

以下，我想通過幾個具體的例子來分析：

一是嚴復。——不管人們把嚴復看成「資產階級改良派」或什麼，嚴復的出身及其譯書事業都帶有濃厚的西方理性精神之色彩。他本身是學自然科學的人，一八七九年返國後，亦先在馬江船政學校擔任教習，次年轉入天津北洋水師學堂。一八九五年以後，譯述亞當史密斯、史賓塞、穆勒、孟德斯鳩、耶芳斯、甄克斯等法理名學書籍，均顯示了嚴復對西方近代科學民主、理性思潮確有所得。他鼓吹起來的社會達爾文主義，在西方也正是摧破基督教神學創世紀體系的利器。

更重要的是，嚴復是第一位自覺地介紹英國經驗論方法者。他說：「有用之效，徵之富強，富強之基，本諸格致。不本格致，將所無往而不虛荒」（〈救亡決論〉）。所謂格致，並非程朱之格物致知，而是明末清初《格致全書》之格致之意，指一種科學方法。依嚴復說，則又特指培根所發展出來的經驗論和歸納法。前者本於實測，「其爲學術也，一一皆本於卽物實測。」（〈原強〉）「古人所標之例，所以見破於後人者，正坐缺於印證之故。而三百年來科學公例，所由在在見報不可復搖者，非必理想之妙過古人也，亦以嚴於印證之故」（《穆勒名學．丙部按語》）。後者，則稱爲「內籀」，其實就是歸納法。他說：「內籀者，觀化察變，見其會通，爲立公例者是也」（《原富・譯事例言》）。二法相配合，則：「西學格致，……一理之明、一法之立，必驗之物物事事而皆然，而後定之爲不易」（〈救亡決論〉）。

據此，嚴復批判中國傳統的良知良能說。云：「良知良能諸說，皆洛克、穆勒之所屏」「公例無往不由內籀，……無所謂良知者矣」；並直指陸王之學爲無稽，言：「陸王之學，質而言之，則直師心自用而已。」

依此一思路，世俗鬼神之談，既無法實測，當然也應屏去了。然而，我們在嚴復的函札中卻發現了一些材料，可以證明他對靈魂變化之事，仍具有高度的興趣。

民國七年三月《靈學叢志》一卷三期收有〈嚴幾道先生致侯毅書〉，書云：

> 《靈學叢志》，俞君又寄十冊前來，除留一冊瀏覽外，其餘九冊已代分裱。今段志中所載，以徐班侯死後靈魂攝影最為驚人之事。此事歐美已為數見，然皆於無意中為生人照像，片中突然呈現異影，莫測由來。此事不獨為靈魂學家所研論，而治光學與業攝影者亦方聚訟紛然。至於已死靈魂托物示意，指授攝取己影之法，從無出有，則真見所未見、聞所未聞者也。查英國靈學會組織，創設於千八百八十二年一月，會員記載、論說、見聞，至今已不下數十巨冊。離奇弔詭，有必不可以科學原則公例通者，縷指難罄。然會中巨子，不過五、六公，皆科哲名家，而於靈學皆有著述行世。巴威廉（Sir William Barrett

F.R.S.）於本年二月《同時評閱志》*Contemporary Review* 中方出一論，意以解國人之惑。謂會中所為，不涉左道，其所研究六事：一、心靈感通之事。二、催眠術所發現者。三、眼通之能事。四、出神離魂之事。五、六塵之變，非科學所可解說者。六、歷史記載關於上項者。所言皆極有價值。終言一大事，證明人生靈明必不與形體同盡。又人心大用，存乎感通，無孤立之境。其言乃與《大易》「精氣為魂，感而遂通」及《老子》「知常」、佛氏「性海」諸說悉合。而嵇叔夜形神相待為存立、與近世物質家腦海神囿之談，皆墜地矣……❸。

信甚長，洋洋灑灑，從感通、催眠、出神、降靈、召鬼、扶鸞到離魂，無不涉及。且自謂本不信這類神異事蹟及靈魂不死諸說，現在則非常相信了。寫這封信以前，嚴復也曾有信給俞復，討論同樣的問題，並附了一份有關陳寶琛在鼓山退居時扶乩降神的事跡記載，亦洋洋近千言，結語曰：「嗚呼！孰謂冥冥中無鬼神哉！」❹

為什麼一位提倡科學方法、抨擊不能徵驗之學的先鋒，竟作此等語呢？難道眞是「垂暮之年，老病侵尋，去死不遠」，故不知不覺關心起這些事了嗎？這些材料，豈不正證明了嚴復晚年已從一位「進步」的知識份子，轉而「站到封建反動階級的立場」（李澤厚．《中國近代思想史論．論嚴復》）了嗎？

不然！嚴復說得很清楚：「每有極異之事，庸愚人轉目爲固然；口耳相傳，亦不問證據之充分與否，此最誤事。故治靈學，必與經過科學教育，於此等事極不輕信者爲之，乃有進步。復生平未聞一鬼、未遇一狐。不但搜神志怪，一以謬悠視之。卽有先輩所談，亦反復於心，以爲難信。于《叢志》鬼神諸論，十九能爲駁論。惟於事實則瞠視結舌，不能復置喙耳」（〈與侯毅書〉）。他仍是重視證據、講究客觀事實的。無徵則不信；有徵，而不能知其所以然，則主張繼續探討研究，而不能視爲當然。至於探討及研究之法，更是必須透過科學教育的訓練，以科學方法求之：

神秘一事，是自有人類未行解決問題。往者宗教興盛，常俗視聽以為固然。然而誕妄迷信，亦與俱深，惑世誣民，遂為詬病。三百年科學肇開，事嚴佐證，又知主觀多妄，耳目難憑；由是歷史所傳都歸舊神話。則摧陷廓清之功，不可誣也。然而世間之大，現象之多，實有發生非科學公例所能作解者。何得以不合吾例，憪然遂指為虛？此數十年來神秘所以漸成專科。而研討之人，皆於科哲至深、觀察精密之士。大抵以三問：一、大力常住，則一切動法，力為之先；今則見動不知力主。二、光浪發生，恆由化合；今則神光煥發，不識由來。三、聲浪由於震顫；今則但有聲浪，而不知顫者為何。凡此皆以問諸科學者也。其他則事見於遠，同時可知；變起後來，預言先決，以問哲學心理之家。年來著作孔多，而明白解決，尚所未見。

這眞是一種科學性的表現。早期的嚴復，是篤守理性之分際的，六合之外，主張存而不論。以爲：「問上帝有無，實問宇宙第一原因。……雖不設，可也」（《穆勒名學．中部按語（〇）》。又謂天地元始、造化主宰、萬物本體、佛說涅槃等等，均不可思議，「雖在聖智，皆不能言」（《天演論．卷下．論十佛法》）。現在，他似乎不再是不可知論，積極地主張「此事研究，爲人人所贊成」了。但事實上骨子裏並沒有改變。他仍然相信理性與科學有其限度，不能以其不合乎科學公例，卽遽指其爲虛妄。反之，也不能在尙未證明其爲實事或尙不能解說其理由之前，卽貿然迷信之。科學與理性之功，一在摧破此等迷信，一則在以更嚴密的方法、更理性的態度，探問其奧秘。

這才是一位眞正的理性主義者，一位眞正堅持科學精神的知識份子。不幸，他這種態度被其後學視爲落伍或轉變。幾乎沒有人注意到這一精神之可貴，反而用各種嘲諷來表達他們自己的非理性衝動，說嚴復是「歷史的無情淘汰者、和向隅者的可憐蟲」「變成一個落後的中國人」……。他們所要走的道路，乃是繼續嚴復那批判陸王之學、抨擊良知良能之說、反宗教鬼神的事業❺。

三、胡適：膨脹的理性精神

這一趨向，可以胡適所代表的新文化運動爲例。他在《讀梁漱溟先生的《東西文化及其哲學》》一文中說：

> 一千年的黑暗時代逐漸過去之後，方才有兩宋的中興。宋學是從中古宗敎裏滾出來的，程頤、朱熹一派，認定格物致知的基本方法。大膽的疑古，小心的考證。十分明顯的表示「一種嚴刻的理智態度，走科學的路」。這個風氣一開，中國雖有陸王的反科學的有力運動，終不能阻止這個科學的路重現，而大盛於最近的三百年。……現在全世界大通的，當知鞭策歐洲人的環境和問題，現在又來鞭策我們了。將來中國和印度的科學化和民治化，是無可疑的（收入《胡適文存》二集）。

胡適本人是理勝於情的，從小就不信鬼神。但把不信鬼神的態度，關聯到整個文化發展的問題上去時，他立刻就發現歐洲史的例證可以幫助他說明一切問題[6]。

依一種簡單的描述，歐洲史是由希臘羅馬展開，中經中古黑暗時期，宗敎力量控制了整個社會；文藝復興及啓蒙運動以後，宗教與上帝才退位。理性得以申張，逐步建立了一個「被拿掉了衆神的世界」。人從敎會和神權的權威枷鎖中獲得解放，世界的重心由神到人、從敎會到世俗、由傳統道德到個人主義、由神性到自然情慾。人以人的身份，重新討論屬於人的生活，民治與民主乃得以確立。而迷信消褪了神秘性之後，科學也才能有長足的發展，一日千里。故近代西歐的科學與民主，卽啓蒙運動及文藝復興以來理性化「除魅」（disenchantment）的結果。

照這段史跡來看，胡適也把中國先秦時期比爲希臘的理性時代，學術文明均極發達；漢魏南北朝隋唐，則是中古黑暗時期。這個時期一方面有儒家的方士化，講陰陽讖緯、迷信災異，旣提倡君權神授，又建立了儒教的權威。另一方面則有佛敎傳入中國，道敎興於民間。要到宋朝，才發展理性精神，廓清妖氛。不幸陸王崛起，又主張玄學，此一精神遂未能發揚光大。五四新文化運動，被稱爲「文藝復興」、「啓蒙運動」，就是自覺地要運用此理性的精神、樸學的方法，打倒儒家、神權、迷信，以臻於科學與民主。猶如歐洲必須打倒教會勢力及上帝權威之後，才能發展出民主與科學那樣[7]。

他所提出「格物致知的基本方法」「考證」「理智態度」等等，均與嚴復所言若合符節；其批判陸王，斥爲玄學，亦與嚴復從同。甚至他最先寫作的，就是《先秦名學史》，這也不能不說是與嚴復譯《穆勒名學》之用心一樣的。然胡適不以爲理性有什麼分際，因爲「實驗主義成了我的生活和思想上的一個嚮導，成了我自己的哲學基礎」之後，赫胥黎（Thomas H. Huxley）

的存疑論（agnosticism），竟逆轉爲一廓清摧陷的「懷疑論」。

胡適在〈介紹我自己的思想〉時曾說他的思想受杜威與赫胥黎二人影響最大。前者教他怎樣懷疑，教他不信任一切無充分證據之物；後者提供他方法：求證❽。換言之，赫胥黎之說，在胡適看來，即他引張載云：「爲學要不疑處有疑，才是進步」之意。其實不然。嚴復說：「迷信者，言其必如是。固差。不迷信者，言其必不如是。亦無證據。故哲學大師如赫胥黎、斯賓賽諸公，皆於此事謂之 Unknowable（不可知），而自稱 Angnostic（不可知論者）。蓋人生智識至此而窮，不得不置其事于不論不議之列，而各行心之所安而已」（〈家書〉）。在赫胥黎言，不可知，是承認理智及科學方法的局限；胡適則反以之爲懷疑的方法。並持此懷疑之眼光，打破權威：「一切主義、一切學理都該研究。但只可認做一些假設的、待證的見解，不可認做天經地義的信條，只可認做參考印證的材料，不可奉爲金科玉律的宗教」（〈三論問題與主義〉・《文存一集》・卷二）。本來是承認宗教亦自有其領域的學說，到此遂變成爲摧毀一切宗教的戈矛。

熊十力曾說：「在五四運動前後，適之先生提倡科學方法，此甚緊要。又陵先生雖首譯名學，而其文字未能普遍，適之銳意宣揚，而後青年皆知注重邏輯」（《十力語要初續・紀念北京大學五十年並為林宰祝嘏》）。的確，由思想史看，胡適是接著了嚴復的棒。但後來青年風靡，所走的卻是胡適一路，而非嚴復的態度。這實際上已是理性的逆反。提倡名學，實乃悖於名學之精義。故金岳霖批評他：「西洋哲學與名學，又非胡先生之所長」（馮友蘭《中國哲學史》審查報告)。倡導名學的人，爲何竟被目爲名學非其所長？其中原委，豈不足以深長思耶？

四、宗教與理性的發展

「西洋哲學又非其所長」。是在名學之外，暗示像胡適這樣對西洋哲學發展史的了解，可能也有了問題。

把西洋近代思潮與社會發展，看成是一理性化過程，歷經中古黑暗時期以後，在啓蒙運動的理性之光照射下，人擺脫了神魅，開創了新的文明。乃是一種簡單化的講法，殊非事實。

首先，我們當知道：歐洲近代文明，與其說是理性的發展摧毀了宗教，不如說是更新了宗教、創建了新的宗教。從一八二五年起，卽有聖西蒙「新基督教」(New Christianity)的呼籲。這並非教會人士要在炮火下重建碉堡以資防禦，而是整個人文宗教發生的訊息。實證主義、青年黑格爾學派等等，均對此甚爲關切。

這時，正如費爾巴哈說：「神學就是人類學」，宗教被認爲是出於自我投射或出於客觀化的人性、或爲現實世界之反映。這種人類的宗教(The Religion of Humanity)，拋棄了上帝，但它奠基於對人的信仰上。它們之間也頗有分歧，如黑格爾、費爾巴哈與孔德、馬克思便很不相同。然其分歧，似乎主要在於對「人」的界定範圍寬窄不同，及對「人性」之看法有異。如費爾巴哈，卽云：「從前被當做上帝來觀照與崇拜的那個東西，現在被看出原來是人自己具有的性質」（The Essence of Christionity）。馬克思則說，上帝是「人受自然界和階級的不可忍受之壓迫而產生的一些觀念」。前者在於尋找基督教之本質，認爲卽是人之本質。後者也呼籲有一人的本質，不能被自然界及社會狀況所異化。這在批判上帝的同時，事實上是轉化爲另一種宗教了。這個宗教的基礎在於人，其目的也在人，形成一人文宗教。但也可能因爲把人之本質界定爲人類性（humanness），視爲眞正社會動物的人，而使社會成爲「一個新的鬼，一個新的至眞實有」。馬克思主義的宗教性，卽由此而來。

講西洋近代史的人不能忽略這個線索。後來如巴特、布爾特曼的新正教（neo-orthudoxy）、馬里旦的新多瑪斯主義（neo-Thomism）、新神秘主義（neo-mysticism）、懷德海等人的歷程（process）神學等等，都標示著神學的復興。而這些神學所要面對的，就是上述人類的宗教或自由主義的新教（liberal-protestantism）傳統之類東西[9]。

換句話說，西洋近代文明的開展，並非只是「上帝隱退」。而是上帝改變了形貌，繼續在舞臺上演出要角。理性不僅未曾將宗教逐出人世，反而是理性與宗教間的對話日益蓬勃，宗教也因理性之作用而獲得新生。

其次，把西方中古時期界定爲「黑暗時期」，本身便充滿了偏見。馬丁路德在十六世紀時，抨擊天主教會在繁文縟節的宗教儀式與組織下，隱藏着精神的墮落。然而，單憑宗教精神，便能使天主教在中古時期發展成一套宗教社會秩序嗎?可見儀式、聖禮、神蹟、組織等,也不是無意義的東西。天主教,對當時的歐洲,其實具有形式理性與實質理性之功能。就儀式本身而言,它對當時之蠻族及社會,即爲一種教化、一種秩序,使人進入一個全新而又極爲豐富的象徵世界(symbolic world)。使人逐步脫離巫術的生活,將日常生活倫理化。這一過程,其實也就是韋伯所說的「解除魔咒」過程,展現了實質理性。故「理性化」不是在宗教改革以後才開始的,天主教的傳播,已經是一種理性化的過程了⑩。

第三,西方理性主義本身的發展,也不能說是由於擺脫宗教而得。以韋伯的研究來說,近代理性主義之發展,倘以資本主義爲「理想類型」(idea-type),則資本主義精神的出現,與宗教改革之後,新教的倫理觀實有密切關聯,尤其是與加爾文教派的上帝理念有直接關係。正是基督新教倫理那種俗世內的制慾精神,促成了以職務觀念爲基礎之理性生活態度,這一現代資本主義精神。而導致現代理性資本主義經濟組織之龐大秩序得以建立。所以這種獨特的宗教倫理,是發展出現代理性資本主義的內在的、必要的啓動力量。也就是說,在西方文明近代的轉變中,基本宗教價值體系之轉化,曾扮演過舉足輕重的角色。

孔恩(kuhn)對科學史的研究,也有同樣的意義。他一方面揭露了「典範」在科學研究中的作用,並指出典範具有信仰的性質,打破了所謂科學客觀性的迷思。一方面他細緻地解說了近代科學如何從所謂「黑暗」的中古時期發展出來。這種發展,並不能只視爲掙脫宗教之束縛而得，乃是由神學或形上學中，獲得了科學研究的基礎預設。如笛卡兒便用許多神學中對上帝屬性的界定，來推演慣性律、動量不滅律等等⑪。這一研究，與懷德海從希臘人的命運觀、中古宗教神學等傳統，來解說近代科學的發展，可謂異曲同工，桴鼓相應。

故理性與信仰不僅不是對立的；理性的發展，往往還得依賴信仰。西方近代之理性、科學、民主、資本主義等，表面上看，是由打倒宗教而生，實乃由宗教中來。此一途徑，本身便是合理的理性化發展。何以見得呢？

以胡適所艷稱的宋學興起爲例。自韓愈以下，貫串整個古文運動、道學興起的大趨勢、大脈絡，當然很容易被界定爲「攘斥佛老」。但只知他們攘斥佛老以開宋學，必非探本之論。因爲這些人往往都有一「通過佛老」的階段。柳宗元、李翺、周敦頤、邵雍等人與佛道的關係，均極密切，對其學術內容亦有直接關聯。程明道出入老釋幾十年，朱子初師屏山籍溪，二人也都好佛老。故朱子〈答江元適書〉也說他出入於釋老者十餘年（《文集》・卷三八）。朱熹〈大慧普覺禪師語錄序〉說朱子赴試時，行篋中有《大慧禪師語錄》。朱論太極時，於「人人有一太極，物物有一太極」，引「月印萬川」爲說，這便是大慧語錄中常用的術語，可見朱熹之言不虛，亦可見後來朱子雖以闢佛爲職志，論學仍常引佛家義理爲說。論太極如此，論性也說：「伊川言氣質之性，正猶佛書所謂水中鹽味、色裏膠清」；論提撕省察，則如〈答胡季隨書〉：「只要時時將來提撕，便喚得主人公常在常覺也」（《大全》・卷五三），亦與《大慧語錄》：「但行住坐臥，時時提撕狗子還有佛性也無」「瑞巖和尙居常在大室中，自喚云：主人公。又自應曰：諾」（《指月錄》・三二）諸語甚近。諸如此類，不勝枚舉。且非朱子一人獨然，此乃一普遍現象。從個人與佛老中人、物、經典、儀式的交往關係，到思想學術內容，都不能說與佛老無所牽聯。而整個宋學的基本性質及關切重點，更與它這種「通過佛老」的特性不可分。是因爲有佛教道教那樣的宗教，且宋學又必須通過這樣的宗教，所以才有宋學那樣的學問，集中力量去討論天、理、命、性、心、道、太極、存誠、主靜（敬）、涵養……等問題。與漢代學術所關切的層面、重點、討論的方式均不相同⑫。

因此，以攘斥佛老爲標幟的宋學，其實正起於消化或通過佛老。後人謂其「援佛入儒」或「陽儒陰釋」，雖不切，卻很能顯示這種理性發展的詭譎。因爲若無魏晉南北朝及隋唐這一段佛教道教的發展，宋學無論如何是開不出來的；開出宋學，勢必奠基於此，而不能以打倒佛老爲之。

不了解這些，不但不能了解西方近代文化的發展，顯然對中國歷史的理解，也會出問題。而錯誤的歷史認知，必然形成不恰當的實踐行動。中國近代新文化運動，以文藝復興、啓蒙運動、近代科學民主與理性精神爲效法對象，卻走了相反的道路；提倡宋學之格物致知，亦與宋學之實際狀況頗相逕庭。奉行切斷主義與打倒主義，認爲若不徹底與宗教迷信決裂、宣戰，便不足以發展理性，亦無法使中國開展出近代民主與科學。這樣的路數，注定了是要失敗的⑬。

五、思想史上理性的災難

依這樣理性地、科學地了解中國歷史文化，恰好也了解得一塌糊塗。

例如「格物致知」，據胡適說，此爲一「大膽疑古，小心考證」的實證方法。是理智的態度、科學的路。但事實上剛巧相反，格物致知乃是修養上的實踐工夫，而非理智的考證方法。試一論之：

按：伊川嘗言：「格物者，適道之始，欲思格物，則固已近道矣。是何也？以收其心而不放也」（《遺書》．廿五）「格物窮理，非是要盡窮天下之物，但於一事物上窮盡，其他可以類推。至如言孝，其所以爲孝者如何」（十五），「或問：進修之術何先？曰莫先於正心誠意。誠意在致知，致知在格物」（十八）。格物，是爲了致知，知什麼呢？知萬物之理。窮理，乃能盡性。故格物致知，是心性修養上的工夫。伊川釋格之「物物」，舉「孝」爲說，即是此意。《遺書》卷十八又云：「致知在格物，格物之理，不若察之於身，其得尤切」，此與卷七說：「致知，但止於至善。爲人子止於孝、爲人父止於慈之類。不須外面。只務觀物理，汎然正如遊騎無所歸也」，都顯示格物之物，不應從外在實際存在的客觀物上去求，而是道德修養上的問題，「要在明善，明善要在格物窮理」（十五）。

這跟考證、疑古云云，有啥子關係？胡適之說簡直比王陽明去格竹子更離譜了。但更離譜的，是把這種宋學，說成是「盛於最近三百年」的方法，為「顧炎武、閻若璩，以至戴震、崔述、王念孫、王引之以至孫詒讓、章炳麟」所採用者。顧、閻、崔、戴等人所使用的，是一種號稱漢學或樸學的方法，與宋學有什麼關係？胡適是寫過《戴東原哲學》的人，難道忘記了他們反對宋明理學的立場嗎？

其三，胡適既推崇漢學樸學方法，那又怎能說漢代是籠罩在宗教迷霧中的黑暗時代呢？四、朱熹明明與佛教關係密切，明明注解過道教之《陰符經》《參同契》，明明禱過雨，明明說過：「鬼神是實有者。屈是實屈、伸是實伸。屈伸合散，無非實者。故其發見昭昭，不可掩如此」（《語類》・卷六三），何以反說他是從宗教中掙脫出來的人？

可見胡適對中國學術史的了解是多麼荒誕不經。而茅塞其心者，非它，正為彼所自詡之科學方法、理性精神也。

除此之外，把中國歷史拿來與西歐類比，視中國仍處於中古宗教時期，呼籲進行一次理性的啓蒙運動，打倒一切迷信、偶像崇拜、反鬼神信仰。這一類比可能本身就大有問題。因為西方近代之理性反省是環繞著「上帝」這一概念而展開的，內在於西方有神論與無神論的諍論傳統之中。而此有神無神之辯，主要是討論世界是否有一超越的、具位格性的絕對者（Absolute）。故上帝存在與否的論證，是核心的問題。由此一論證，再展開有關宗教語言、宗教體驗、啓示、奇蹟與信仰……等問題的探討。整個有神論，其實就是一神論（Monotheism），理論及實際上都肯定唯一的神，在此之外既無另一個神，也不可能有另一個神[14]。相對於有神論的（Theism），是無神論，否定有此一神之存在，唯物論及實證主義者多主張如此。但影響啓蒙運動的，並非這一路，而是承認有一創造世界的位格之神，卻反對神對世界有支配力、反對奇蹟與啓示的自然神論（Deism）。至於經驗論，則是認爲人不能對神做清楚的陳述，神亦非人之經驗所能知，故爲一「不可知論」（Agnosticism）。

中國從來就沒有一個超越的、位格的、創造世界、主宰世界的上帝觀。換言之，從來沒有出現過有神論，連商周之際卜辭及尚書文獻中的「上帝」「帝」也不同於西方的「上帝」概念。何來有神論[15]？既無有神論，當然也不會有與之對反的無神論，因爲從來沒有上帝，沒有人討論過上帝是否存在，即不可能出現反對上帝確實存在的言論。要在中國文化中找無神論的材料，正是悶在一間黑屋子裏找一頭不存在的黑貓[16]。

中國只有鬼神論，故與之對反者，爲「神滅論」與「無鬼論」。神若隨形而滅，自然無鬼可說。所以一切破有鬼論者，都從這裏立論。反之，如其哲學主張不如此，就不可能不信鬼神、不敬鬼神。他或許也曾禁淫祠、戒巫覡，但那都不相干，因爲他畢竟不能不祭祖；其禁淫祠、壞野祀等活動也不能證明他便不信鬼。因其鬼神之觀念尚在也。如朱子，《宋史》謂其官同安時，「禁婦女之為僧道」，又〈對諭榜〉規定城市鄉村，不得以禳災祈福為名，裝弄傀儡。但《語類》卷一〇六記載：有門人問禁漳民禮佛朝嶽，皆所以正人心耶？朱子即回答：「未說到如此，只是男女混雜，便當禁約耳。」

所謂鬼神之觀念尚在。原因是在中國的思想傳統中，鬼神是不容易祛除的觀念！何以故？鬼神皆氣也。

《禮記・祭義》：「宰我曰：『吾聞鬼神之名，不知其所謂！』子曰：『氣也者，神之盛也。魄也者，鬼之盛也。合鬼與神，教之至也。衆生必死，死必歸土，此之謂鬼。骨肉斃於下陰為野土，其氣發揚於上為昭明，焄蒿悽愴，此百物之精也，神之著也』」。形魄之亡，稱為鬼，因其歸於故土。精氣仍存，揚於世上，則名為神，因其昭明彰著。後世之所謂鬼，本來就都是指這個形滅而氣存，且昭見於人之耳目的「神」，只不過在其中又依善惡褒貶，將它再分兩等，善者尊之為神，惡者或一般者名之為鬼而已。鬼神皆氣所化，若不打破這個「形/神」之辨，若不反對宇宙為氣一元論，若不主張形滅則氣盡神亡，焉能為無鬼論[17]？

胡適，或那被稱為「在一九一八到一九一九年有神論與無神論論戰中，作出較大貢獻的陳獨秀、惲代英、蕭楚女」等人，不明此中原委，拿著「科學的研究方法」、實驗、「騙人的偶像說」去攻擊有鬼論，當然是不相應的了[18]。後來套用馬克思唯物主義觀點，講中國的無神論，尤爲荒謬。因爲鬼神既爲氣，照大陸研究中國哲學同行們一貫的辦法，講氣的哲學便是唯物的，那麼鬼神論不也是唯物的嗎？用大陸同行們的術語來說，這還是素樸的唯物論哩。然精氣爲神，鬼神皆氣，而非實有，不又是有鬼而實際上是無鬼了嗎？有鬼而又爲無鬼，此豈不又是辯證的唯物論啦？

如此討論，有什麼意義呢？幾十年來，有關打倒偶像、破除迷信、攻擊宗教權威、批判社會文化、宣揚無神論等等，在哲學上可說是個大混亂。胡亂套用、粗率類比、誤讀文獻、加上栽贓與誣陷、專斷與魯莽，構成了一幅不忍究詰的景觀。這難道不是理性精神在思想及行動上形成的災禍嗎[19]？

六、突破理性精神的困境

雖然如此，這一強悍的理性精神，畢竟已成爲近百年來最穩固的力量，導引著知識份子心境及社會走向。此一「理性精神」所表現的態度，在幾個方面都是強而有力的——一是把理性視爲人存在之本質。人之所以爲人，在古代，認爲主要是「仁」，人心之仁是人之所以異於禽獸之處。故學術及教育活動，主要是在教人明此仁善之心。現在則認爲人最主要的能力是理智，一切學術或教育，亦皆爲知識之增進與彰明而設。這是對「人」的了解與期待從根本上起了變化。其次，理性被看成人了解及掌握世界唯一的方法。近代「進步」的知識份子不以為除理性之外，還能有理解世界的管道。所以，第三，理性又可做為價值判斷的依據，凡「合於理性」即代表「對」與「好」。

何以近代理性精神之發展竟能達致上述成果？

這是一種迥異於傳統的態度，從根本上扭轉了對於人與世界之認識，而這種認識又被宣稱是一種反蒙昧、反權威的力量，提供了社會新的武器。也就是說，理性之所以能形成新的權威，成功地成為主導近代社會的力量，最主要的卻是以其「啓示」與「預言」性格。所謂啓示，是指近代知識份子往往宣稱理性能給人光，能讓人走出蒙翳、黑暗和愚昧，自己看到世界，擺脫舊權威之宰制。所謂預言，是預言未來世界在理性的導引下，必然更加美好。這種「歷史發展之必然」，既說明了革命之必要，也提供了歷史發展的規律，說明人類不能不走上理性之路[20]。這其實是一種宗教態度，所以理性也就被絕對化了，絕少人懷疑理性的價值以及理性之用有其限度，對「非理性」「反理性」之價值與功能亦不屑一談。反之，主張理性者，被賦予了道德意涵，代表正義且必然勝利的一方，塑造出一種啓蒙的道德權威（moral authority），來替代舊日之聖賢教訓或社會倫常道德權威。

光是從預言、啓示和道德方面來建立理性的權威地位，仍是不充分的。這時，它還得由傳統處獲得權威。

前文說過，理性精神的提出，基本上是反傳統的。但人的歷史性，使人不可能接受眞正反傳統的東西，理性精神要眞正形成影響力，卽必須進入傳統之中，去對傳統進行「理性的解釋」。這也就是胡適寫作《先秦名學史》的原因。近代學人大講名家墨家之學，無非是想在中國學術傳統內部建立一個理性的、邏輯學的傳統。而把程朱格致之學、淸代乾嘉考證學，統統說成是與西方近代理性主義一樣的東西、都屬「一種嚴刻的理智態度，走科學的路」。也是基於同樣的理由[21]。

此外則是再由西方近代學術發展史上獲得權威。如嚴復之取塗穆勒、斯賓賽等；胡適之借徑杜威；傅斯年之揭揚蘭克史學；金岳霖、殷海光之醉心邏輯實證論；馬克思主義者奉馬克思爲圭臬之類。每個人都宣稱他所採擷的西方學術是眞正的科學方法。這些方法在西方已有施用之成效，可以做未來爲中國發展的保證。

理性的權威，當然更可能建立在近代科學本身的發展上，直接以「科學」獲得權威。亦卽依一種簡單的推理：近代科學，是因採用了理性的、科學的方法，故能有長足之進步；其他各學科、人類知識之各領域，若欲得到同樣的發展，當然也須採用這種方法。

科學，旣爲理性具體運作之結果，科學自然就可做爲理性行爲的典範，合乎科學，也就是合乎理性。科學家，遂亦成爲近代新的人格典型。幾乎每個小孩都曾經過立志「我將來要做個科學家」的階段，或被家長師長敎育朝此目標邁進。科學家取代了「聖賢」的典型。

這幾方面交互運作，構成一複雜的權力關係，逐步建立並鞏固了理性在社會中的地位。例如陳獨秀、胡適之能使其思想大行於天下，與其身居全國最高學府之文學院院長，擁有因教育權力而培養之新型知識份子羣衆，必有極大的關係。陳獨秀創辦了中國共產黨，後來共產黨基本上亦即以「科學的馬克思主義」爲意識型態。認爲近代中國發展的主線是「向西方學習」，先是學習西方的自然科學，其後從制度上學習民主共和，再則從精神上實踐科學社會主義。恩格斯曾說：「唯物主義歷史觀和通過剩餘價值揭破資本主義生產的秘密。這兩個偉大的發展，都應當歸功於馬克思。由於這些發現，社會主義已經變成了科學。」大陸則至今仍稱頌李大釗等人慧眼識英雄，爲共產主義知識份子送來了科學社會主義這一強大的思想武器。從五四之後展開的科玄論戰到社會史論戰，再到無產階級革命，被理解爲一理性化逐漸增強、提高以及得以實踐的結果㉒。國民政府在意識型態上及對近代歷史之系統解釋方面，固然未曾如共產黨這樣發展出一套科學方法降臨史；但在實踐性思考方面，國民政府卻遠較共產黨積極。在其官僚體系中，主要是科學技術性人才；教育文化方面則仍以五四人物如胡適、羅家倫、傅斯年等爲中堅，繼續推揚其科學理性觀。黨政高層人士之意識型態，則可以蔣中正《科學的學庸》及陳立夫之《四書道貫》爲代表。故政治、社會、文化、教育各種權力關係，均強化了理性精神的發展。

但是，仔細觀察這一發展，我們當可發現：水能載舟，亦能覆舟。理性與科學，本來提供的即是一種規律、一種秩序；理性化的社會，應該是一能顯現規律法則與秩序的社會。現在，卻在一革命的情境中被提出，不但利用理性與科學的名義在宣告一種啟示眞理、一種烏托邦的理想；更鼓舞羣衆的激情，以求理性能夠申張。此豈非自相矛盾乎？理性的講理精神，在宗教態度與絕對眞理業已出現之後，遂根本隱匿了，不准也不必討論了。

何況，近代知識份子之理性精神有其現實的動機與意義。透過理性精神的申張，希望能衝抉網羅、啟民蒙翳，建立一如歐美或蘇俄那樣的新國家。因此理性精神推動着政治的發展，政治也以其權力支持了理性的權威。但正如李澤厚所說：某些理論固然替如紅軍之類政治團體提供了科學論據，爲革命奠定了科學的理論基礎和信念依據；但政治力量卻可能反過來，壓制或籠罩了理性、科學的討論。連學術上的基本要求，如主要概念之嚴格含義分析，幾乎都不能進行。任何東西，「只要成爲不容懷疑的政治結論，也就似乎不需要科學證明了」㉓。

再進一步說，近代理性精神之內容，往往與科學關聯着說，科學被視爲理性運作的模範，這也是不合理的。何以故？一、科學固然是一理性化的結果，但人類社會的理性化並不能從科學處得到保證。例如槍砲炸藥之發明，係人類科學的成就，然此科學能做爲人類社會之理性模範否？人類用槍砲自相殘殺，事實上卽一非理性行爲。故極權國家的科學每極發達，卻不能說它就是合於理性的㉔。二、近代知識份子往往認爲合乎科學卽合乎理性，這是對科學的信仰。可是科學門類甚雜，他們的理性行爲到底應以何種科學爲模型呢？殷海光曾批評胡適：「了解科學方法之來路，係歷史考證，而不是自然科學，……所以對科學方法的了解難免陷於過份簡單的認識」㉕。

然而殷海光的科學方法也不是來自自然科學，而是邏輯實證論，那麼是否他自己也難免陷於過份簡單之認識呢？再者，若說科學方法必須直接由自然科學來，那又應取自何種自然科學呢？數學、化學、還是地質學？三、以科學爲學術工作之基本模型，任何學門都要講究其科學性與科學方法，是近代理性精神申張的一項表徵。但是，我們似乎忘了問科學性及科學方法是否有其界限。也就是說，自然科學的研究目的、方法、範圍、對象，是否可等同於人文及社會科學？西方自狄爾泰以降，對人文學與自然科學之不同，討論甚多；人文學若可建立爲一門科學，此一科學亦自有一「人文科學的邏輯」㉖。而我們對此則未暇措意，反而努力地以自然科學來規範人文及社會學科。以致知識份子高舉科學與民主之大纛，卻不料科學竟反過來，在知識界內部和社會意識方面成爲壓迫、宰制人文學發展的最主要力量。整個社會對科學的崇慕與科技所佔據的社會資源，都使得人文研究不受重視、人文學者毫無發言地位、人文學無法發展。科技所代表的工具、技術理性，也完全壓倒了理性精神所應蘊涵的價值理性面。

這是近代理性精神發展的悲劇。此一悲劇之形成，固有世界權力結構之關係、政治社會運作的因素。然而，知識份子本身所秉持的理性精神本身，可能便含有若干問題，故導致這樣不良的發展。

此話怎講？

五四及新文化運動，通常被比擬於西方的「啓蒙運動」，或視爲一種理性主義（Rationalism)。但這樣的運動，其內容與發展實迥異於西方。

啓蒙運動所推展的，是以認識論姿態出現的理性主義，強調藉概念之推演來處理一切問題，且以數學爲理性之科學模範。

所謂以理性、概念處理一切問題，是強調了人對世界事物的把握與理解，主要倚賴理性的能力；不重視意志、感性也有其力量和重要性。強調知識，且爲知識而知識；此種知識之建立又不由感覺經驗而來，乃由人之理性，藉概念推演而成。這是以笛卡兒爲代表之理性主義的主要特徵。但這種趨向，使得西方自亞里士多德及士林哲學以降，把靈魂與肉體視爲綜合體的傳統分裂了，感覺認識與理智認識分了家，遂引起英國經驗主義之反動。所以事實上啓蒙運動內部蘊含了兩個思想系統：英國的啓蒙運動以洛克、休謨的經驗論爲主導，反對「先驗觀念」說，主張一切心象來自感性經驗；法國與德國則以理性主義爲啓蒙運動的基礎，代表人物是萊布尼茲與沃爾夫等。在認識論方面，經驗主義認爲一切認識皆以感性經驗爲基礎；理性主義則主張若無先驗之理性，知識實不可能。在方法論方面，經驗論者只用因果律來解釋世界，而因果律，若如休謨所云，只是在經驗中所發現的先後承續之一致性。理性論者則把原因概念列在先天的理性範疇，且在解釋世界時還加上了另一個理性概念：目的論。所以這兩大思想系統雖同居於啓蒙運動中發展，其壁壘實甚明顯。我國在清末民初的理性精神勃興時期，所接受於西方啓蒙運動者，乃經驗論系統，而於理性主義，極爲疏隔。因此，近代我們號稱爲一理性主義時代，然事實上只顯示了一種以理性爲價値取向的心態，顯示了一種似乎講究經驗實證與理性歸納程序的態度，而並未形成一眞正的理性主義。對理性之內涵、能力、運作及理性與感覺經驗、意志力等之關係……，均少探索，對使用槪念以演繹推論之方法，亦不熟稔。

卽使在經驗論的傳統方面，我們因爲並無類似歐洲理性主義的底子，故所吸收者亦頗淺浮。啓蒙運動中道德哲學在英國獲得了長足的發展：洛克由經驗層面，亦卽由人類行爲所引起之快樂與痛苦來建立道德；休謨則強調道德感受，謂道德基於天生的同情心；宗敎亦由情緖之需要而生。此與德國理性主義如沃爾夫發揮理性主義系統，而以道德爲最後目標，實有異曲同工之妙。我國近代知識份子的理性精神卻以反道德爲指標之一，批判儒家倫理、攻擊良知說，不唯未發展任何倫理哲學，且視道德及道德敎育爲封建社會吃人的禮敎。

同理，我們吸收了盧梭《民約論》，卻忽略了：盧梭所代表的，事實上是對理性主義有所反省的一支。由於啓蒙運動對理性過份強調，盧梭才凸顯大自然賦予人的感受能力，以此爲人類活動最深邃的來源。漠視這一支思想，對啓蒙運動的理解當然會顯得偏宕而不充分。

再就所謂以數學爲理性之科學模型這一面來看。卡西勒說得好：「去認知一個複雜的經驗，就是把它的諸多組成部份置於某種相互關係中，使我們不論從那一點展開，都能依循一條一定而普遍的法則，而遍覽其全體。這種形態的推論性理解，早已被笛卡兒確立爲數學知識的基本準則。……十八世紀十分堅持這個基本方法，而且試圖把它應用到更廣泛的知識領域中。『演算』

這個概念，不再局限於數學的意義。它既可以用在數與量方面，也侵入了純粹屬於質的領域」㉗。這是啓蒙時代的心靈與方法，但五四運動以降，中國知識份子雖高談科學，以自然科學爲一切學術工作之模範，卻普遍缺乏對科學工作之具體了解與基本科學知識，對數學更是極爲隔閡。在我們近代高等人文教育系統中，也從未培養「演算」的心靈與習慣。故近代西方思想史與數學之關係深密，我國近代思想史則不僅與中國數學傳統毫無瓜葛，也與西方數學無甚關聯。

當然這種對比是極粗略的，而且中國自有中國的思想傳統，其發展道路亦不必一定要同於西方。不過，由這樣的比較，我們自會發現中國近代知識份子的理性精神，可能比啓蒙運動的狹隘理性觀問題更多，其中也蘊含了理性不能眞正落實的內在因素。凡事當先「反求諸己」，我們現在顯然應該開始改弦更張或重新出發了。

附注

❶ 參見Benedesso Croce, "Antihistorismus," *Historische Zeitschrift*, Vol. 143(1930),頁四六六。

❷ 參見M. Heidegger, *Die Zeit des Weltpbildes*, in *Holwege*, Frankfurt, V. Klostermann, 一九三八，頁八十三—八十五。

❸ 原信發表於該年三月出版《靈學叢誌》第一卷第三期。

❹見《靈學叢志》第一卷第二期。按：一九八三年《中國哲學》第十輯，曾刊吳光〈靈學・靈學會・靈學叢志簡介〉一文，發表了嚴復這兩封信。並說：「迄今爲止各種近代史資料、嚴復文集資料、研究嚴復思想的論文和專著都沒有選編或引用過該信的內容。」可見論者對嚴復思想中這個層面的問題，尙罕觸及。不過，在一九八二年王栻主編的《嚴復集》中，事實上已收錄了這兩封信。其次，吳光對嚴復之論靈學，仍持批判態度，且是延續《新青年》時期陳獨秀等人的意見。此一理解，我亦以爲不妥。

❺默明哲《嚴復》一書，把嚴復介紹英國的培根經驗論和歸納法，說成是「唯物主義認識論」（一九八二・齊魯書社）。這是對西洋哲學缺乏基本常識的說法。故依此而區分的所謂前期、後期，亦毫無根據。因爲所謂前期，其中既含有所謂「唯心主義性質」，則前後期之分徒然造成解釋上的困擾。同樣一本《法意》、一本《穆勒名學》，有時算做前期思想、有時視爲後期反動主張，學術研究能這樣做嗎？我認爲講近代思想史，不放棄這類前後期思考架構，根本沒有出路。不只討論嚴復如此，談章太炎、康有爲、劉師培都應如此。另詳龔鵬程〈傳統與反傳統——以章太炎爲線索論晚清到五四的文化變遷〉，收入本書。

❻整個新文化運動就是以歐洲爲典範的，另詳龔鵬程〈傳統與現代——當代意識糾結的危機〉，收入《五四後文化的省思》，一九八九，金楓出版社。

❼這其實是胡適那一代推動新文化運動者一致的態度。如馮友蘭把中國哲學史，從董仲舒到康有爲這一段，全劃入中古經院哲學時期。顧頡剛寫《漢代的方士與儒生》，大罵漢代儒生與方士結合，並爲帝王服務。都有一個類似胡適的歷史解釋模型在。

⑧《胡適論學近著》，頁六三〇—六四六。

⑨另詳 Frsnklin L. Baumer《西方近代思想史》，頁三六九—三八二、五一九—五四一。聯經出版公司。

⑩高承恕曾利用費弗賀(Lucien Febvre)《十六世紀的反信仰問題》之研究，對此詳予論述，詳見其《理性化與資本主義——韋伯與韋伯之外》，一九八八，聯經。頁一五五—二〇二〈對理性化的再思考〉。

⑪韋伯與孔恩對理性精神的反省，詳陳曉林《學術巨人與理性困境——韋伯、巴柏、哈伯瑪斯》，一九八七，時報。

⑫蔣義斌《宋代儒釋調和論及排佛論之演進》（一九八八，商務）以儒釋互動觀點論宋代儒學，但他界定程朱學派是反王安石而排佛的，似仍有商榷餘地。二程中程明道對王安石並不太排斥，程朱之排佛亦不全面。熊琬《宋代理學與佛學之探討》(一九八五，文津出版社)曾指出朱子批評佛教往往不甚恰當。這是不錯的。朱子對佛學既非全面批判，毫無取擇；他對佛教的了解，又受限於時代禪風及個人經驗，所見自然也有不够周全深入之處。但總括來說，朱子對儒佛之異，仍是能够分判的，此所以朱子畢竟是儒而非釋。詳馮耀明〈朱子對儒佛之判分〉，一九八八，《漢學研究》，六卷二期。收入《中國哲學的方法論問題》，一九八九，允晨公司。另外，宋代知識份子與佛教的關係，我在《江西詩社宗派研究》中另有處理，參頁二一一—二二二、二九二—三〇九、三九五—四八五。一九八三，文史哲出版社。

⑬本文所討論的近代知識份子反宗教狀況，只是扣住理性精神的發展而說，但這是不全面的。近代知識份子對宗教的爭論極爲複雜，例如因救亡意識逼出了民衆教育問題，而主張啓廸民智，打倒迷信；因立儒

教爲孔教問題，而主張破除偶像崇拜，政教分途；因反西方帝國主義侵略，而反基督教……等等都是重要的原因。反宗教之後，用以替代宗教者，也未必即是理性精神、科學方法，因爲像蔡元培就曾提倡「以美育代宗教」。雖然如此，理性仍是反宗教最主要的理由以及武器，也最具思想史意義，充滿了理趣與詭譎，值得深思。不像反帝國主義之類，只能做一歷史現象及民族情緒視之。如五四新文化運動後，一九二〇年八月廿八日，少年中國學會就在北京通過了巴黎分會的提議，說：「有宗教信仰者不得入會，已有宗教信仰之會員得自願退出」。巴黎分會是李璜、曾琦等人主持的。當時李璜就認爲將來人類必然會脫離宗教，因爲：⑴中國必須現代化，而現代化世界是排斥宗教的；⑵中國需要一個理性的途徑來重建，而宗教是反理性的；⑶中國需要的是眞實、主動、平等、自由，這些都非宗教所能提供；⑷中國不需要宗教的不寬容（見《少年中國》三卷一號）。可見「理性」是反宗教最主要的理由及武器，且通過理性，被認爲是救亡、啓蒙，使中國現代化的不二法門。故本文採取這一反省近代理性精神的討論方式，並集中於從嚴復到胡適的歷史發展及其蘊涵之理論問題。主線既已掌握，其他零散的事件，就不必再敍述了。

⑭ 所謂有神論，就是一神論，詳布魯格《西洋哲學辭典》，項退結編譯，一九七六，先知出版社。

⑮ 天主教中人，如羅光等，近嘗致力於把《詩經》《尚書》中的帝、天、上帝，解釋成一位格的超越的上帝。羅光說：「《書經》《詩經》所信仰之天，爲位格的上天，乃最高的靈明，無形無象，造生人物，賞罰善惡。春秋戰國的社會則迷信鬼神，遇事就問神求卜」（《中國哲學思想史・兩漢南北朝篇》。一九七八，學生書局）。我不否認夏殷甚至周初人有人格神的上帝觀，治甲骨及古文獻者也都不否認這一點。

⑯

但強調這一點並無意義，因爲殷周之際固然仍保留了許多原始宗教信仰（包括自然神與至上神），可是這時期的宗教形態，與希伯來人的宗教意識和超越上帝觀，實有根本之不同。例如李杜在《中西哲學思想中的天道與上帝》一書中便談到：周人相信的是一無私的、普遍的上帝；希伯來人則強調天國與人世的對立，相信選民與恩典、救贖等觀念。周人相信天帝可以與每個人感格，基督教則認爲只有氏族首領、先知及祭司才能與上帝交通。且中國無天帝創造天地與人的神話，故亦不重視天帝先於人而存在的問題，無天帝爲「自有」「永有」之觀念；也不認爲上帝必須全知全能，因爲周人認爲在天帝之下，即有衆神，各司職守（一九七八，聯經）。因此雖然上帝是一超越的人格神，它與一神論的上帝觀，仍然不一樣，無法類比。其次，經過「周初宗教中人文精神之躍動」，逐漸將天帝觀念，轉化爲天命—命—性的討論，徐復觀《中國人性論史》亦述之甚詳。殷周之際的天帝觀對後世歷史文化並無太大的影響。

我讀《中國無神論史資料選編》（王友三編，一九八五，北京中華書局），常覺其書彷彿《笑林廣記》。它把一堆不相干的材料堆在一起，且根本沒有理解力。例如它引《內經》，說該書「豐富了我國古代唯物主義和無神論的思想，而且用醫學實踐，直接批判了巫術迷信」。是這樣嗎？請看：《靈樞經》卷九〈賊風〉條，歧伯解釋了賊風邪氣的病因之後，黃帝問：「今夫子之所言者，皆病人之所自知也。其毋所遇邪氣，又毋怵惕之所志，卒然而病者，其故何也？唯因有鬼神之事乎？」歧伯曰：「此亦有故，邪留而未發，因而志有所惡及有所慕。血氣內亂，兩氣相搏，其所從來者微，視之不見，聽而不聞，故似鬼神。」黃帝曰：「其祝而已者，其故何也？」歧伯曰：「先巫者，因知百病之勝，先知其病之所從生者，可祝而已也。」歧伯及黃帝都認爲這種病的醫學實踐，只能靠巫祝而已。這哪裏是批判了巫術迷信呢？何況，反對巫術、鬼、雜祀，能不能就算是「無神論」呢？巫術中，例如感應巫術或類比巫術，跟鬼神又有什麼關係？這本書中裏卻盡是這類毫無宗教學常識的言論。像它說王充「堅持反對從董仲舒到《白虎通》等封建神學」「否定天人感應的神學」。王充當然不是這樣的人，我另有〈世俗化的儒家：王充〉（一九九○．《當代中國學》第一期）一文考辨，但這且不管。它居然又同時引了張衡〈陽嘉二年京師地震對策〉，證明張衡也是一位「堅決反對西漢時期讖緯神學」的鬥士。嗚呼！張衡明明說：「政善則休祥降，政惡則咎徵見。……災異之興，不亦宜乎」，他所主張的，正是天人感應的災異說。引此而欲證明中國古代的無神論思想、張衡的「唯物主義的宇宙形成論」，不怕被人笑掉大牙嗎？類比荒謬之例，俯拾卽是。我們舉出這些例子，意不在譏諷；乃是要說明：套用什麼唯物主義、無神論，來談中國的宗教問題，根本就是荒唐的事。

⑰ 魏源曾批評把鬼神視爲氣之說，因爲怕它會形成無鬼論。他說：「其道而純陽與！其生也，與日月合其明，其沒也，其氣發揚於上爲昭明。『文王在上，於昭於天』，五方之帝之佐，皆聖賢既沒之神爲之。堯乘白雲而歸帝鄉，傳說騎箕尾而爲列星。其次者猶祀於瞽宗、方社、四嶽，各如其德業之大小爲秩之尊卑，地只與天神相升降焉。故曰『君子上達』。其道而純陰歟！其生也，與鬼國合其幽，其沒也，魄降於地，精氣爲物，游魂爲變。鯀化黃熊，伯有爲厲，彭生爲豕，方相氏儺厲而毆之，鼎鑄神奸而象之。故曰『小人下達』。惟聖人通於幽明之理，故制禮作樂，饗帝饗親，進退百神五祀，聲氣合莫，流動充滿於天地之間，則天神降，地只出，人鬼享，而制作與造化參焉，陰教與王治輔焉。孰謂太虛聚爲氣，氣散爲太虛而賢愚同盡乎？禮樂皆芻狗而神道無設教乎？詩曰：『明明在下，赫赫在上。』」（《默

觚上，學篇十四》)「以鬼神爲二氣之良能者，意以爲無鬼也。豈知洋洋在上在左右，使天下齊明承祀，『相在爾室，尙不愧於屋漏』，卽後儒『天知、地知、人知、我知』之所本，謂天神知、地祇知也。商人尙鬼神，『乃祖乃父丕乃告我高后，曰：「作丕刑於朕孫，迪高后丕乃崇降不祥。」』〈臯謨〉〈洪範〉之言天，無非以命討、刑威、禍福、錫咎皆出上帝之祐怒。聖人敬鬼神而遠之，非闢鬼神而無之也。如曰太虛聚爲氣，氣散爲太虛，賢愚同盡，則何謂『原始反終，故知死生之說』乎？何謂『精氣游魂，知鬼神之情狀』乎？何必朝聞而夕死？何謂『與鬼神合其吉凶』？何謂『帝謂文王』，『文王陟降，在帝左右』乎？鬼神之說，其有益於人心，陰輔王教者甚大，王法顯誅所不及者，惟陰敎足以懾之。宋儒矯枉過正，而不知與六經相違。墨子非樂，異乎先王，然後儒亦未聞以樂化天下，是儒卽不非樂，而樂同歸於廢矣。墨子明鬼，後儒遂主無鬼；無鬼非聖人宗廟祭祀之敎，徒使小人爲惡無忌憚，則異端之言反長於儒者矣。」（〈學篇一〉）我這裏的說法，卽爲魏源之說再進一解。

⑱ 有關這幾場論戰，詳李振霞《中國現代哲學史綱要》第六章〈無神論與有神論的論戰〉。一九八六，紅旗出版社。

⑲ 本文只討論了理性精神在近代發展中出現的問題，且較集中於理性精神反宗教的一面。但若眞要談近代中國知識份子的宗教意識，如此處理，僅得一偏。因爲本文並未正面探討近代中國知識份子在理性化的外表下，爲何會洋溢著宗教意識與宗教感情。而且，在科學方法、理性精神高漲的近代中國，恰好也是佛教復興、洋教大盛以及新興敎派逐漸擴大繁衍的時代，一般知識份子之心態及其學說，都受到宗教極深的影響。這一特異現象，可能是更值得深思的。但順著本文的思路去想，這些問題也並非不能獲得解

答。

⑳ 這裏又結合了近代特有的革命意識。有關革命意識之分析，詳龔鵬程〈革命與反革命〉，收入《五四後文化之反思》，一九八九，金楓。

㉑ 近代名學的發展，其實有三條路線。一是運用西方的概念與邏輯知識，重新討論並說明先秦名墨之學，使其與現代語言分析哲學接上頭。從胡適、梁啓超、牟宗三……到陳癸淼、馮耀明等，大抵都在進行這樣的工作。另一路，則如馬建忠以「正名」爲辨詞類，將其納入文法學的系統，改造了新的一套名學，事實上已將西方之文法與語法研究整個移植進來，發展出一新名學，與古代名學毫不相干。第三種路線，則是在西洋學術的影響之下，繼續發展或改進中國古有的名學。這主要是順著傳統的訓詁學與條例之學來發展，如章太炎、劉師培等，皆於此戮力不少。

㉒ 參看李華興《中國近代思想史》，一九八八，浙江人民出版社，第十二章。

㉓ 見李澤厚《中國現代思想史論》，一九八七，東方出版社，〈記中國現代三次學術論戰〉。

㉔ 哈伯瑪斯曾指出科技內部的非理性 (irrationatity) 問題，他認爲近代科學基於方法運作上的考慮，對價值、倫理問題暫不討論。但如此一來，科學竟常以爲價值與倫理問題不能理性地討論，科學研究不必問目的與意義。如此一來，不但在理論上認識錯誤，更常在實踐上造成一種非理性主義。見 Jürgen Habermas, "Technology and Science as Ideology", in *Toward a Rational Society*, Boston: Beacon Press, 一九七〇，頁八一—一二三。

㉕ 殷海光〈胡適與國運〉，刊《自由中國》，一九五九年五月號。收入《殷海光選集》，一九七一，友

聯。

㉖ 卡西勒有本書即名爲《人文科學的邏輯》。

㉗ 詳卡西勒（Ernst Cassirer）《啓蒙運動的哲學》，第一章一九八四，李日章譯，聯經。

俠骨與柔情

——論近代知識份子的生命型態

一、士風／俠行

譚嗣同十八歲時，曾自題小像，塡〈望海潮〉詞，云：「拔劍欲高歌，有幾根俠骨，禁得揉搓？」譚氏好任俠，對自己也有俠骨峥嶸的期許。這種期許，並不是譚嗣同個人特殊生命情調使然，而更應視爲一種劇烈變遷社會中，知識份子常見的性格[1]。

例如漢代末期，社會與文化都面臨著劇烈的變動，士風便往往表現爲俠行，《廿二史劄記》卷五就指出：

> 自戰國豫讓、聶政、荆軻、侯嬴之徒，以意氣相尚，一意孤行，能為人所不敢為，世競慕之。其後貫高、田叔、朱家、郭解輩，徇人刻己，然諾不欺，以立名節。馴至東漢，其風益盛。……其大概有數端：是時郡吏之於太守，本有君臣名分，為掾吏者，往往周旋於死

生患難之間；……又有以讓爵為高者；……又有輕生報讎者。……蓋其時輕生尚氣，已成風俗，故志節之士，好為苟難，務欲絕出流輩，以成卓特之行，而不自知其非也。然舉世以此相尚，故國家緩急之際，尚有可恃以搘拄傾危。

此等俠行，都是偏激的，因爲他們本來就是被時代與社會所激擾的生命。但這一時代的俠，畢竟仍是消極的抗議者，他們只能以比一般人更刻苦更艱難的方式，去顯示俠行的可貴。卻不能積極地剷除社會的不義，以超越社會體制、打倒規範的行動，「絕出流輩」。這是由於那個時代的社會問題還不嚴重，文化變遷還不劇烈，晚清就不同了。

晚清社會文化變遷之鉅，是人所共知的。在這個文恬武嬉、官貪民刁的時代，知識份子自覺對時代有責任，所以也就更嚮往正義之實現，也更期待英雄，或自己願意成爲拯救時代的英雄。對於各種現存的社會體制，更是力予批判，意欲「衝決網羅」，以獲得個體的自由和羣體的解放。

在這種存在的基礎上，他們的性格往往就傾向於俠。如龔定庵說：「陶潛詩喜說荊軻，想見停雲發浩歌，吟到恩仇心事湧，江湖俠骨已無多」（〈己亥雜詩〉），他不但自認爲俠，也以俠客視陶潛哩！深受定庵影響的新民叢報及革命黨人，更常以俠士精神爲號召，如秋瑾號鑑湖女俠，吳樾號孟俠，章太炎寫〈儒俠篇〉，他的弟子黃侃也寫過一篇〈釋俠〉……他們均提倡復仇，贊揚俠以武犯禁。章氏〈答張季鸞問政書〉更談及：

今日宜格外闡揚者，曰以儒兼俠。故鄙人近日獨提倡〈儒行〉一篇（見《制言月刊》第廿四期）。

俠與儒是不一樣的兩種人，兩種生命型態。儒者之學爲己，俠客之行爲人；儒者沈潛內斂，俠士激昂跳脫；儒者循義，俠則行多不軌於正義。但儒家學問中也有激昂抗烈的一面，如〈儒行〉所記載者，剛毅之行、勇決之操，卽近於俠客。在這個困蹇晦暗的時代，章太炎等人便特別把儒家這一面抉發出來，希望能夠以儒兼俠，替時代開拓一個新的局面。

這種做爲，跟譚嗣同說：「墨有兩派，一曰任俠，吾所謂仁也，在漢有黨錮、在宋有永嘉，略得其一體」（〈仁學自敍〉），意義相同。不論其溯源於儒抑或墨，共同的主張卽是統合士風與俠行。儒或墨，代表知識份子，在漢末、宋末，這些知識份子都曾因時局的刺激，而表現出與俠相似的生命氣質。晚淸自不例外。

當時維新一派，如梁啓超撰有《中國武士道》一書，鼓吹俠刺精神。楊度、蔣智由序，亦皆強調中國應該恢復俠風。譚嗣同更是「少好任俠」的人物，直到他因戊戌政變而死，都還留下了大刀王五的故事。革命派比維新派更激烈，主張暴力革命，所以也特別鼓勵暗殺、復仇❷。那時不僅許多人以俠爲名爲號（如上舉的秋瑾、吳樾），也有不少人以劍爲名。像南社，柳亞子的書齋叫磨劍室、高旭的號叫鈍劍、俞鍔又字劍華、朱慕家號劍芒、傅鈍根叫君劍、王鋭字劍丞，諸如此類，其心情恰好可以俞鍔的一闋詞來說明：「只怕雄心還未滅，遇寃魂驟把鋼刀起，可酬得平生意」（〈金縷曲・題與馮心俠合影小照〉），希望能消彌人間的不平。

這種儒俠合一的、經過轉化改造後的俠客精神，可說普遍流布在那個時代的知識份子心中。撇開著名的任俠人物如章太炎、譚嗣同不談，我們從整個《南社詩文叢選》中去觀察，將更能說明這個現象❸。

《南社叢選》中所錄各詩，多傷同志之死難、哀生民之流離者，而其中即往往有直標俠義，以當鼓吹之作，如方榮杲〈題紅薇感舊記〉提到：「那知俠義出平康，羞煞邯鄲擊劍郎」，劉國鈞的〈并游俠行〉歌頌游俠：「要遺功名到狗屠，男兒意氣輕細作」，周亮〈俠士行〉亦云：「手不斬仇人頭，口不飲仇人血，俠士替天平不平，其情如山心如鐵」，沈礪〈吳中雜咏〉則說：「要離塚外五人塚，猶占吳門俠氣多」。高旭又曾畫花前說劍圖，同社諸人吟咏殆遍，因爲這是他們共同的心聲，他自己題詩云：「提三尺劍可滅虜，栽十萬花堪一顧，人生如此差足奇，眞風流亦眞雄武」，也確是豪氣干雲。錢劍秋別有秋燈劍影圖，柳亞子題云：「亂世天教重游俠，忍甘枯槁老荒邱？」「我亦十年磨劍者，風塵何處訪荆卿？」也把他們這一夥人共同的想法點出來了。鄭叔容在給柳亞子的信上談到整個南社的詩文時，他用「躡扶風豪俠之景，歌旗亭楊柳之詞」來形容，可見這個革命團體確實也給了大衆一個激揚俠風的印象。這種印象，跟他們自己的自白，相當一致❹。

二、憂世／憂生

然而，南社諸君的詩文中同時也存在著大量傷春悲秋、綢繆婉孌之詞，這又將如何解釋？是的，這些儒俠們固然能夠意氣昂揚地衝抉網羅，所謂：「五陵結客當年少，一劍橫天喝月開」（俞鍔〈酬鈍劍見枉六次前韻〉）「寶刀斫地精神壯，健筆摩天意氣淩」（同上〈贈愓生〉），顯現出飛揚跋扈的氣勢。但整個時代的苦難，擔在他們心頭，他們在意氣昂揚之中，當然會有蒼涼哀傷之感。

這一方是因爲在「麞頭鼠目盡賢臣，蒼狗紅羊幾刼灰，赤鳳宮中齊按曲」的時代，總不免「紫鸞鏡裏獨傷神」（同上〈再酬愓生和作〉），知識份子會感到憔悴與焦慮。另一方面，他們又對時代未能忘情，不忍割捨、不能坐視，所以蒿目時艱，江湖滿地，心境上便備覺蒼涼。譚嗣同的詩說：「茫茫天地復何之？悵望西風淚欲絲，悲憤情深貂伴肉，功名心折豹留皮，一朝馬革孤還日，絕勝牛衣對泣時……」，對時代，悲傷到寧願用自己的生命來塗染它，也不願坐視。心境之沈痛，可想而知。俞鍔的悲憤，不如譚嗣同，但他也要說：「三爵後，拔劍蛟龍吼，氣呑牛斗，看破碎山河，淒涼世事，付與捧天手」(〈摸魚兒〉)。然天不可捧，所可掬者，但爲作者獨立天地之間的茫茫哀感而已。

這是一種對時代苦難之擔當，所謂「詩人之憂世」。卽〈詩大序〉所說：「明乎得失之迹，傷人倫之廢、哀刑行之苛」。然而，這種對於時代的憂戚，可能會使人追究到人生命本質的問題，例如從亂世中人命危賤的現象，反省體察到生命本身的飄忽與脆弱，於是，對一時一地社會的憂傷，便可能瀰漫爲對整個生命的感悵。此卽從「詩人之憂世」，擴展到了「詩人之憂生」❺。

在憂世的階段，儒俠們孤傲不羣、憂鬱多思的性格，到他們昂揚澎湃的激情心態、輾轉反覆的思維方式，乃至一廂情願的烏托邦式理想託寄，無不反映了自歌德(Goethe)的少年維特(Werther)以後所謂浪漫英雄的標記。其中含有類似普羅米修斯(Prometheus)爲蒼生獻身、犧牲小我的叛逆勇氣，代表了一種激情的心態。而到了詩人之憂生時，激情便開始沈澱了下來，直指生命中最深沈的悲苦，正面面對著死亡。

龔定庵〈琴歌〉曾自謂：「之美一人，樂亦過人，哀亦過人」，哀樂無端且極強烈，正是激情心態的表現。但情莫大於死生，所謂「死生亦大矣」。《世說新語．傷逝篇》記載了一則鍾情的故事：

> 王戎喪兒萬子，山簡往省之，戎悲不自勝，簡曰：「孩抱中物，何至於此？」戎曰：「聖人忘其情，最下不及情；情之所鍾，正在我輩。」簡服其言，更為之慟。

山簡本來是去勸慰王戎的，不料王戎的話，觸動了山簡，山簡竟也哀慟不已。這是什麼道理？原來，情在生命中的份量，正是由這種死亡陰影的反襯中才突顯出來的，王羲之在〈蘭亭集序〉中一再嗟嘆：「死生亦大矣」，並質疑老莊之達觀是：「一死生爲虛誕，齊彭殤爲妄作。後之視今，亦猶今之視昔也。悲夫！」就是這個意思❻。

清末憂時念亂的儒俠們，悲歌慷慨之中，其實就有這樣的憂生之懷。像寫出：「壯士髮上指，蕭蕭生悲風，一擊聊快意，身死國亦從」（〈哀朝鮮〉）的古直，就有一首〈憶亡友朝露，次殘夢韻〉。以朝露、殘夢爲名，即可以顯示：在這個時代或這羣儒俠之間，存有一種共同的視生命爲虛幻且即將面臨死亡之心理。

因此，在他們的詩文中，明顯有著對歲序流逝的驚痛，對草木零落、生命死亡的哀戚。如劉國鈞的〈餞春詞〉、沈宗畸的〈落花〉十首、周實的〈痛哭四章〉、龐樹柏〈雨中見桃花零落有感〉、費硯〈春愁秋怨詞〉、高旭〈南社哀吟十二章〉、王德鍾〈落花篇〉、費公直〈海棠零落作詩弔之〉等等，這些春愁秋怨、落花哀吟，幾幾乎要近於《紅樓夢》裏的黛玉葬花了。豪俠奇男子，亦作此顰卿捧心之態乎？

這是當然的。譚嗣同在〈遠遙堂集外文初編自序〉中，描述自己是個「憂傷之中人」，對生命有一種「蒼然之感」。大抵身在亂局之中，知識份子對於生命的脆弱，都能有所體會。而他們衝決網羅的豪情，又反過來不斷地構成對生命本身的質疑；因爲人的具體生命，其實是與社會不可分的，一再批判社會，撼動既存價值的結果，可能也就懷疑到個人存在的價值。這樣就不免逐漸走向虛無。如章太炎最後成了一位虛無主義者，倡言：無政府、無社會、無人類、無衆生、無世界。譚嗣同的《仁學》，亦歸於虛空、無❼。

他們對虛無的理解當然不會一樣，但我們要指出的是：這種人生空虛之感，很自然地使得他們趨近於佛家、道家。道家以人生爲蘧舍，說人生猶如幻夢，南社諸君子即常以夢蘧、幻庵、幻園、栩園、夢廬爲名。而佛家超越人生，視人生爲苦、爲空的態度，更成爲他們最好的滋潤與伙伴。晚淸這些講儒俠精神的人，多少都跟佛學有點關係。早期的龔定庵：「吟罷江山氣不靈，萬千種話一燈靑，忽然擱筆無言說，重禮天臺七卷經」，跟天台宗淵源極深。章太炎、譚嗣同則精研唯識宗，梁啓超也有佛學著述多種。楊度替梁氏《中國武士道》撰序時，更曾主張俠道精神是「參會儒佛之長」而形成的。南社中人，也有許多取了佛家意味極濃的字號，什麼影禪、定禪、佛子、宴佛、蜺僧、曼陀、一粟、恨佛、龍禪、天梵……等等。還有根本就是和尙的蘇曼殊、弘一大師。他們其中未必都深於佛家之義理，但卻都是契合於那種生命空苦之感受的❽。

三、俠骨／柔情

通過這樣面對死亡的體會，儒俠於生命自有一種蒼茫之感。俞鍔〈題亞子夢隱第二圖竟，百感叢集、愁思萬端，因復作短歌行以寄〉所謂：「夢裏圖中俱無那，傷心一樣可奈何！可奈何！拔劍爲君歌短歌」，即指向這種百感交集的生命蒼然之感。他另有一闋〈倦尋芳〉，小序云：「甲寅春暮，訪心俠於寧靜廬，剪燈話雨，共欣無恙。偶翻書篋，得五年前誤聞君死所作〈金縷曲〉輓詞。蟫蝕過半矣。各愴然久之，因囑補塡，以留紀念，……蓋不勝死生流轉之感」，講的也是這類心情。無論是柳亞子〈變雅樓三十年詩徵序〉的感慨：

> 鐃吹之曲，變而為蒿里平陵。優曇之花，原於電光石火。……白社人間，黃壚地下，何處不可迴車痛哭？

還是程善之〈胡氏族譜序〉的疑惑：

> 人生一世，豈不蒼蒼茫茫也哉？自顧此身，其來何所？其去奚窮？

總之，從現實上看，「客天涯無多俠骨，雄談還健。此地從來逋逃藪，一霎風流雲散」（俞鍔〈金縷曲〉），叛逆的英雄不斷地凋零死去；從道理上說，人生苦短、憂患實深。英雄們行走在人生道路上，也越來越覺得孤寂蒼涼。

負荷時代苦難的擔當精神，和體會人生悲苦的宗教意識，本來是有些衝突的。因為宗教意識常在體會人生悲苦空虛之後，超越於人生之上，以解脫空苦。但這些俠儒們往往只是能知超越之理，卻不能眞正超越。無法以澄觀之心，超越地撫平人世的激情。反而，他們太過濃摯的擔當精神，除了荷負時代的苦難之外，也同時要荷負人生的苦難。所以，宗教意識所體味到的人生空虛感，不僅不能解脫他們在現實世界上的激切之情，還倒過來，強化了他們的擔當與負荷。以致於他們的激情，從現實層面，透入了生命存在的本質。現實中的苦難，可以獲得改善，生命中的悲戚卻永遠無法逃脫。而他們的激情也永遠不會減淡。甚至於，對這些俠客來說，可能唯一可以詮釋他們生命的，就是一個「情」字。情之所鍾，正在吾輩。他們幾乎是唯情論的。

龔定盦的詩：「情多處處有悲歌」「夢中自怯才情減，醒又纏綿感歲華」（〈己卯雜詩〉）「情苗茁一絲」（〈因憶〉）「深情似海」（〈百字令〉）……。深情、多情、鍾情，正是這批儒俠們共同的寫照，柳亞子〈周烈士實丹傳〉即特別指出：「余觀烈士生平，蓋纏綿悱惻，多情人也。」俞鍔在〈鐵厓自檳島來書述荔丹迎況及其所在並新詩二章〉之際也說：「癡情尚憶深情者，兩袖長懷詩幾篇」。其他如：

為誰歌哭為誰癡，自有閑愁自不知。（〈島南雜詩〉）
南國吟殘紅豆句，使君何事也情癡。（〈調楚傖〉）
癡情作底拋心力，辛苦頻裁血淚詩。（〈重觀血淚碑〉）
撩情晨鵲噪庭柯，悵望西南兩鬢皤。（〈偶成〉）
笑倚瓊樓弄明月，風流天付與多情。（〈天仙子・贈姚石子〉）
怕天也緣情頓老，嘆人間歷歷恩仇總未了。（〈淒涼犯・觀落花夢示楚傖〉）
朝暮愁者，也難解愁些甚底。情鍾我輩，偏獨消磨，月明千里（〈慶宮春〉）……

癡怨愁絕，總爲情多。這種情，不僅指男女愛悅，而是李商隱所謂：「深知身在情長在，悵望江頭江水聲」的情，纏綿不可解於心。所以他們也最喜歡李商隱的詩，幾乎人人都大作落花、無題、有感、重有感；李商隱的一些詞彙，更是被他們反覆摭拾套用。光就《南社俞劍華先生遺集》來檢查，他就作過無題詩一百一十八首以上，李詩風靡的情況，可以想見❾。

另外還有一些多情的自供，如陳蛻僧的〈斷腸〉云：「斷腸情事斷腸詩，比似春蠶宛轉絲」，大似義山春蠶絲盡的口脗。又〈原病〉說：「情愁積久都成病，病去情愁又別生」。對此纏綿多情的痛苦，他們未嘗不曉得，但唯情論者就是要繼續耽溺於這種情愁的折磨與煎熬之中，春蠶自縛、明燭自燒，總不能解脫。陳蛻僧固然自號蛻僧，固然也有〈悟情詩〉云：「此鄉誰與號溫柔？一到情深便是愁」，卻也未嘗開悟，仍然要說：「銷魂還是有魂時，更不銷魂事可知。佛說色空眞淺義，最愁空處著相思」（〈最愁〉）。他們的情愁，非著於色相之中、亦非必有一對象，而根本就是他們生命的本身。所以是身在情在，於空虛著其相思，在本質上就是無法超脫的。

因此，俠士不是「其情如山心如鐵」，而是柔情款款，慣爲傷春悲秋之詞的多情種子。——方榮杲〈題紅薇感舊記〉稱之爲：「居士生來本逸才，才多更復種情胎」。

四、英雄／兒女

情胎情種，徒感流年於風雨、傷零落於芳華，固可在空處著其相思。但在人世現實存在的處境上，情不可能沒有著落。所以從心境上看，多情可以是纏綿於生命之中的內在最幽深隱微的心緒；可是情的表現，卻一定得具體顯於某些對象上面。

這些情的表現對象，最重要的，乃是朋友和女子。柳亞子〈余十眉寄心瑣語序〉說：五倫之中，君臣一倫應該取消，其餘四倫，「彼父子兄弟，關於天性者靡論矣。若朋友夫婦之間，蓋有難言者。夫朋友以義合，義乖則交絕。夫婦以愛合，愛疏而耦怨。苟非至情至性，孰能恆久不易？」父子兄弟是性，朋友夫婦才是情的遇合，所以他們要篤於朋友之情義、深於夫婦男女之情愛。

篤於友朋之義，是俠士本來的傳統❿。深於男女夫婦之愛則是新的內容。俠士原無夫婦之愛，更嚴男女之防。唐人小說〈賈人妻〉〈崔愼思〉都描寫女俠逕別其夫遠遯，說：「今旣剋矣（己報了仇），不可久留，請從此辭」，然後便走了。其夫大悲，她又轉回，說是要餵孩子吃奶，餵完後眞的走了。其夫再仔細一看，原來已把孩子弄死。這樣的故事，顯示了俠的殘酷無情，正如聶隱娘的尼姑師父所教的：俠必須「先斷其所愛」，必須無情。明代小說〈程元玉店肆代償錢，十一娘雲崗縱譚俠〉其至描述程元玉的尼姑師父除了告誡她：「切勿飲酒及淫色」之外，還假扮一美貌男子來調戲她，進而逼姦，用來試探她是否眞能不動情。女俠如此，男俠亦然。〈趙太祖千里送京娘〉之中，趙匡胤千里迢迢把京娘送回家鄉，小說不但在一路上描述京娘如何「欲要自薦」，著力挑逗趙匡胤，而趙卻絲毫不動心。直到送女還家，女方欲把京娘嫁他，他還義正辭嚴地大駡：「俺是個坐懷不亂的柳下惠，你豈可學縱慾敗禮的吳孟子，休得狂言，惹人笑話！」弄得京娘只好懸梁自盡。趙匡胤慚咎嗎？不，這才顯得出他大英雄不貪女色的本份哩！《水滸傳》對女人的態度，衆所周知，宋江說得好：「但凡好漢，犯了『溜骨髓』三個字的，好生惹人耻笑」（廿二回）⓫。

可是到了晚清，這無情禁欲的俠士形象改變了。儒俠的芬芳悱惻之情，其中蘊含著對生命的矜惜。生命是脆弱而美麗的，就像女子。而女子那種幽微細緻的心靈、纖巧敏銳的感覺，又剛好可以貼合儒俠們內在深刻隱曲的心境。女子不待學習，與生俱來的多愁善感，也正是儒俠深情癡情的同類，所以面對女子，儒俠們大有知己之感。

他們欣賞女人，贊美女人，進而崇拜女人，歌頌女人。俞劍華〈有悼〉說他：「天涯別有傷心淚，不哭英雄哭美人」，確屬實情。他們集中寫女子的詩，向來不少。方榮杲說女俠玉嬌：「能將慧眼看才子，慷慨悲歌慰寂寥」，也是他們共同的盼望。高旭〈自題花前說劍圖〉說：

圖中人兮別懷抱，花魂劍魄時相從。要離死去俠風歇，一杯酒洒冢中骨。青衫紅粉兩無聊，指掌高談古荆聶。東風浩蕩催花開，紅顏自古解憐才。誓洗清談名士習，頓生遲暮美人哀。美人應比花常好，萬紫千紅天不老。一室猶秋孤劍鳴，四海皆春羣花笑。……

英雄與美人，似乎有生命的同一性，所以把俠客「求知己」的傳統，轉換成了求美人青睞。這與一般意義的「博取異性歡心」，有極大的不同，故陳蛻僧有詩云：「已瘞精魂傍美人，情根休更出埋塵」(〈精魂〉)，埋精魂於美人之傍，意近於龔定庵的「落紅不是無情物，化作春泥更護花」，肉體之慾甚少，也不是藉異性之讚賞來肯定自己的英雄氣慨，反而是壓低自己，情願爲美人服務。

此亦定盦所謂：「甘隸妝臺伺眼波」。但英雄多情，即表現爲美人，因此這種服務，也並未矮化自己，蔡寅說得不錯：「斗大黃金成底事，英雄俠骨美人心」（〈贈黃喃喃〉）。在一個人身上，一位標準的儒俠，就應該是英雄肝膽兒女心腸的。在兩個生命個體之間，則英雄與美人，將也因其同質而能互相欣賞。

不僅如此，英雄擔當天下之苦難，肩負改革開創的責任，衝撞奔波之餘，美人正好提供一個撫慰其心靈、舒緩其疲勞的處所，故龔定盦曰：「少年雖亦薄湯武，不薄秦皇與漢武。設想英雄垂暮日，溫柔不住住何鄉？」奔馳流盪的生命，常在不安與騷動之中，而溫柔鄉則為其安居之處。諸如此類，美人之思在他們生命中至為重要。像蘇曼殊，雖為衲子，卻多艷情，高燮曾說他想重譯《茶花女遺事》，並贊許他是：「下筆情深不自持」。俞鍔又說他在東京與一彈箏人交好，至西班牙又與一女郎有瓜葛，返國，則遊於南里，「有館於桐花下者，慧而麗，所鍾愛，不啻東京之彈箏人也」（〈追悼曼殊師〉），對於他這些情事，俞鍔用拜倫來比擬曼殊。

曼殊之欣賞拜倫，世所周知。但他所欣賞於拜倫者，固在其〈哀希臘〉，足為革命之鼓吹；更在於拜倫與女子的關係。他自稱所譯拜倫〈答美人贈東髮毹帶詩〉六章是「情思眇幻」。俞鍔用拜倫相擬，正是有見於此。他又喜雪梨詩，說雪梨詩奇詭疏麗，能兼義山長吉，並譯其〈去燕〉詩等，章太炎題其耑云：「師梨所作詩，於西方最為妍麗，猶此土有義山也。其贈者亦女子，輾轉迻被，為曼殊闍黎所得。或因是懸想提維與佛弟難陀同轍。於曼殊為禍為福，未可知也」，對他是和尚卻纏綿於美人之間，似不以為然。但是，這其實是很普遍的現象，李叔同在東京也自演《茶花女遺事》，其他南社中人，愛情事蹟也不比蘇曼殊少。更重要的，不在於這些事蹟，而是說「婉孌佳人」乃心中之一種情感、一種追求與嚮往，美人成爲人格理想的化身，也成爲現實上可悅的對象⑫。

五、劍氣／簫心

中國士人自古即有「思美人」的傳統，《詩經》所謂：「云誰之思，西方美人」，《楚辭》既常以美人香草譬喻賢人，又有〈思美人〉篇。美人既可自喻亦可喻人，作爲嚮往追求的對象，求之不得，則輾轉反側。

他們這種態度，有兩個來源，一是知識份子「思美人」的傳統；一是龔定盦深刻的影響。

這時美人不但是可悅的，也是崇高的，所以常以神、聖、仙來譬說，聖潔而不可褻瀆，只能仰望崇拜並企圖接近之，如〈洛神賦〉那樣的描繪，可說是個典型。所謂：「西方有佳人，皎若白日光，……飄飄恍惚中，流眄顧我旁」（阮籍〈咏懷〉）。我對此美人，則應不顧一切地去追求，陶淵明〈閑情賦〉把這種思美人之情形容得尤其好：「願在衣而爲領，承華首之餘芳；願在裳而爲帶，束窕窈之纖身；願在髮而爲澤，刷玄鬢於頹肩；願在眉而爲黛，隨瞻視以閑揚；願在莞而爲蓆，安弱體於三秋；願在絲而爲履，附素足以周旋……」。熱切投注，爲情奉獻，不計一切，只求能常伴美人左右⑬。

然而，這個思美人的傳統，一方面固然顯示了士以美人為可思可慕可生死以之的對象，一方面卻也提示了人應該超越情執的路線。以陶淵明的〈閑情賦〉來說，情之所鍾，誠然纏綿悱惻，但「閑」者防閑也，整篇賦的主旨乃是要從情的糾纏中超越出來，其宗趣與張衡之〈定情賦〉、蔡邕之〈靜情賦〉、陳琳阮瑀的〈止欲賦〉、王粲的〈閑邪賦〉、應瑒的〈正情賦〉、曹植的〈靜思賦〉等一致，都是通過一個超越的觀點，直指人生虛幻短暫，以止息這種情執。〈閑情賦〉最後說：「意夫人之在茲，託行雲以送懷，行雲逝而無語，時奄冉而就過」，人既領悟了時間的飄忽，則知美人塵土，可以「坦萬慮以存誠，憩遙情於八遐」矣。

這是由情出發，止於無情的路子。儒家之思無邪、克己復禮、以性制情，都屬於這個路數。清末民初的儒俠們卻不然，他們只有上半截。對於情的執著與耽溺，使得他們雖知超越之理，而竟不能超脫，反而一往不回，俠氣漸消、柔情愈熾，成為龔定盦所說：「風雲才略已消磨，其奈尊前百感何，撐住東南金粉氣，江湖俠骨已無多。」時間的飄忽感、生命的虛空蒼涼，並未令他們超悟，反而逼使他們更熱烈地擁住美人，視為蒼茫人世的唯一慰藉：「溫柔不住住何鄉」！

這就是龔定盦的影響了。吳雨僧《餘生隨筆》曾說定盦詩在晚清甚為風靡，「如梁任公，其三十以前作，固似處處形似。即近年作，皆定庵之句法也。又集定盦句互相贈答，亦成一時風尚，近經南社一流，用之過多，遂益覺其可厭」。而梁任公自己在《清代學術概論》中就指出：

「光緒間所謂新學家者，大率人人皆經過崇拜龔氏之一時期」。他們學龔定盦、好集龔句以相贈答、作詩句法多效定庵，是不錯的，翻開清末民初人集子，隨處都可看到這個現象。但龔氏影響當時知識份子最大的，並不在字句方面，而是他那種合儒、俠、佛、艷爲一的生命態度。英雄美人之思、俠骨柔情之感，才是令這些儒俠們神銷骨醉、低廻不已的所在。所以姚鵷雛〈論詩絕句〉說他：「艷骨奇情獨此才，時聞謦欬動風雷」。

定盦這種艷骨奇情，他自己稱爲簫心劍氣。他小時聽巷口有人吹簫賣餳，心神輒癡，彷彿生病一般。這沈沈然、陰陰然，每每引發極混眇又極眞切感受，讓他如癡如病的簫聲，逐漸就變成他內在心靈幻動的一種徵象。他自謂：「早年攖心疾，詩境無人知；幽想雜奇悟，靈香何鬱伊」，這種難以明言的鬱伊幽奇之心，他便把它稱爲簫心。在〈懺心詩〉中他描述心潮鼓盪，「來何洶湧須揮劍，去向纏綿可付簫。」又在〈秋心詩〉中說：「秋心如海復如潮……聲滿東南幾處簫。」詩中凡幽、香、靈、艷、纏綿、美人云云，都跟他這簫心之發動有關。但簫心只是心的一面，偏於沈、靜、纏綿、幽怨的一面；心還有奇狂、鼓盪、激昂的一面，那他就用劍來象徵。「按劍因誰怒，尋簫思不堪」（〈紀夢之四〉）「一簫一劍平生意，負盡狂名十五年」（〈漫感〉）「沈思十五年間事，才也縱橫，雙負簫心與劍名」（〈醜奴兒令〉）「長鋏怨、破簫詞，兩般合就鬢邊絲」（〈鷓鴣天〉）……，都是雙提簫劍，這代表了他的心緒，也代表了他的生平。這個生平，既有儒的經世濟民，又有俠的跌宕不羈，但畢竟一事無成，徒留蒼涼：「少年擊劍更吹簫，劍氣簫心一例消。誰分蒼涼歸棹後，萬千哀樂集今朝」（〈己亥雜詩〉）。所以他要參禪學佛，以求脫解超越。卻不料，情執未解，「萬一禪關砉然破，美人如玉劍如虹」（〈夜坐〉）[14]！美人如玉劍如虹。這種簫心劍氣，委實讓清末民初諸儒俠們心折不已，前引方榮杲〈題紅薇感舊記〉最後結尾處就說：「佳人自古說多情，況復簫心劍氣橫」，被稱爲纏綿多情人的周實〈哭洗酲詩〉也說：「塵寰從此知音稀，劍氣簫心誰與抗？」

六、水滸／紅樓

簫心與劍氣，都顯示了生命的激情狀態，也表現了晚清民初知識份子中普遍的英雄兒女之情。不只南社君子，包括曾慷慨從軍至臺灣抗日的易順鼎，其詩皆有此種「少年哀艷雜雄奇」的特色，如「眼界大千皆淚海，頭銜第一是花王」「生來蓮子心原苦，死傍桃花骨亦香」「秋月一丸神女魄，春雲三摺美人腰」「寸管自修香國史，萬花齊現美人身」「僕本恨人猶僕僕，卿須憐我更卿卿」「渭城小雪如朝雨，秦地殘雲似美人」「何忍呼他爲禍水，尚思老我此柔鄉」……之類。

換句話說，政治立場可能不同，但在時代的激盪之下，這個時代的知識份子常有以儒兼俠的趨向。當時顧鼎梅曾刻意把他的詩集稱爲《非儒非俠齋詩集》，即是面對這樣一種時代風氣的自嘲之意。而這些儒俠們一方面憂生，一方面念亂，對生命更常有鬱伊蒼然之感及浪漫的激情。他們也很自覺地在發展這種多情的生命型態，感流年於風雨，寄芳意於美人。而隨著生平遭際的挫折，儒俠們也可能逐漸英雄氣短，兒女情長。即或不然，亦將引美人爲知己、爲同調，耽溺於有情世界，歌頌美人。此一趨向，固屬其生命型態之性質使然，但「思美人」的傳統及龔定庵的「簫心劍氣」說，也發揮了很大的作用，構成了清末民初頗爲普遍的現象。在沈宗畸所輯《國學粹編》中，我們可以看到《鍊菴駢體文鈔》卷三周家謙的〈醉芸詩集序〉。我們想藉這篇文章來印證這個說法。

該文一開始就說：「詩以窮而益工，情以鬱而彌暢」，然後介紹李經世如何「平子工愁，休文善病。亭臺景寂，春夢靡任其婆娑；池館涼生，秋思那禁其蕭槭。往往興與古會，永夕永朝，憂從中來，載歌載泣」，這就是我們所說，他們往往對生命有種飄忽淒涼之感，善於憂生。接著，李生開始出而經世，「斑馬蕭蕭，長劍鬱風雲之氣；荒雞喔喔，短檠寒霜月之燈」，燕市悲歌，慨當以慷，而又逐漸孤鶴離羣、冥鴻陣斷，有人世流離之感了。再下來，則柔情所繫的「又一境也」出現了：好色不淫，緣情而綺，紅袖添香，粉膩黛濃，艷體每託無題，閑情不妨有賦，香草美人，篇什濡芬於楚艷，傷心人別有懷抱，誰能遣此，有情人都成眷屬，徒喚奈何。

這幾「境」，恰好就是他們心境與詩境的表現，而且具有普遍意義，清末民初許多人的詩文，都可以通過這條線索去理解。特別是南社及後來與南社關係極爲密切的鴛鴦蝴蝶派。因爲民初盛行的哀情小說，其整個人生態度，就跟這種唯情主義或俠骨柔情有密不可分的關聯。徐枕亞的《雪鴻淚史》，意義固同於易順鼎的「眼界大千皆淚海」，書前題詞，尤多劍氣俠情的套語。什麼「儂欲懺情情不斷，英雄自誤誤蛾眉」「俠骨癡情累此身，相思無復問前因」「醇酒婦人自古爾，柔情俠骨有誰耶？」「兒女情腸亦太癡，英雄肝膽劍相知」……等等。鴛鴦蝴蝶派作品，皆可作如是觀。其後又從哀情之中發展出俠骨柔情的新式武俠小說，原因也可由此處索解⑮。

不只此也，鴛鴦蝴蝶派與創造社、文學研究會、左翼作家聯盟長期對抗，這種對抗被形容爲新舊文學之爭，癡情的兒女故事與武俠小說則爲頹廢的作品。但激情的生命既是晚清知識份子普遍的型態，民初便不僅表現在「舊派文人」或「舊文學」身上，新文學家又何嘗沒有一點遺迹在？例如郭沫若、蔣光慈的感傷濫情，或郁達夫的沈淪頹唐，乃至戲劇方面如陳大悲的〈英雄與美人〉、袁昌英的〈孔雀東南飛〉之類，不也都是浪漫激情的嗎？然而新文學家不曉得它與那些舊文學家們其實是一樣的，更不能發現近代儒俠觀出現以後，帶給知識份子心境上的轉變，只好費力地彈那五四反傳統的老調，一以貫之地把它解釋爲反傳統精神。像魯迅所說：

> 五四運動之後，將毅然和傳統戰鬪，而又怕敢毅然和傳統戰鬪，遂不得不復活其「纏綿悱惻之情」（《中國新文學大系，小說二集序》）。

為什麼要反傳統又不敢反傳統，就不得不復活那纏綿悱惻之情呢？為什麼這種纏綿悱惻，就是「和『為藝術而藝術』的作品中的主角，或誇耀其頹唐或炫鬻其才緒，是截然兩樣的」呢？魯迅這類的解釋，眞是毫無道理。纏綿悱惻之情，是淸末儒俠觀底下蘊釀出來的一種人生態度。自覺情之所鍾，正在我輩，且勇於追求，以謀情之實踐與完成；但生命之中又存在著蒼涼之感，不免自憐自艾。所以才會出現「那時覺醒起來的知識靑年的心情，是大抵熱烈，然而悲涼的，卽使尋到一點光明，『徑一周三』，卻更分明地看見了周圍的無涯際的黑暗。……許多的作品，就往往『春非我春，秋非我秋』，玄髮朱顏，卻唱著飽經憂患的不欲明言的斷腸之曲。雖是馮至的飾以詩情、莎子的托辭小草，還是不能掩飾的」（魯迅．同上）。只是這種悲情纏綿，卻與覺醒不覺醒沒啥關係。

同理，魯迅認為當時知識靑年之所以如此多情，是因為：「攝取來的異域的營養又是『世紀末』的果汁：王爾德、尼采、波特萊爾、安特萊夫們所安排的。」這更是詳遠略近，羌無理實。在晚淸到五四，革命昂揚、社會鉅變的時代，知識靑年為什麼反倒流行起世紀末的頹唐多情呢？王爾德、波特萊爾是怎樣被知識靑年接受的呢？我們不要忘了同盟會中人傳譯《茶花女遺事》的往事，也不可忽略「冷紅生」林紓「非反情為仇」所以才能譯《茶花女遺事》的事實。浪漫主義對中國近代文學的影響，正是在知識份子普遍具有俠骨柔情心態這個基礎上建立的，猶如蘇曼殊之喜歡拜侖、雪梨，這跟淸末民初李商隱詩之流行，道理是一樣的。

再進一步說，唯情的人生觀，本身就具有反傳統的力量，也足以做爲說明晚清到五四思潮發展的線索。因爲前文已談過，傳統儒學所採取的都是超越情欲的路子，講究以性制情、克己復禮。這條路子發展到宋明理學，遂有禮教、性善情惡、存天理去人欲之類講法。可是晚清具有俠客氣質的知識份子對於情的態度，卻不是要克制、要超越，而是沈浸執著於其中。這種態度，顯現在理性思維上，當然就會出現爲情欲辯護的哲學。例如譚嗣同《仁學》直接質疑：「性善，何以情有惡？」「世俗小儒，以天理爲善，以人欲爲惡，不知無人欲尙安得有天理？吾故悲夫世之妄生分別也。天理，善也；人欲，亦善也。王船山有言：『天理卽在人欲之中，無人欲則天理亦無從發見』」。他拉王船山來替他撐腰，章太炎則擁荀子、戴震爲旗號，大揭〈釋戴〉〈尊荀〉之幟，說：「以欲當爲理者，莫察乎荀卿」；又說：「性者天之就也；情者性之質也，欲者情之應也。以欲爲可得而求之，情之所必不免也。……極震所議，與孫卿若合符契」（《太炎文錄、卷一、釋戴》）。

整個五四反禮教的精義，卽在於此。故胡適接著寫《戴東原的哲學》，提倡戴震「凡有血氣心知，於是乎有欲。既有欲矣，於是乎有情。生養之道，存乎欲者也。感通之道，存乎情者也」（〈原善上〉）「喜怒哀樂、愛隱感念、慍懆怨憤、恐悸慮嘆、飲食男女、鬱憂戚咨、慘舒好惡之情，胥成性則然，是故謂之道」（中）的說法。這個說法，既辯護了他們自己的人生觀，也攻擊了宋明理學，特別是五百年間具有壟斷勢力的程朱之學，動搖了傳統儒家的某些信念，是晚清到五四反傳統思想的核心觀念。

這個核心觀念，有它正面的主張。而這種主張，最好的說明工具，就是《紅樓夢》與《水滸傳》。這兩部書，一代表柔情、一代表俠骨。

七、革命／愛情

在一個俠風激揚的時代裏，《水滸傳》受到重視是很自然的。問題在於他們怎麼去看這部傳統上謂爲誨盜之書。以南社的黃人黃摩西爲例，他便不同於金聖嘆之大罵水泊強梁，欲一一將之正法。他正面肯定「《水滸》一書，純是社會主義。自有歷史以來，未有以百餘人組織政府，人人皆有平等之資格而不失其秩序。山泊一局，幾於烏托邦矣」（《小說林卷一・小說小話》）。梁啓超也說：「《水滸》一書，爲中國小說中錚錚者，遺武俠之模範，使社會受其餘賜」「《水滸》者，人以爲萑苻宵小傳奇之作，吾以爲此卽獨立自強而倡民主、民權之萌芽也」（《小說叢話》）⑯。

這些言論，意味著激情時代中，《水滸》「痛快淋漓，能爲盡豪放之致」，故爲人所樂讀；而那種企求衝決網羅、掃盪不平的心理，也恰好可以在書中得到滿足，因此他們在《水滸傳》中看到了民主民權與平等。認爲「施耐庵獨能破千古習俗，甘冒不韙，以廟廷爲非，而崇拜草野之英傑，此其魄力思想，眞足令小儒咋舌」（眷秋《小說雜評》）「《水滸傳》者，痛政府之惡橫腐敗，欲組成一民主共和政體，於是撰爲此書」（燕南尚生《新評水滸傳》）。古人並無如此視《水滸》者，如李卓吾之激烈，也仍把此書看成是忠義的，未嘗稱許它打破君臣，社會平等[17]。這豈不反映了當時強調任俠者的心理企盼嗎？如譚嗣同的《仁學》就說：「仁以通爲第一義，通之象爲平等」，提倡儒俠的章太炎更是主張排滿革命、推翻君政、建立民國。所以吳沃堯批評這些討論《水滸傳》的意見，就覺得它們太染時代色彩：「輕議古人固非是，動輒牽引古人之理想，以闌入今日之理想，亦非是也。吾於今人之論小說，每一見之，如《水滸》，志盜之書也，而今人每每稱其提倡平等主義，吾恐施耐庵當日斷斷不能作此理想」（《月月小說卷一・雜說》）。

但這是不足爲奇的，詮釋本來就依讀者存在的感受來進行。只是我們要注意：五四以來對《水滸》的詮釋，仍然是根據著這時的看法，諸如官逼民反啦，建立社會主義式平等社會啦。且不僅在歷史理解、學術討論上，在政治態度和實踐上，這些看法也都發生了深遠的影響，包括中國共產黨的出現。這一時期對《水滸傳》的重視，在歷史上也是罕見的。

而更妙的，是這一時期論《水滸》往往兼及《紅樓》《西廂》。梁啓超喜歡金聖嘆，頗恨金氏未能自撰一小說如《西廂》者，又恨《紅樓夢》《茶花女》二書出現太遲，未能得聖嘆之批評（《小說叢話》）。眷秋則說我國小說「自以《石頭記》《水滸》二書爲最佳。兩書皆社會小說，《水滸》寫英雄，《石頭記》寫兒女」。黃人更指出：

> 《水滸傳》《石頭記》之創社會主義、闡色情哲學。托草澤下民賊奴隸之砭，假蘭芍以塞黍離荊棘之悲。……（一般人）即或賞其奇瑰，强作幹旋，辨忠義之真僞，區情慾之貞淫，亦不脫俗情，當無本質。（《南社十一集，小說林發刊詞》）。

以衝決網羅的革命意義來說，色情哲學具有如馬庫色（Herbert Marcuse）所說的革命性力量。感性與愛，衝破了理性的束縛，使「壓抑性的理性讓位給新的滿足的合理性（rationality of gratification）」，所以情欲對世界可以有顚覆性[18]。這與任俠的儒者，要掃盪不義，「爲天平不平」，本來就是同一的。俠者的生命又悱惻纏綿，對此闡色情哲學之巨著，自然就更具會心了[19]。

比如陳蛻僧即著〈列石頭記於子部說〉云：「《石頭記》一書，雖爲小說，然其涵義，乃具有大政治家、大哲學家、大理想家之學說，而合於大同之旨，謂爲東方《民約論》，猶未知盧梭能無愧色否也」。又說：「《石頭記》，社會平等書也。然夢雨樓則以男女平等許之」（《夢雨樓石頭記總評》），這是指出言情之書的激進革命性。他又著〈憶夢樓石頭記泛論〉說：「千古言情，推此一書，警幻所謂閨閣中可爲良友，誠不誣也。慨自巫山雲雨，誤屬登徒；靖節閑情，託之亡國，幾不許玉臺有新咏，僅僅得此」，則是由情之所鍾的立場來贊揚《紅樓夢》[20]。

此外南社中還有王蘊章《西神客話》之類，討論到這部情書，後來徐枕亞說：「東風裏，三生癡夢，一種深情」（〈紅樓夢餘詞〉），也可代表這一代人對這部書的同聲之應。但《紅樓》是否眞的是「千古言情，惟此一書」的情書呢？自來論《紅樓》者，也有許多人認爲它提供的是個超越觀點，卽由情起悟，超脫情執，了悟人生猶如夢幻，故名紅樓「夢」。然此輩情癡，並不願悟，或不能悟。那位大評《紅樓夢》的陳蛻庵，雖欲〈悟情〉，卻仍感「有夢都爲累，無情未是空」（〈述夢〉），而只能「已瘞精魂伴美人」。其餘可知。

然而，以《紅樓》爲情書及社會小說，畢竟是近代最強而有力的解釋，紅學的發展，也應放入這一脈絡中來觀察[21]。只是在這「情」與「社會平等」之間，似乎也存在著類似評價鴛鴦蝴蝶派文學的矛盾。後期的批評論者，往往強調救國救民、覺醒、社會現實主義等等，批判浪漫的、主情的詩文小說，所以在《紅樓夢》與《水滸傳》之間，便不免抑兒女而揚英雄。早期佚名〈中國小說大家施耐庵〉一文已經談到：「中國之小說，大致不外二種，曰兒女、曰英雄。而英雄之小說，輒不敵兒女小說之盛，此亦社會文弱之一證。民生既已文弱矣，而猶鏤月裁雲，風流旖旎，充其希望，不過才子佳人成了眷屬而止，有何於國家之悲，種族之慘哉？」（《新世界小說社報》第八期），後來批判主情文學，均不脫此類聲口。因此卽使要談《紅樓》，也往往單取其社會小說一義，而放棄那主情的詮釋，並逐漸走上反美、反感性的正統馬克思主義觀點，情之所鍾的那個「我」，其主體性就被社會客觀性所消解了。

其實英雄肝膽與美人心腸既可以合而爲一，俠骨之中卽有柔情。情之一字，固屬個人的傷春悼秋、朝露殘夢之感，也不妨是對時代的憂戚，憂世與憂生，亦不衝突。俠，可以「平天下之不平」，顚覆既存體制；情也同樣具有革命性的力量。因此，俠骨與柔情，對近代知識份子心境的重新理解，應該是我們重新探討近代思想史、文學史的新進路。

附注

❶有關俠儒的不同，以及近代在重新詮釋俠的活動中提出的儒俠、墨俠等問題，俱詳龔鵬程《大俠》第一—六章，一九八七，臺灣錦冠。中唐社會變遷時期，知識份子對於俠義傳統的轉化，則詳該書第八章。本文可算是該書一個補論，已詳於該書者，皆不贅陳。

❷俠的暴力傾向，是革命的內在動力之一。霍布斯邦（Eic Hobsbawm）《革命份子》第廿一章便提到了顚覆行爲與革命的「暴力法則」。但不同的暴力行爲，寓含有不同的暴力素質，有些是赤裸裸的私人肉體力量，有些則經過特殊的運作方式，形成公衆的暴力。革命，通常就是要打破那控制肉體暴力使用的社會機制，卽以個人暴力去反抗國家暴力。而弔詭的是，革命也常是以個人暴力去建立一個新的國家暴力。近代知識份子的俠客人格，導致暴力革命在中國歷久不衰、普遍盛行，且從肉體層次提昇到意識與意志層次，例如陳獨秀在高揭文學革命大幟時說：「改良中國文學當以白話爲正宗之說，其是非甚明，必不容反對者有討論之餘地，必以吾輩所主張者爲絕對之是，而不容他人之匡正也」，就是霸道、

專橫的暴力行爲。這種態度，幾乎已成近現代知識份子論事時的普遍現象。這種現象告訴了我們：近代知識份子的俠客心態或革命態度，常跟他們自覺的言論、學說、價值自覺的方向，有悖離或矛盾之處。所以政治立場上宣揚維新的，心境上卻可能是嚮往革命及任俠，認同暴力顚覆的。高談民主，而實在有陳獨秀式反民主之獨霸、暴力傾向的，也不在少數。五四後，理論上是推動科學、發展實證主義，但骨子裏卻絕對不像近代思想史的表面論述那麼理性，反而是充滿感性與激情的。故卽使是科學，也弄成了「理性顚倒濫用」(The Abuse of Reason) 的科學主義。——通過俠、革命的心理分析，以及後文所將論證的唯情主義人生態度，我們將可看到跟一般近代史表面論述不同的東西。

❸本文在底下的討論中，仍將採取這種選例取樣以說明「普遍」狀況的方式。但在方法上並非藉部份之例來推證全體，而是反過來，於「普遍」現象中摘取例示，以供說明。至於這種「普遍」的認定，一方面是由於選例之外，已存有大量事實，給予我們「這是種普遍現象」的感覺。一方面則是：某些人雖無具體的言論與行動，足以表示他也具有這種俠客人格；但是在清朝末年這樣鉅烈變動的時代，俠客人格的形成，卻有一堅實與普遍的社會基礎。也就是說，在那樣的社會條件下，人們普遍相信：應該採取一些非常手段，否則不足以應付變局。「非常手段」之被認可、甚至被期待，正是俠客人格的社會心理學基礎。

❹所謂亂世天教重游俠，除注❸所談到的社會心理狀況之外，也涉及知識份子之角色認同問題。面對社會問題時，既然亟思改革，知識份子必然會有程度不等的反體制精神。因爲反體制，便嚮往那不爲體制所束縛的原始生命型態及某些非理性的力量。同時，其反體制的行動及思想，在知識份子心中往往自認爲

並不是爲了自己，而是爲了他人（國家、某個團體、某一群人或某個人）。這就一方面自覺地負荷了他人的苦難，一方面又要替這個苦難平反。前者表現爲擔當精神、後者表現爲抗議精神。而這種抗議，既是爲弱者申寃，則其行動上也要凸顯以個人一己之力，向某個強勢體制抗爭的悲劇意義。悲劇感、抗議精神、擔當精神、反體制、具有原始血氣、相信非理性手段之力量等等，這些東西加起來，那就是俠，或者說只能在歷史上選擇俠來作爲認同的對象。但是這種俠客人格固然推動了改革、批判了社會不義，在政治活動中卻蘊藏了高度的危險性。例如他們會迷戀原始生命之非理性力量，採取恐怖主義、暗殺、暴動。進而形成一種反智的傾向，詆斥溫和改革、說理的方式或議會抗爭。而同情弱小的態度，若結合了反智與非理性，又變成仇視知識份子（這一點也不奇怪，歷來俠客詩中，譏嘲或反對儒生，乃是其一貫的態度）。於是提倡俠客精神的知識份子，便走上自我毀滅的道路。不僅如此，知識份子永不妥協的抗議精神，必將如俠客之「殲滅」敵人而後已。這就不可能落實民主，因爲民主的精義正在妥協與寬容。反之，永不妥協的抗爭，只能成爲不斷革命論。再者，反體制精神容易將體制視爲根本惡，以爲一旦打倒了，即如俠客已將敵人殺死了，問題就解決了。這不但有簡化政治社會思考的危險；亦有「畢其功於一役」立登快樂美善之域的天眞樂觀傾向。而把批判對象視爲惡，以自己代表善與正義，更是近代知識份子權威人格的根源。——我以爲：近代知識份子之認同馬克思主義，以及中國共產黨之所以能在知識份子擁護下取得政權，跟這種對俠的角色認同，極有關係，後來知識份子被自己選擇與擁護的政權折磨，也同樣與此極有關係。

對以上的討論，我再做個方法學上的補充。文化人類學中，文化與基本人格論、文化與個性論之研究皆歷有年所，這些研究大抵都集中於探討文化如何影響人格之形成。近來討論中國人的國民性，亦屬熱門話題。但早在一九六一年，Hsu《心理人類學——研究文化和個性的方法》一書中，斯帕伊洛就建議心理人類學不應再注意處於特定文化體系中的個人，而應研究個性動力、人的欲求，對於維持或改變整個社會文化體系所發揮的作用。這個建議質疑了長期以來視文化、個人爲兩個獨立實體的理論框架，所以也未引起太大的反響。但這個建議是有意義的，我願更進一步地主張：不只要討論個性動力、人的欲求對社會體系之作用，亦將探索這個性動力內含的文化因素，例如俠的欲求，形成了近代知識份子對社會與文化的作用，而俠也卽屬於人對文化的認同之一。不過這並非兩個實體間的互動或移動，而是人在做俠的角色認同時，俠既是文化與歷史的，同時也是個人欲求的，歷史文化中的俠也隨着人的欲求有了轉變。

❺ 這兩種區分是用王國維的說法，《人間詞話》：「『我瞻四方，蹙蹙靡所騁』，詩人之憂生也；『昨夜西風凋碧樹，獨上高樓，望盡天涯路』似之。『終日馳車走，不見所問津』，詩人之憂生也；『百草千花寒食路，香車繫在誰家樹』似之。」

❻ 參見呂正惠〈物色論與緣情說——中國抒情美學在六朝的開展〉，一九八八，臺灣學生書局，《中國文學批評研討會文集》。他在這篇文章中論證了魏晉名士如何在面對死亡時發現了：「情」成爲界定人之自我不可或缺的內容，成爲人之所以存在的依據，成爲人之本質。這也是近代知識份子對「情」的態度。

❼ 這種虛無感，未必就成爲虛無主義，但清末以來虛無主義思潮必然與這種虛無感有關。據大陸學者的解說，「無政府主義是小資產階級的思潮。新文化運動中它成了在青年知識份子中較有影響的流派，並成爲馬克思主義哲學在中國傳播的主要障礙之一」（袁偉時，《中國現代哲學史稿》。上卷第三編第二章，

一九八七，中山大學）。姑不論虛無主義是否爲小資產階級思想，爲什麼在新文化運動中，青年知識份子同時接受虛無主義及激進的馬克思主義？清末介紹來中國的虛無主義，事實上包括了巴枯寧的破壞主義和暗殺，蘇報則認爲西方這些無政府主義，「造出了燦爛莊嚴之新政府」，可見中國人接受無政府思想，實在是與其激進態度不可分的。而且當時無政府主義者主張廢除私有財產制、家庭與婚姻強制關係，建立無政府共產社會，劉師培甚至說：「欲維持人類平等權，寧限制個人之自由權」（〈無政府主義的平等觀〉，《天義報》第四期）。這些都與後來馬克思主義共產之發展頗有關係。換句話說，虛無感發而爲政治態度，未必是消極的，反而可能非常激烈。俠客而有虛無感、虛無感可能表現爲俠客，乃是一體之兩面。

❽ 張灝《烈士精神與批判意識》（一九八八，臺灣聯經）特別討論了譚嗣同的「宗教心靈的湧現」。但他主要是從(1)傳統儒家宇宙觀失位後，對宇宙之茫然與困惑。(2)譚嗣同的生平遭際（例如家庭生活不愉快、親人去世）兩方面來剖析。我則認爲這種宗教意識既不必從傳統儒家宇宙觀之失位來解釋，也未必與個人生命歷程相關。因爲無特殊遭遇而仍具此生命苦空之想者太多了，整個近現代知識份子心靈，普遍具有這種宗教意識。

❾ 關於晚清民初李商隱詩流行的情況，另詳龔鵬程〈論晚清詩——雲起樓詩話摘鈔〉，《中國學術年刊》第十期，（一九八九年二月）。收入本書。

❿ 譚嗣同即於五倫之中特別強調朋友一倫。近代政黨組織中，互稱同志的習慣，殆即爲此倫之擴充。

⓫ 俠對情愛及性的態度，見注❶所引龔鵬程書頁六二—六五、一二五、一五八、一七九。崔奉源《中國古

典短篇俠義小說研究》（一九八六，臺灣聯經）頁一六五—一六七、一七三—一八六。

⑫ 與南社詩學立場相反的同光體等作家，對情的執著亦無不同，典型的例子是孫雄《眉韻樓詩話》卷八所引陳寶琛、陳衍等人題雙紅豆圖詩，如陳寶琛自云：「老來歡念日銷磨，便着禪塵亦不多，卻向軟紅作情語，前賢失笑近賢訶」，其纏綿正不讓南社諸人也。鄭孝胥之情詩情事，詳注❾所引文。

又，南社諸人之美人嚮往，已化為他們共同的語言，以陳匪石筆錄的〈南社第十次雅集紀事〉為例。他們輪流行酒令，先是什麼「赫赫宗周」「萬國衣冠拜冕旒」，逐漸便帶出家國之感，說「望江南，禾黍離離」「今日之日多煩憂」。然後便集中到情愛方面，如「芙蓉帳暖度春宵」「羅敷媚，窈窕淑女」「六寸圓膚光緻緻」「好女兒，美目盼兮」「期我乎桑中」「有約不來過半夜」「此恨緜緜無絕期」。其所謂詩文雅集，如此。

⑬ 中國詩人對女性之崇拜，可看葉嘉瑩《迦陵說詩》論義山詩部份。

⑭ 詳龔鵬程〈說龔定庵的俠骨幽情〉，收入《讀詩隅記》，臺北華正書局，頁二〇五—二二二。

⑮ 關於鴛鴦蝴蝶派，詳注❶所引龔鵬程書，第十章〈鴛鴦蝴蝶與武俠小說〉；及龔鵬程〈論鴛鴦蝴蝶派——民初的大衆通俗文學〉，收入一九八八臺北時報，《文化、文學與美學》。

⑯ 王鍾麒有一篇跟梁啓超幾乎同名的文章〈論小說與改良社會之關係〉，說：「吾嘗謂《水滸》則社會主義小說也。《紅樓夢》則社會小說也、種族小說也、哀情小說也」（《月月小說》第一卷九期），又〈中國三大小說家論贊〉說：「生民以來，未有以百八人組織政府，而人人平等，有之惟《水滸傳》。使耐庵生於歐美也，則其人之著作，當與柏拉圖、巴枯寧、托爾斯泰、迭蓋司諸氏相抗衡。觀其平階級、均

財產，則社會主義小說也。其復仇怨、賊汚吏，則虛無黨之小說也」(同上)。均可與梁啓超之說合觀。互詳注❼

⓱ 明末及清朝人論《水滸》，另詳龔鵬程〈論清代的俠義小說〉一文。

⓲ 詳馬庫色《美學的面向》，一九八七，臺北南方，陳昭瑛譯。另外，馬庫色在《反革命與反叛》第二章〈自然和革命〉中提到：感性經驗受到現存體制的合理性宰制，使人不易獲得自由，因此「發展合理而獨立的感覺，就具有重大的政治意義」。因此他呼籲感覺的解放，並闡釋青年馬克思對感性之顚覆能力的說法。

⓳ (1)「俠士替天平不平」是周亮的詩，見於前引。但論《水滸》者也常見此一說法，如燕南尙生《新評水滸傳》的〈新或問〉中便說：「以平天下之不平爲己任，專一捨身，則仁也。」

(2)把俠的精神說成是仁，正顯示此時所謂俠乃是儒俠，同上書云：「盧俊義，盧是儒家的儒，俊義就是大義。耐庵說這一部書，不是大逆不道，也不是邪說惑人，辯言亂政，原是儒家學說的大義啊」，將俠與儒結合爲一。黃人的〈小說小話〉也說：「史遷之進游俠，其旨趣與尊孔子無異，皆所以重人權而抑專制也」。

(3)提倡《水滸》，與提倡「情」有同一性，因此也討論到水滸精神的反理學意義。如佚名〈中國小說大家施耐庵傳〉卽指出：「《水滸》出而理學壁壘一拳洞之，快矣哉！」謂《水滸》之撰寫乃受「理學餘毒」之刺激而然。他這篇文章揚英雄而抑兒女，但事實上它是以英雄兼兒女，故他認爲施耐庵具有民權思想、尙俠思想和「女權之思想」。認爲《水滸》有發達女權的思想，若非他有上述特殊想法，焉能如此說？

⑳俞劍華〈與柳亞子書〉說：「假暑岑寂，倏憶雲雷春秋之論，娟娟閨閣之談，急思披讀，而竟遍覓不獲。豈瘴烟蠻雨中，非神瑛所能堪？抑將待價而沽？望速囑空空道人，向青埂峰下，袖之以來。」〈再與柳亞子書〉又提醒他：「《紅樓夢》已爲購下否？念念！」可見他們對這部書的嗜愛。

㉑《紅樓夢》有主情與主悟兩條註釋路線，詳龔鵬程〈紅樓猜夢——紅樓夢的詮釋問題〉，收入注⑮所引書。

論晚清詩

——雲起樓詩話摘抄

詩話一體，由來已久，近世論者，始病其瑣碎無倫紀。然不賢識小，通人所不廢；片言扶要，或有肯棨之談，無嫌芻蕘之採。且體各有當，近世所謂學術論文者，旨在辨析問題、剖釋疑滯，自須邏輯謹嚴、體系明飭。其有紀事實、述聞見、論鑒賞、擧利鈍而不能入此「問題與答案」之邏輯中者，別為詩話，誰曰不宜？矧夫近時為論文者，多矜稗販，掊摭陳言、堆垛史料，真有一問題意識者，實罕所覯。此則不如逕為詩話，猶可見心得也。余頻年問學，好為劄記，其中有能顯示為一「問題」者，即申之以為論文；否則輯出自為體例，詩話即其一也。以雲起樓為余讀書之地，故即名曰《雲起樓詩話》。然有得輒書，頗傷凌雜，學無宗旨，故乏系統。僅論晚清詩家者稍具首尾，蓋就舊作《近代詩家與詩派》刪併而成者。今謹錄出，以竢正焉。昔龔定盦有詩曰：「文侯端冕聽高歌，少作精嚴故不磨。詩漸凡庸人可想，側身天地我蹉跎」，此十餘年前論詩舊稿也，抄錄既訖，不覺惘然。

一、通論

(一) 王闓運與晚清變局

劉禺生《世載堂雜憶》云：「肅門五君子，爲長沙黃錫燾、湘潭王闓運壬秋、宣城高心夔伯足、善化李壽榕篁仙、其一名字已不復能記憶。此五人者，日夕參與肅邸密謀者也。咸豐親政，肅順用事，有大才大志，最輕視滿人，而登進漢人。洪楊之役，內有肅順主持，曾、左、彭、胡乃能立功於外。左宗棠之握權、駱秉章幕府之解京拿問、胡林翼之屢受排擠，皆賴肅順保全之。與外通聲氣者，則肅門五君子也。五君子中，篁仙居鄭親王府、壬秋居法源寺，聲勢爲最大。肅順事敗，廢棄亦最慘。李、王雖於湘帥有恩，始終不敢引用者，此耳。而壬秋對於曾、左之倨傲如故也。」按肅順事，王闓運於民國七年嘗撰錄《祺祥故事》，述其本末，然不及其〈獨行謠〉〈人日憶舊遊作示知者〉諸詩之翔實也。後劉禺生、黃濬皆有文考之，見《花隨人聖盦摭憶》頁四二〇、四五四、四九二、五〇二諸節。而吳相湘《晚清宮庭與人物・祺祥故事主角》一文論之尤詳。余以爲湘綺之反滿、反慈禧，蓋由於此，《日記》光緒十七年五月廿二日：「偶思雪琴建船山書院之意，作一聯不敢懸示，亦如曾滌生之挽聯也」，其意最顯。據云闓運嘗勸曾國藩反清，又與彭玉麟、俞樾合建船山書院於衡陽，啓廸湖南維新人物及革命鉅子甚多。晚近筆記載王氏軼事不少，然其入世，貌似逍遙，實則處處留心，絲毫不苟，亦爲論者所共知。《花隨人聖盦摭憶》頁一九三云：「使湘綺稍後數十年生，必一革命黨無疑」，是也。

（二）晚清詩人與朝政

光緒十年甲申，法佔我北寧、諒江，敗我於馬江。盛昱上奏劾恭親王，慈禧遂趁勢廢奕訢、寶鋆、李鴻藻等，張之洞讀盛伯希集：「密國文詞冠北燕，西亭博雅萬珠船；不知有意還無意，遺稿曾無奏一篇」，即指此事而言。故陳衍《石遺室詩話》卷十一曰：「廣雅歇歷中外數十年，捨高陽李相國之外，孤立無援；而最有憾於翁叔平相國。……當時朝官，略分南北兩派。稍前一輩，若廣雅、幼樵諸人，高陽主之；稍後一輩，若伯熙、可莊諸人，常熟主之。此詩指伯熙一摺，推翻軍機，朝局一變也。」今按：南北兩派固因翁同龢、沈桂芬與李鴻藻而分，然兩派中人，南北地貫實多歧互，如盛昱爲滿州鑲白旗宗室，肅武親王豪格六世孫，而爲南派；寶廷亦鑲藍旗宗室，鄭獻親王濟爾哈朗八世孫，則爲北派。二派相傾軋者十餘年，而其本衷，乃皆出於謀國，與後來滿漢之爭、嫡庶之爭、新舊之爭，似皆不同，故汪辟疆謂盛昱：「雖蒿目艱虞，持論未衡於世議；然胸懷怛白，寓感每諒於後賢」（《近代詩派與地域》），此又論光緒朝局者所宜知也。忠藎誤國，每由朋黨，古今同慨！

(三) 晚清詩人之憂世

鄭海藏《海藏樓集》中有詭託之辭，彷彿古人所謂夢中作或道行見題壁者，〈啼血〉詩三首是也。題曰：「高樓小居歇浦，戊申小春，適鼎湖耗至海上，訛言騰沸。出門悵惘中，信步至張園。夕陽黯淡，風葉翻飛，車馬亦已闌珊。逡巡間，於塵轍中拾得殘紙，書啼血三首。字迹欹斜，語意詭痛，蓋攀髯墮弓，小臣之辭也」，是爲光緒之死而作。其第二首云：「戊戌消沈庚子來，種因得果更誰哀？忍教宗社成孤注，可奈君王是黨魁。妄意揮戈能退日，傷心失箸託聞雷。咎繇聽直須天上，好勸長星酒一杯」，語至沈痛。海藏在光緒一朝，名位不高，然於甲午之役時，已隱然左右朝局，與張謇並有仙童之目，後主維新，故其言如此。第三首自注云：「於南皮座中，嘗有皇帝人君、太后人臣之對」，言尤顯豁。於「啼血虛傳杜宇魂，寧聞帝子更沈寃」之際，痛詆慈禧：「蕘腸坐憤妖吞月，鶉首空愁醉賜秦」，至以武則天況之矣。

(四) 晚清詩人之哀殘陽

題虛中《流類手鑑》嘗言：「殘陽落日，比亂國也」。末清詩人，多有此哀，如康有爲：「蕭槭西風催落日，羸驢馱我過蘆溝」(〈過蘆溝橋望西山〉)、張之洞：「衆賓同灑神州淚，尊酒重哦夜泊詩。霜髯當風忘卻冷，危欄煙柳夕陽遲」(〈登采石磯〉)、曾廣鈞：「隴鸚憶主歸靑瑣，社燕銜恩返玳梁。待爾同趨金鳳闕，汴河流水古斜陽。未知精衞成何益，立馬西風淚數行」（〈天南海北雁行會合詩，贈從弟廣鑾〉）……等，皆屬此類。詞中如彊村「同倚斜陽看雁去，天廻地動一沾巾」「傍樓陰，東風又起，千紅沈損，鵯鵊聲中，殘陽誰繫？」（卷二。〈燭影搖紅・晚春過人境廬話舊〉。又見《彊村語業》卷一）亦膾炙人口。近見秦翰才《滿宮殘照記》：「我遊滿宮，……其時又值冬天晷短，西邊黯淡的斜日，格外映出一片淒涼景色。這些都正是象徵了滿州國的末日，所以這書也就叫做滿宮殘照記了」，蓋亦用此象徵也。此古「西風殘照，漢家陵闕」之遺。

（五）晚清詩之特色

晚清詩，所謂閔時傷亂，亡國之音哀以思也。與自抒牢愁，感士不遇者，區界畫然。若唐若宋，皆以感士不遇爲多，自憐自熹，雜以嘆老嗟卑之詞、憤懣怨望之情，卽傷世亂，不脫我執。晚清詩固非無此現象，總以蒿目時艱者爲多。故寒蕪衰草，殘秋夕照，乃至落花落葉之哀，人皆有之，如曾重伯北遊京城而有「偶夢乘車遊鼠穴」之嘆，遂感「夕陽照我飄零色」；康有爲遊西山恭王別墅，見其題像詩云：「可憐芳草成衰草，斜日荒園對落暉」，而知其怨望殊深。夫此豈個人之榮辱哉，非古之怨望矣！若就摭拾，斯例實繁，如鄭海藏「老去猶疑出世難，斷哀殘恨緜無端；四眸赤縣浮沈裏，卻似須彌頂上看」（〈偶占〉，宣統元年）、「墻外紅塵自帝京，葡萄新棗競秋聲。人生幾許瞢騰味，看盡西廊晚照明」（〈秋聲〉，宣統二年），黃公度「石破貞驚天壓己，陸沈可有地埋憂？前番尙得安身處，莫說寒蕪赤嵌愁」（〈感事又寄邱仲閼〉）。按邱逢甲詩云：落日寒蕪赤嵌城）「滄海歸來鬢欲殘，此身商榷到蒲團。哀弦怕聽家山破，醇酒還愁來日難。……朝朝曳杖看山去，看到斜陽莫倚欄」（〈寄懷邱仲閼〉）「一片平蕪飛絮亂，無復尋春識馬，又漸漸夕陽下」（〈賀新郎〉）、狄葆賢「危樓大有滄桑意，占斷斜陽脈脈紅」（〈滬瀆感事〉）、陳散原「沈寂溪山斂手看，閑呼鷗鳥立欄干。梅枝柳蕊初煙合，小閣重樓落日寒」（〈飲集吳園作〉）「嫋嫋高樓過雁殘，滿樓山色酒杯寒。牆西合抱數紅樹，剩倚斜陽帶淚看」（〈樓望〉）「殘世聲名堪老醜，寤歌徒侶可追尋。頹陽不管漁蝦市，臥聽春天澎湃音」（〈阻風雞籠山次答小魯見寄韻〉）「亂眼寧知有此花，牆根砌罅列如麻；明霞萬片烏啄影，暖日一簾蜂打衙。破碎風光還自舞，低迷樓館坐相遮。夕陽葵藿與愁絕，獨看雲霄濕露華」（〈園中蜀葵諺名龍船花，雜閑甚感偶賦〉）「故國蘭叢秀可扶，得君滋溉掃榛蕪，三年擁傳風光曉，九變尋源寤寐孤。會有大雲起膚寸，滿聞餘響散江湖。殘陽爲寫蒼茫意，延頸迴眸一嘆吁」（〈贈別吳炯齋去江西還朝之一〉）「尋常咳唾在鄰牆，擊缶傳杯索渴羌。遮莫移家傍谿水，便成隔世換滄桑。菜畦斸雪吟終好，唄楊棲香意自長。搔首又驚紛饋歲，殘陽斷角立茫茫」（〈除日東季詞〉）「萬轉金輪羯鼓撾，橫穿郡國突長蛇，斜陽欲墜無人管，映畫中原罌粟花」（〈汽車發漢口抵駐馬店口號〉）之類，皆海藏所謂「危邦空嘆吾爲虜，浩劫終愁谷作陵」者。衡諸往代，蓋鮮此哀，固我詩史中一抹傷心色也。

二、鄭孝胥

(一) 鄭孝胥號海藏

戴君仁先生有〈題海藏樓集詩〉曰：「愚不堪言志可哀，秦庭惟見虎狼來，海藏樓集名山在，誰憐平生悃悃才」，舊於汪先生雨盦處見之，不知嘗輯入詩集中否。《海藏集》初刻於武昌，上元顧雲(子朋)序之，故逞筆力，以自別於桐城文家，反不如陳石遺序之有味；且謂樓名海藏，乃欲「藏樓於海庋其詩」之意，亦屬誤說。今按：海藏號蘇龕。龕或作厂、堪、戡。隨興立號，本無特義。然杭州南高峰煙霞洞，有寺僧刻石爲財神以祀。湯蟄仁爲太守時，以東坡曾遊此洞，敎寺僧改刻東坡像，士人卽名之爲蘇龕。湯氏以此函告海藏，海藏乃爲長詩以報，中有「平生吾東坡，異代獨眷眷」語，蓋頗自喜也。其爲詩，石遺以爲早治大謝柳州，後兼及晚唐北宋諸家。實則寢饋於東坡者不少。樓名海藏，當本東坡「萬人如海一身藏」句，故蒼虬作蘇戡六十生日壽言第一首卽有「白日當天三月半，萬人如海一身藏。使君留得堂堂去，四海都知鬢未霜」云。良以海藏自作〈東坡生日集翁鋏梅齋中〉嘗云：「江上殘年我又歸，高齋雪後正添衣，終知此老堂堂在，賸覺虛名種種非。酒半題詩忘客去，香中讀畫愛梅肥。聚山樓外山能識，只欠相攜看落暉」，故蒼虬之言如此。又海藏有「四圍山海一身藏」(〈癸巳七夕官舍風雨中作〉)句，脫胎於蘇，「神完中有恃，談笑卻熊羆」（〈賀張之洞六十生日〉）則逕抄東坡矣。淵源自不可掩。

（二）海藏詩之淵源

海藏為光緒壬午鄉試榜首，與林琴南同榜，故稱林為同年，贈林之詩亦不少。林氏早學梅村，晚漸蒼秀，號杜陵詩史，然結體鬆散。自云詩學祈嚮在錢注杜詩、施注蘇詩，海藏則勸其取法乎上。殆欲其取道漢魏六朝也。顧海藏亦貌為大言而已，彼五言雖橅大謝，固亦浸淫於韋柳，七言古近體，則從晚唐北宋人，又何嘗取法乎上？大抵閩人詩，自成面目，氣味異於兩湖京浙。思力沈鍊，頗有崛彊之致，無論古近體及詩鐘皆然。考周亮工《因樹屋書影》卷一曰：「閩中才雋輩出，顯異之士頗多，能詩者十得六七。壺蘭以下，間有拗字；會城以上，則居然正聲。彬彬風雅，亦云盛矣。第晉安一派，流傳未已，守林儀部、高典籍之倫，若金科玉條，凛不敢犯，動為七律，如出一手。近頗有尤異之士逸出其間者，然終不勝愼守故調者之多。」知此風氣自明以來卽已有之，故汪辟疆、錢蕚孫，皆有「閩派」之說。海藏則於此風氣中別出手眼，三十以前，專攻五古，思縟於謝客，復洗琢於東野，遂使其面目迥不猶人。語質韻遠，外枯中膏，非近世閩派作家所能及。石遺贈詩，以「著花老樹初無幾，試聽從容長醜枝」為譽，海藏亦以此自喜，〈偶占示石遺〉曰：「憑君嘲老醜，終覺愛花枝」；〈四十初度詩〉又曰：「一笑誠可已，醜枝還作花」，〈書久不進憤賦此〉則以荆公「誰初妄鑿妍與醜，坐使學士勞筋骸」為「達哉」。醜而美、枯而腴之境界，海藏固甚嚮往之也。

(三) 海藏樓詩集

《海藏樓集》，凡增補多次，共十三卷。其中卷十一至十三，乃民國十四至廿五年所作，次年孟森有序，曰：「前數年，海藏有刊落風華之意，謂將不作近體詩。今讀近年詩，雖危苦有甚而風致流美，無老手頹唐之態。……然則才分有定，愛好之習與負氣並生。所行皆負氣之事，所作亦皆負氣之詩。負氣之事之果爲是非，將付難齊之物論；而詩則當世固已無異辭矣」。夫此正海藏以僞滿州國事爲世所不齒時也。卽海藏本人亦自知：「七十殘年世共輕」（〈廿三年重九〉）「新局微聞國論譁」「尸位三年我自評」（〈夏至〉）「蹉跎一老世方輕」（〈入都車中和病山韻〉），而有「千秋酸寒徒，豈易覓吾耦？知我者天乎！問訊堂下柳」（〈乙亥辭國務總理〉）之嘆。孟森撰序，遂亦僅云負氣之事將付難齊之物論而已。此乃微辭。若行事果無可議，又何恃乎物論之難齊？不深論其是非，固所以見其是非也。

(四) 海藏詩具策士氣

古之大家，或以情勝，或以氣勝。情主於幽細，氣主於雄闊。兼之者李、杜、陳思，偏之者義山、退之。然以氣勝者，或如曹操、鮑照、韓愈之古直超曠，具豪傑之氣者也。或如李白、龔定盦，具俠士氣者也。若海藏之負氣而姿媚者，則可謂爲有策士氣。汪旭初曰海藏：「欲以忠孝售其術」，蓋指此言之也。海藏自負經略，好奇計，喜抵掌論兵，而時以詩人爲標榜，亦由於此。民國元年，清已遜位，海藏至京，投刺中貴人，輒云「詩人鄭孝胥」；甲辰年間，以道員官四品京堂，率湖北武建軍，督辦廣西邊防，方顧盼自雄，函友人乃又曰：「以詩人而爲邊帥」，何其好爲詩人乃爾！此與羅癭公遺囑鐫墓曰「詩人羅癭公」者，貌同而心異矣。

（五）海藏之負氣

散原〈有傳蘇堪督師赴龍州道上作二篇因題其後詩〉云：「登壇風貌一軍驚，旄仗攢楓嶺外明。功狀區區捕首虜，廻看貔虎臥邊城」「胸中邱壑壓蠻荒，解辨詩人短後裝。盤辟何如捲角悖，千金犒特費評量」，自注：「君詩有平生不解孫吳語，卻辦詩人短後裝之句。」海藏不忘爲詩人，然著短後裝，親歷戎行，則日日勤放哨、教打靶、振刷士氣，如臨大敵。孟森在其幕，曾撰《廣西邊事旁記》詳載其本末，海藏題五律一首，曰：「行歌具區藪，歸隱海藏樓」，蓋有倦意也。初，〈龍州雜詩〉有「官家方省事，付與老書生」語，義本東坡「堪笑錢塘十萬戶，官家付與老書生」，而有自負之意，詩卷第一首亦云：「三十不官寧有道，一生負氣恐全非」（〈春歸〉）。故於光緒三十一年乞罷歸江南時，孟森卽指此聯問之曰：「今日之求去不得，與十餘年前未出山時，語氣相較何如？」太夷則謂：「出處之故，情隨境變，不可執著：獨有負氣，始終不改」，可謂深於知己。今觀其詩，曰：「意氣太強翻一折」（〈己未正月三日昧爽作〉）「功名自是誤人物，敗德喪眞作吾害」（〈己亥三月十二日作〉）「何時得停泊，甘心趨路歧，向來負盛氣，不自謂我非」（〈送檉弟入都〉），負氣之害，何嘗不知？惜內熱不止，遂自負「客懷漫比官爲業，物望誰云國有人」（〈移居綿俠營〉），而至「名山誰信終堪隱」（〈登攝山最高峯〉）矣。

（六）海藏戚屬

海藏爲左海世家，父仲廉（守廉）由庶常改官都曹。長於倚聲，有《考功詞》一卷。本擬請陳寶琛作序，未成，見海藏〈陳弢庵過談詩〉自注。詩甚少，僅傳其「樂遊原上驅車過，愁絕詩人李義山」一絕，石遺以爲可以與漁洋「僕射陂頭陳雨歇，夕陽山映夕陽樓」、黃莘田「夕陽大是無情物，又送牆東一日春」同稱爲某夕陽（《詩話》卷十五）。海藏十餘歲而孤，與弟孝檉（稚辛）隨從祖鄭虞臣讀書。虞臣爲咸豐壬子進士，改戶部主事，歸里授徒不出。左宗棠督閩時，重其人，聘爲鳳池書院山長十年。王凱泰撫閩，又改聘爲致用書院山長十年，又改主正誼書院講席。平生布衣蔬食，書法尤獨步一時，海藏受其啓發甚大。

（七）海藏之詩學

王闓運〈論文示蕭幹〉曰：「韓退之遂云非三代兩漢之書不敢觀。如是，僅得爲擬古之文。及其應世，事、跡、人、地全非古有，則失其故步，而反不如時手駕輕就熟也。明人號爲復古，全無古色，卽退之亦豈有一句似子長揚雄耶？故知學當漸漬於古」（《湘綺樓集》外文之十七・大謝。〈春陰簡李審言〉且云：「我今心折在四靈，才力自知甘守弱」，石遺又以爲似遺山，皆可見其泛濫古今之迹。

《中和月刊論文選》輯五）。太夷學古，彷彿如此。於荆公、宛陵、韋柳，無所不學，而漸漬於

（八）海藏之學梅聖俞與石遺不同

民初宛陵詩之倡行，發自海藏石遺。近人陳含光不喜梅詩，嘗慨嘆：「居今日而欲反陳鄭之所稱，幾無殊在宋而非坡谷」。實則王漁洋《池北偶談》、全謝山〈春鳧集序〉、潘彥輔《養一齋詩話》、王西莊《西沚居士集》等，皆已推重宛陵；《雪橋詩話》卷九且謂宛陵仍是唐音，突過摩詰。但未如陳、鄭之提倡而蔚爲風氣耳。海藏漬潤韋、柳，問徑宛陵，本不足爲奇；於梅似不僅取其高峭，與石遺之所以重梅者不同。蓋石遺之稱宛陵，似從其主香山、放翁來。放翁固推崇梅詩者，《劍南詩稿》上卷〈六十讀宛陵先生詩〉云：「李杜不復作，梅公眞壯哉！豈唯凡骨換，要是頂門開，鍛鍊無遺力，淵源有自來。平生解牛手，餘力獨恢恢」，與簡齋「本朝詩人之詩，有愼不可讀者，有不可不讀者。愼不可讀者梅聖俞」（《卻掃篇》卷中引）之說大異。集中學宛陵者亦不少，故羅癭公謂其〈寄酬曾學士學宛陵詩體〉一首云：「放翁自壯至老，服膺宛陵，集中凡五六效其體，心折極矣。放翁詩鮮新俊妙、闊大閑曠無不備，而其精深處，乃自宛陵

得來。世之論放翁者，尟道其學宛陵。甚矣，眞能讀放翁詩者之不易覯也」。石遺之提倡宛陵，蓋卽由其主張劍南也，《詩話》卷廿七：「近人爲詩，競喜學北宋，學劍南者少。余舊提倡香山劍南。……得宛陵之深到，而自饒富博之致」，可見其有意如此，與海藏之偶一借徑者不同。又、趙香宋〈題宛陵集〉曰：「發函淡泊苦不樂，時出妙語中生棱。漸尋漸得最佳處，乃覺可愛不可憎。就中有味五言上，如入古寺逢高僧。又如緣流極深澗，獨騎瘦馬行凌兢。取境顧不一覽盡，其奧直裹山萬層。固知立品絕世好，能介如石清如冰。七言亦自字字澀，乃不鵰舉爲秋鷹。以視蘇黃則力薄，在宋作者非上乘。頗疑自處唐法外，梅之所能陳亦能……」，陳指后山。而楊昀谷與夏敬觀辯宛陵詩時，亦云：「梅陳好句絕可愛，其力僅足造一關」。知梅陳並舉，民初有此一派，與石遺之主張亦不相同。

（九）李宣龔之學海藏

夏敬觀學梅詩甚有名，得與石遺相識，則由林宰平、李拔可之紹介。李拔可，字宣龔，一字觀槿。李宗禕子。光緒甲午舉人。錢默存《談藝錄》嘗謂其讀書得間。與海藏關係最深。海藏爲漢口鐵路局總辦時，李卽爲其記室。海藏在日本有詩，題名〈決壁施窗，豁然見海，名之曰無悶〉，李氏有詩云：「石遺小作藤爲屋，無悶新居竹滿庭，準擬過江尋一憩，午涼容我作詩醒」，時石遺在武昌，李氏輒往訪，故所云如此。世謂此爲學海藏一派最早之作。後海藏屋上海，園中有李氏所贈四栝。海藏既至長春，園讓售，栝亦還李，海藏死，栝乃枯萎，拔可並爲作還栝圖記其事。其詩本得力於后山，因隨海藏久，遂漸相似。《碩果亭集》，論者以爲不讓海藏也。

（一〇）李氏詩集

《碩果亭集》未見，余所見李拔可諸詩，乃自各家筆記中輯出者。朱羲胄《林畏盧學行譜四種》中云李氏有《墨巢詩集》，未知卽《碩果亭集》之別名，抑其中部份。李氏別有《碩果亭重九酬唱集》，入《墨巢叢刻》中，余自王開節先生處假得。拔可號墨巢，朱氏所云，或以號名詩也。拔可曾校訂《宋詩抄》，於南北宋寢饋甚深，尤得力於后山簡齋。沈曾植稱其馳突韓門，直入廣陵之室。海藏稱其紀遊之作，逼進大謝。皆能得其一面。大抵拔可詩雖濡染海藏，與海藏之高腔，亦不盡相似；且老輩習氣，洗刷淨盡，無遺老臣忠君復辟及失志者嘆老嗟卑等套語，故可貴也。重九詩，海藏最所擅長，拔可亦遂有此集，淵源要自不可掩。集末尚有錢鍾書、成惕軒諸先生詩，余嘗抄呈惕公，蓋四十餘年前作也。

（一一）海藏與張之洞

太夷與張之洞交契，《海藏樓集》卷三、卷四可證。蒼虬〈壽海藏六十詩〉云：「談藝論兵兩不窮，掀髯曾起抱冰翁」，亦特指此事。海藏陪廣雅乘船自采石磯至武昌諸詩，如「不信乖厓久閑地，吳民遮看老尚書」「劫後神州運漸開，救時須是異人來」，盛推廣雅。而廣雅亦許海藏詩爲華嶽三峰，稱「蘇龕是一把手」（按：錢萼孫《近代詩評》云海藏如三峰太華，獨見高標。卽用此典）。海藏有〈題鄭子尹爪雪山樊詩〉，廣雅見之，遽命喬茂萱取此圖卷來，可見其欣賞海藏之一斑（見〈海藏樓雜詩〉之廿）。然就詩而論，廣雅主張，實勿同於海藏。如海藏論詩以澀爲貴，而廣雅主淸切。陳詩（子言）謂海藏似王維，境靜而詩遠，海藏亦云：「輞川有奇興，眞味不容亂」，南皮則極不喜王維，〈海藏樓雜詩〉之廿一：「南皮往論詩，頗亦執偏見，素輕王右丞，於詩乃尤訕」可證。廣雅論詩多偏見，本不只此一事而已。

（一二）海藏論詩

海藏頗善論詩，答沈乙庵有云：「秋氣雖宜詩，鬼語乃詩病。君詩轉西江，駕浪極奔勁。云何弄細碎？意屬秋墳覓。四靈如靈鬼，底事托高詠？」於四靈蓋愛之而知其病。沈子培學問淹貫，詩則艱深奧衍，或傷細碎，故海藏云云。又如閩人林庚白，自負才地，《麗白樓自選詩》，稱已得詩中三昧，古今詩人，推杜甫第一，海藏第二，己居第三。石遺頗不以爲然，見《詩話》卷八。海藏題其詩本，但云：「喜子詩能通性命，何妨取徑近艱辛！」「文字似非標榜事，可教塵土汙毫端？靜中別有精微在，莫作狂花客慧看」，略示規箴。而庚白大怒，遂以己爲古今第一、老杜第二、海藏不足觀。亦一妄人也。

（一三）海藏之傷春

海藏集盡削少作，而以〈春歸〉爲開卷第一首。古之傷春，自以義山爲著；然海藏傷春，未必卽與義山同。且其傷春每云惘惘，如「春歸詩社晚，惘惘三月後」（〈辛亥四月二日曾剛父招集崇效寺〉）「嗅遍江梅更惘然」（〈辛卯正月廿一日城西步歸〉）「悵惘梅邊想戰塵，又看江南二月春」（〈移居緜俠營〉）「物華易換我難春，只作花前悵望人」（〈過眼〉）「士有傷春淚不收」（〈梁星海約遊琴台〉）「惘惘春風夢裡歸」「花前人與春俱老，惘惘沾巾豈酒痕」（〈廿二年四月八日乞假至大連星浦〉）「惘惘重經黃浦灘……，傷春小杜罷追歡，修書粗說江湖意，已覺春陰到指寒」（〈上海旅次寄京中友人〉）……等皆是。而此類篇什，又皆集中於前七卷，卷八以後僅兩見，故此當爲海藏壯歲時一特殊心境，所謂：「三十不官寧有道，一生負氣恐全非」（〈春歸〉）也。懼年華遽去，功名不就，雖曾宦於龍州、武漢，而「少年心未盡，悵惘若有失」「沈思旋自哂，世味孰可悅？冰天雪窖中，何事忘餘熱！」名心縈懷，積爲內熱，乃有此傷春意識耳。凡「人生三十爲一世，失卻少年安可悔。朱離銷盡四十來，昔日風情竟何在」（〈己亥三月十二日作〉）「牽懷何竟意猶疑，楚水銷魂似別離。往事夢空春去後，高樓天遠恨來時。袖閑縮手人將老，地下埋憂計已遲。莫道一生無際遇，靈修瘦損記風儀」（〈漢口春盡日北望有懷〉）「匆匆年少愁中過，惘惘春風夢裡歸。邕管投荒寄邊鎖，京華懷舊檢塵衣」（〈甲辰七月初一作〉）云云，皆是此意，古今傷春詩之別調也。

（一四）海藏之艷情

海藏傷春，又有一部份確屬艷情。蓋此老少年多艷思，所謂：「客中總覺朋尊樂，酒後差憐粉黛妍」（〈八月廿六日芝口張飲〉）；「郎當遊亦壯，調笑意殊狂，我輩人誰識？胡姬儻不忘！」略可想見少年冶遊情狀。而此冶遊生涯中，又有一女，特爲海藏所眷愛，〈顯齋海棠詩〉：「才因老盡更誰知，只借花枝寄所思。好夢夢回餘倩影，春愁愁絕減豐肌。冬郎昨夜關心雨，子美平生欠汝詩。卻向龍州栽幾樹，他年題句待元之」，人花雙寫，詩中已有倩影在；〈將去龍州邊軍雜詩〉又云：「棄官入海非難事，曾欠蛾眉一諾來」，則以棄官爲踐此女之約矣。此女蓋卽金月梅。海藏詩中，凡稱惘然者，多與歌聲、梅花有關，以金月梅本伶人也。陳平達以爲海藏之識金月梅，在上海，時至遲爲壬寅春。張眉叔先生則據〈紅梅〉三首，以爲當更在壬寅以前；其說甚是。考戊戌秋冬間，海藏在武漢，有〈聞胡琴有觸詩〉曰：「好春閑過卻傷春，花月江山迹易陳，一念十年銷未得，畫樓銀燭坐懷人」，胡琴爲京劇主要樂器，且詩下有小注：「坐懷連用」，是卽懷此十年前畫樓銀燭之夜坐我懷中之女子也。其時自在壬寅以前，〈己亥人日雨中〉詩所云：「憑欄可奈傷春暮，人日梅花空滿枝」，似亦與金姬有關。

（一五）海藏與金月梅事

海藏與金姬事，高贊鼎嘗爲一古詩咏之，詩前有序曰：「海藏賞金月梅，不以色而以言。自光緒甲辰從龍州解兵歸迎之，至丁未相處三載。一日，金請於海藏曰：君乃功名中人，我又非閨閣之選，久則相妨。徒用各悔於遲暮，何如別去爲佳！海藏慨然諾之。贈以二萬金，作〈函髻記〉寄意。〈函髻記〉取義於唐歐陽詹所眷割髻寄貽故事。海藏〈四十八初度〉兩詩可按也」。高氏所知，得自魏懷，魏則親聞於海藏，故亦併抄海藏爲金氏所作之詩十三首。實則通檢全集，當不止此數。如「可奈梅廳燈似月，宵來策杖一徘徊」（〈梅廳〉）；「乍春蕊大含春思，漸覺繁枝帶曉霜」、「驀地聞香魂欲返，惘然自醉意猶狂」（〈對梅作〉），皆纏綿有深情者也。其〈四十八初度詩〉，乃與金月梅初別時作，其後復有〈殘春〉兩首及〈送春〉等詩，詩曰：「孤抱何曾惜，殘春絕可哀。不成依斗室，復作攬高台。心與驚鴻逝，書憑夢蝶回。司勳休刻意，意盡恐難裁」、「近水生惘悵，看天拘苦辛，一閉成落魄，多恨失收身。……春風太輕別，無地著愁人」、「檢點平生空自奇，漸成灰燼欲何施？送春可得廻三舍，積恨應須塞兩儀。來日塵勞殊未息，餘年心病總難醫。江南是我銷魂地，忍淚看天到幾時」，均以春風喻金姬，生馨照眼。昔義山詩云：「刻意傷春復傷別，人間唯有杜司勳」、袁簡齋〈杜牧詩〉云：「客裡鶯花達杜曲，唐朝春恨屬司勳」，太夷亦今之杜司勳也。〈甲戌使日雜詩〉：「刻意傷春失夢痕，憶人亭下更何言。花前白髮風懷盡，不是銷魂是斷魂。」自注：「嘗於神戶署中作懷人亭」，所懷卽金月梅。可見海藏於此事，用情不淺，且至老猶或不忘，故〈癸酉四月八日作〉曰：「含蕊殊濃開漸淡，人生花事黯何言。花前人與春俱老，惘惘沾巾豈酒痕？」與〈春歸〉前後映照矣。

（一六）海藏詩中之梅

海藏詩中論梅，未必卽爲指金月梅。因海藏父母皆葬福州西門之梅亭，詩中所寫，或與此有關（〈戊戌除夕在溪口作〉自注可證）。乙巳十二月初一梅亭展墓，亦有沾袂惘惘之語，正須與其他論梅者分別觀之。

（一七）惘惘不甘之情

海藏而外，蒼虬亦有此惘惘不甘之情，如「惘惘經過意未甘，槐陰門巷舊宣南」（〈惘惘〉）「平生歸山眞實意，到此惘惘仍難甘。飢愁恐怖業未盡，暫來旋去吾何慚」（〈癸丑五月十三遊焦山〉）「惘惘有不甘，人生極苦相」（〈哭劉松廳〉）「潑眼看山渾似夢，行吟惘惘與誰同」（〈思念袁伯夔不已因寄懷〉）「後中傷攲席，惘惘豈能甘」（〈毅夫同年挽詩〉）「名山絕業千秋定，只是難酬惘惘心」（〈留別蟄雲〉）「欲出遨遊散鬱伊，卻愁惘惘與誰期」（〈將往舊京感作〉）……之類皆是。夫詩須有惘惘不甘之情，說始於石遺所撰〈海藏樓集序〉，稱誦一時，海藏詩最得此法。若蒼虬，則悃悃不甘者，僅懷舊傷時而已，與海藏正自不同。

（一八）海藏樓與夜起庵

太夷居海藏樓十餘年，頗有感情，且樓有藏書不少，故不僅於〈壬申雜詩〉有「回首海藏五千卷，何年還我舊樓居」之說；卽暮年，仍有「收京後必更造海藏樓」之想，見民廿年十二月廿六日〈天未明〉詩注。天未明，是在夜起庵也。海藏樓與夜起庵，遙遙相對；抱器懷質，遯藏上海，是爲海藏；皤然一叟，匍匐東北，又非夜起而何？集中以夜起之義爲題者甚多，以迹言，則海藏每中宵不寐，夜起吟哦或看月坐雨；以心言，則「心火方自燃」，遂不免晚任僞職矣。其早歲卽有「盛年不偶欲何如？」（〈貧女〉）「養精勤閉目，留待老來看」（〈自題三八歲小像〉）之想。後則屢以夜起自詡，曰：「七十老翁夜獨醒」（〈己巳正月十五夜〉），又云：「胸中已是無波井，卻爲雞聲起怒濤」。雖垂老掙扎，未始無休退之思（〈壬戌九日〉：「晚塗莫問功名意，往事惟餘夢寐親」、〈謝七十贈詩諸君〉：「俯仰漏將盡，踽踽猶夜行」，〈壬申雜詩〉：「夜起庵中人老矣，不須辛苦損天真」、〈殘夜〉：「數盆頗惜梅花瘦，莫解殘年抑鬱心」，皆有衰年不必强為之意），然負氣孤行，終以功名自苦，亦性格之所不得不然。彼挽弢庵，譏弢庵爲「功名士」，實則爲功名所誤者，固海藏而非弢庵也。其詩曰：「端看不朽功名外」（〈弢庵過訪〉）「因材誰可共功名」（〈甲午師次橫州〉），可謂自爲注腳。夜起二十年，世論多所譏彈，乃不自退省，徒爲負氣之說，以爲：「獨行孤身道偶通，知音千載最難逢。世人盡在酣眠裡，忘卻人間夜起翁」（〈使日雜詩〉）；「舉國欲何依？無主自致亂。老夫略識塗，譸張莫爲幻」（〈夜起〉），謬哉！

（一九）海藏晚年詩

陳蒼虬跋海藏晚歲詩，謂：「海藏晚遇既異，可言者多，詩中大有事在。故精悍之氣，不遜於前」。此與孟森序，同屬微言，蓋爲海藏詩後不如前宛轉開脫耳。海藏入東北後，詩歌轉劣，石遺書其詩後曰：「昔人之言衰老者，形容變而語音存。海藏支離突兀之故態，變無復之，滋可傷者語音變耳」，直言其事，遂令海藏不悅。然海藏居天津時，有書寄石遺，略謂此地曠爽，詩蘊都盡，大抵作詩亦隨地氣，山川秀蘊，則觸處成咏，原野袤延，則搜剔難就云云。錄於石遺所撰〈海藏樓詩序〉中。則詩之早優晚劣，海藏未嘗不自知也（石遺此序，引證古人詩句凡九百餘言，支蔓實繁，古今無此體製。癸酉六月載入文集者，刪芟甚多，然大恉固未嘗異）。

（二〇）海藏詩善敍交誼

海藏詩惘惘不甘，特工嗟嘆，於晚懷親朋尤爲見長。如輓寶竹坡、傷忍庵、哭其祖鄭世恭等，皆極沈痛之至。又與馮煦、顧雲同出薛時雨林歐齋門下，與顧雲爲尤契，故爲顧所作詩，無不工者。丙申三月三十日顧雲邀集薛廬，太夷有詩曰：「秦老顧生莫悒悵，好留豪氣伴華顛」，蓋期共終老也。不幸顧子朋早卒，〈海藏樓集〉卷六中有〈哭顧子朋〉詩四首及〈雨中訪花臺安隱寺奠子朋〉等，情辭懇切，與〈悼亡〉十四首（卷十一），皆海藏集中精品。暮年尚有「金陵山似夢千層，永憶平生顧子朋」（〈答顧壽人見寄〉）之句，二人交誼，略可想見。至於挽俞恪士之「平生盛自許，詩卷肯相貿，奈何海藏圖，負我靳一字，行藏各有素，抱憾遂入地。湖莊波渺然，滿地故交淚」，於二人交好交惡，一生一死之間，出語極有分寸，與哀顧子朋者，又自不同，而似較前爲者尤難。何則？自交惡處寫之也。昔湘綺爲人傳記，好從其不得意處寫之，謂如此方能曲盡心事，極唱嘆之致。海藏此類詩，即用此法。如〈懷寶竹坡〉：「小節蹉跎公可惜，同朝名德世多譏，」上言寶廷以清流名公，納江山船妓而自劾罷官事。夫海藏爲寶廷督學閩中所得士，以「滄海門生來一見」而指其蹉跎小節，實爲他人所不敢言，然於此但見惜愛之厚。下以同朝名德斡旋之，尤爲高明。蓋寶廷以小事不謹罷歸，世論惜之；同朝名德且又以名德自許諸公，人反多譏之。以此見寶廷之可愛，而小節不飭竟成褒語矣。海藏詩之妙，往往如此。

（二一）海藏論戊戌事

海藏於清末，近於清流一系，又與康、梁、林旭、楊銳、袁爽秋等交好。楊林二氏死於戊戌政變；袁爽秋於庚子之亂時，力疏拳民不可信、公使館不可攻，與徐用儀、許景澄同日被戮，世稱三忠（世或合立山等為庚子五忠，非也。據李岳瑞《春冰室野乘》，立山之死乃拳匪涎其財富且又與人爭都下名妓綠柔故）。所著有《漸西邨人集》《安般簃集》。方海藏落第時，袁氏有詩慰之，海藏亦有答贈，今《海藏樓集》雖不載此，然交份實深。於戊戌事，亦不能不哭，集中如〈櫻花下作三首〉〈風雨花盡〉〈風雨既過有二株粲然獨存憮然賦之〉〈虎坊橋新館獨坐〉〈暮寒〉……等，皆與此有關，特出之以比興，難索解人耳。嘗試論之：〈櫻桃花下作之三〉：「春歸滄海剛三月，骨醉東風又一回」，言百日維新也。〈暮寒〉：「宮中二聖自稱歡，滄海歸人感暮寒，旅力竟慫時竟失，風波垂定事尤難。是非坐共微言絕，恢復終憑老眼看。料得淚痕潛漬筆，卅年密記在金鑾」，題下自注：「四月廿七日感事」，感翁同龢也。《清史稿．德宗紀》，翁以四月己酉罷，己酉卽廿七日。依《德宗紀》廿四年八月丁亥（初六）皇太后復垂簾聽政，詔捕康梁等。辛卯（初十）上稱疾，徵醫天下。甲午（十三）六君子處斬。海藏有〈九日虎坊橋新館獨坐偶成〉：「殘秋去國人如醉，晚照橫窗雀自喧。坐覺宮廷成怨府，仍愁江海有覊魂。孤臣淚眼摩還暗，爭忍登高望帝閽」，可與〈櫻花花下作〉同參。政變時，海藏固在北京也。夫曾重伯嘗有詩云：「酒入愁腸惟化淚，詩多譏刺不須刪」，如海藏此等詩，譏刺之意，蓋甚顯然。

（二二）海藏重九詩

詩家每有特殊之題材而爲他人所不經道者，如淵明之菊，太白之酒，皆陶李家中物，他人不得染指。若海藏之禁臠，則重九與聽雨是也。夫海藏重九詩，特顯於丁酉以後。歲歲爲之，煉肅憀曠悢之氣，出之以平淡紓折語，得天地秋氣，世推爲鄭重九（見集末附名流詩話及蒼虬〈丁巳九日煙嘏洞登高之四〉自注）。古今無此等也。然其重九詩，實多與夜起意識有關，如「霜菊名賢獨堪倚，未妨同戀夕陽紅」（壬子）；「等閑難遣黃昏後，起望殘陽奈暮陰」（甲寅）；「悵望斜陽更不回」（己未）；「一丘一水思蕭瑟，儘戀斜陽晚不回」（丙寅）；「四十年來老賓客，荒祠猶愴夕陽明」（乙丑）；「夕照當樓朔氣高」（己巳。以下仕僞滿後作）；「晚向空桐惜鬢霜」（壬申）「雪後重陽夕照明」（癸酉），老驥長途，徒嗟日暮，幾於每詩皆然，古今重九詩，亦無此說也。然衰遲一翁，戀此斜陽，終恐不免「半生重九人空許」、「枉被人稱鄭重九，更無豪語厭悲辛」（壬戌）。

（二三）海藏聽雨詩

海藏酷喜白石「人生難得秋前雨，乞我虛堂自在眠」之語。〈同季直夜坐吳氏草堂〉：「一聽秋前雨，知君病漸蘇，欲論十年事，庭樹已模糊」即略用其意。石遺謂詩家自韋蘇州蘇東坡以來，聽雨漸爲一特別意境，而虛堂坐雨又爲海藏集中之特別意境，殆指此等詩而言。此陳蒼虬所以有「幾回聽雨疏簾坐，消得人間一味涼」（〈壽太夷六十〉）之說也。集中如〈官學雨中與陳笙陔夜坐〉：「宣南五月翻階雨，二客虛堂坐渺然。聊喜素心共今夕，忽驚浪迹近中年」；〈庚寅八月廿八日夜坐〉：「宵涼百念集孤燈，暗雨鳴廊睡未能。生計坐憐秋一葉，歸程冥想浪千層」，

〈五月連雨答子朋〉：「雨晦風昏斷來往，窗外孤鳴映書幌。寂寂欒城話對床，平生聽雨愛虛堂」；〈庚子八月十一夜雨〉：「幽人獨臥意殊適，江聲入夢含蒼茫」；〈盟鷗榭夜雨獨坐〉：「風江已自豪，妙雜秋雨響。泬寥不可名，閉目識一往」「忍寒吹燈坐，得意風濤間」，皆得聽雨之神味者。至晚歲猶云：「對床聽雨眞佳境，愛說東坡與穎濱。老我廿年耽夜色，雨中偏覺一燈親」(〈甲戌端午後一日雨中〉)：「剩與欒城期對榻，看山聽雨盡華顚」(〈乙亥除夕〉)，可謂樂此不疲矣。

(二四) 海藏論書法

辛亥革命後，李梅庵即著道士服（見海藏〈周少樸留飲〉自注），居上海鬻字，歲入三、四萬金。於是諸遺老接踵而至，曾農髯、沈子培、鄭海藏諸人爲尤著名。農髯書宗黑女而微變體勢，清道人則出入魏碑。二人俱有大名，然陳定山先生論近世書，獨推海藏與寐叟爲近代書家雙璧(見《藝林新志》)。海藏書，得之家學，根柢甚深，詩中論書之作亦夥，謂作家須駿逸與端直並重，姿態與骨力兼具，眞氣自行，勿隨人作計，勿因於世俗好惡。又頗喜仿蝯叟，〈徐思齋屬題李北海墨蹟〉〈作書久不進憤然賦此〉〈丁叔雅示蝯叟書册二首〉可證。至於避滑就澀，云「胸無古人住自爲，書家變法法益奇」(〈弢庵屬題董玄宰書蹟〉)，則與其詩論絕相似。集中〈題石齋小楷孝經〉〈題常醜奴墓志〉論小楷甚精，〈縮本泰山金剛經跋〉又云：「相傳書法，大字蹙令小，小字拓令大。包愼伯非之，以爲大字小字法各不同。吾意二說皆拘於墟而未通其旨也。字之疏密肥瘦，隨其意態以成其妙，執死法者必損其天機。大小雖殊，理固無異矣。」至於〈爲李拔可題薑石齋與喬柘田書札〉等，則述書學源流者。又，集中論畫題畫之作不少，類多精語，集中如卷十三所云〈辛亥去國圖〉似即海藏自繪者，蓋彼亦擅長此道也，惜未見畫本流傳耳。

（二五）海藏磨墨詩

《海藏集》中有〈磨墨〉詩二首，亦古人所罕道者，頗爲王壯爲先生愛賞。詩曰：「半池秋露起玄雲，宜與幽人伴夜分。湛碧凝香餘作暈，鎔脂轉玉靜無紋。神遊物表心誰契？手挹天漿意已醺。磨墨磨人更休問，憑將醇酎入深文」、「盥漱衣冠只四更，慣將磨墨遣閑情，不辭漆黑休燈坐，磨出窗間一日明」。此與其寫月夜「夜色不可畫，畫之以殘月」云云，皆以落想出奇勝。

（二六）海藏行迹之可議處

海藏以遺老自居，〈題張力臣符山堂圖卷〉一長序中，明白揭示此義。然遺老抱幽懷貞，海藏則頗不甘於遯隱。名心未除，借遺老忠義，爲斡旋之地；負氣行強，欲魯陽揮戈，回三舍之日。所謂：「老夫未合稱遺老，待撥江山返少康」（〈題項墨木朱畫山水〉）、「遺民滿卷足留傳，莫道湖山終寂寞」（〈題煙蝦訪梅圖〉），即指此也。入東北，主持僞滿，則云：「父老持我來京」「詩人一世豪」，自比爲諸葛治蜀，將回絕漠以爲神京。然僞滿實乃日人傀儡，故又不免有

「子房雖助漢，其志專報韓」而「滅秦復破楚，韓後終難安」之戚，知「負氣非萬全」矣。此老臨終，未必不自悔也。

三、陳　衍

(一) 石遺與李詳

吳文祺《近百年文藝思潮》一書，嘗引李詳之說，譏訕袁爽秋。夫以爽秋爲江西魔派，說始張之洞，若李詳之說則不足憑據，何則？李詳審言，爲近代選學大學，本心折石遺，而石遺撰《詩話》，僅謂其非近日詩人妙手空空者比。審言意不足，以爲石遺未爲眞解，更寄一詩曰：「偶聞北海知劉備，惜未任華遇少陵。儇薄自迷三里霧，煩歊誰辦一柈冰？遊吳物論惟輕宋，朝魯宗盟竟長滕。心折長蘆吾已久，別材非學最難憑」，石遺見之，仍以前語爲訐。審言大怒，寄書謂：「兩家子弟，各處一方。公託閩海，弟家淮壖，天公不捉在一處囚，泥鰌專制，蘖狐作祥，各傳其學而已」，竟以閩贛派所謂同光體者爲儺。有〈致陳含光書〉云：「北人不拾江西唾，惟下走與君耳。所最恨者，間架結構，爲一定模型，如印印泥，絲毫不異；胠篋囊探，終傷事主。既效傴師之技，復爭夜郎之大，詳竊羞之」，餘恨似猶未消也。此意又見詳所著《拭觚》一書。

(二) 論詩賈怨

石遺以論詩賈怨，爲例實繁，初不僅一李審言而已。相交如鄭海藏，亦以此而爲水火，其他可以概見。石遺卒，海藏有詩曰：「狂且之狂獨幾時？歷詆名敎始自欺。闇然媚世靡不爲，使我不敢與言詩。石遺已矣何所遺？平生好我私以悲。少善老睽將誰與？聽水而在其知之」；「平生善說詩，揚抑窮一世。所言或甚雋，所作苦不逮。乃知詩有骨，惟俗爲難避。牧齋才非弱，無解骨之穢」，又曰：「石遺與師鄭，媚俗徒取鬧」。詆石遺甚醜。然石遺之媚俗，不過撰一《詩話》而已。書中遍載戚友門人詩，且又暗幟閩派、打擊湘綺，誠有不盡光明磊落者，要於大節無虧；而不樂仕宦，早歸林泉，亦非海藏一意求官之比。海藏肆口詆之，何也？或者海藏以遺老自命，石遺則以爲：「一人有一人自立之地位，老則老耳，何遺之有？」（卷廿九）「故見自封，不知公天下之理，拘於《白虎通》三綱之舊說，而不知其非聖人之言。年三十尚未適人。値前清革命，遂自命爲亡國遺民，必欲得一舊官僚而不事民國者而後嫁之，亦大可憫矣」（卷廿八論玉環戴）。氣味不投，其來有自，不止論詩成隙而已。

(三) 石遺不喜江西派

胡先驌〈論詩絕句〉言陳衍：「元和元祐世難企，偎薄空疏世所詬。繼起隨園輯詩話，同光終見勝乾嘉」。同光體名號之立及同光詩風之盛，《石遺室詩話》允居首功，然石遺實未必以元祐為祈嚮。世謂同光為學宋朝江西一派詩，而石遺實不喜江西，自謂：「雙井后山，尤所不喜。日本鈴木虎雄博士特撰詩說一卷，專論余詩，以為主張江西派，實大不然。余七古向尟轉韻，七律向不作拗體，皆大異山谷者。」故知《石遺室詩話》標舉閩贛，立幟同光者，拉陳散原、鄭海藏、沈子培以傾軋王湘綺，復抑陳揚鄭以導揚其閩派詩也。余師張眉叔《遂園書評彙稿》於此論之最審。若石遺本領，固在香山劍南耳。〈論詩一首送覲俞同年歸里〉：「我從學詩來，亦復思之爛，樂天善閑逸，柳子工嗟嘆，孟郊驚且雄，次山碎何惋！奇兵雙井出，短劍渭南鍛。老樹曲而直，頹雲連復斷」，首樂天而結以放翁，其餘但為陪襯語，故《詩話》卷廿四云香山詩時有新趣，卷十四又云：「宛陵用筆用意，多本香山。異在白以五言、梅變化以七言。東坡意曲筆達，多類宛陵，異在音節；梅以促數，蘇以諧暢」，蓋以香山統中晚唐北宋諸家也。

（四）石遺室詩話

《石遺室詩話》民元年秋，應梁啓超之邀，為《庸言》雜誌所撰。襞積舊說，博依見聞，月成一卷，卷約萬言。至三年春，僅成十三卷，而《庸言》已停刊。四年六月，李拔可為《東方》雜誌編文苑，再請續之，遂補寫十八卷。前後併為三十二卷，交商務印書館於民十八年印行。錢基博《現代中國文學史》云《詩話》有前編二十卷，續編六卷，不知何據。然商務十八年刊本，譌誤頗多，另有失體破字，亦未校出。圈點不知是否爲石遺親筆，誤處亦常見。曩曾點斠一過，並爲標示條目，惜未能付梓也。

(五) 論石遺室詩話

昔人詩話，多集以資閑談而已，類傷散亂。淸人爲之，乃或兼史纂與史考之意，整輯排比，參互搜討，與叢殘瑣語異趣。如張維屏《國朝詩人徵略》、施淑儀《淸代閨閣詩人徵略》、孫雄《道咸同光四朝詩史》及今人溥心畬所編《靈光集》，皆屬此類。《石遺室詩話》則寓史纂於談資之中，並別撰《近代詩抄》爲之副，體例最善。李漁叔《魚千里齋隨筆》謂其書：「旁推曲證，抉擇利病。始則徵引其端，詞若不足，繼乃交發並赴，辯口瀾翻，詩之神理興會，一一躍出。向來詩家纂輯詩話，或則務矜廣博，致蹈繁蕪；或者固守藩籬，得少而足。舉未有言近旨遠，博約相資若石遺者也」(卷六)。推崇可謂極至。然其書論秩雖頗有條理，畢竟重在工夫，於理論無多發明；且好載己詩，旁及親友僕人，未必不使人厭。卷廿五載日人石田羊子、河瀨如侗，卷廿七載河瀨長定及戶野周二郎詩，俱屬無謂。詩既不佳，人又與我詩壇無甚關係也。又有論不及詩，如卷十八論易培基學問、卷廿自記論詞諸語、卷廿四論朱九江文及石遺序〈燈昏鏡曉詞〉，卷廿七論文人行文多訾謬等，皆當芟削。而重出如卷七與卷廿三論虞伯生詩靑山一髮套用東坡〈澄邁驛通潮閣〉詩、施仲魯「盡變宮商歸變徵，誰將哀怨付詩人」者，亦應汰裁。蓋初寫《詩話》時，與散原海藏等遊，相爭相發，語多精刻；其後返福州，所與聞見者日陋日隘，遂不能如前半部之超妙也。至於好錄他人譽己之作，尤爲惡套，斯又賢者好名之過矣。

（六）石遺論詩宗旨

石遺論詩宗旨，一曰揭名同光，標舉三元。二曰不隔。石遺本意，初未必心許元祐，然於戊戌己亥之間，居武昌，與沈子培遊處，遽創三元之說。謂元祐元和與盛唐開元，同具外國探險家探新世界開埠頭本領，而當時作詩不專宗唐者，可名爲同光體云。此事石遺頗自豪，《詩話》中屢欲叨功；其子聲暨所撰《石遺年譜》亦云沈子培「論詩宗旨多本家君說」。王蘧常編《沈寐叟年譜》則以此爲寐叟所創，且以禪家三關喻此三元。今據沈氏〈遺懷〉詩所稱：「鄭侯渡江來，高論天尺五。畫地說三關，撰杖策九府」，知三元三關非石遺或寐叟所獨創，乃與海藏一時言論所定耳。二家弟子苦爭發明權，甚無謂也。況其說但爲一時口談，非千秋定論，爲標榜之資則可，因以論詩，頗傷固陋。何則？三元非一事也，元和與元祐一族，與開元天寶氣味懸隔，難以比類。沈子培後易開元爲元嘉，尤爲僻謬，然亦知儕開元於元和元祐隊中之無當也。故石遺此說，於詩風或有推波助瀾之功，要非辨析精微之論。至於不隔，乃海寧王國維《人間詞話》之說，而石遺之論似之。〈海藏樓詩集序〉曰：「若雪滿山中，月明林下，函關月落，華嶽雲開，皆所謂干卿何事者。抑人人適秦皆有一聯。華岳三峰，潼關四扇將若何？放翁云：『老夫合是征西將，胸次先收一華山』，則眞能負之而走矣」。此指高青邱「函關月落聽雞度，華岳雲開立馬看」、王漁洋「高秋華嶽三峰出，曉日潼關四扇開」，二詩幷出昌黎「荆山已去華山來，日照潼關四扇開」，而學古板滯，傷於苦湊，猶白石詞「廿四橋仍在，波心蕩，冷月無聲」，雖格韻高絕，而終如霧裏看花，時隔一層。不如放翁「老夫合是征西將」語語都在目前。蓋二詩徒工景致，與己無干也。依石遺說，此即「作詩文須有眞實懷抱，眞實道理」之意。昔方東樹《昭昧詹言》卷一嘗引朱子論文語曰：「文章要有本領，此存乎識與道理，有源頭則自然眞實」，石遺之說略與之似。

四、陳三立

(一) 散原父子以維新廢

清末四公子，陳三立伯嚴爲湖南巡撫陳寶箴子、譚嗣同壯飛爲湖北巡撫譚繼洵子、丁惠康叔雅爲福建巡撫丁日昌子、吳保初彥復爲提督吳長慶子。四人交誼既近，又同具維新思想，平生出處，互爲影響，難爲軒輊；然以文采言，散原宜居魁首。散原少爲郭嵩燾所知賞，《散原精舍集》中〈留別墅遺懷詩〉云：「綺歲遊湖湘，郭公牖我最。其學洞中外，孤憤屏一世」，即指此言。戊戌之間，散原以名父之子，佐寶箴推展新政於湖南，又與康有爲、梁啓超等交關中外，互通聲勢。故康、梁既敗，父子同被革職。及光緒廿六年拳亂起，而寶箴痛憤死，散原即移居金陵，肆力文學，不復過問政治。時兩江總督端方，欲上疏請復官，散原堅拒之，以爲時不可爲。獨將煩寃離愍，一放於詩。吳汝綸謂其文章：「是不欲立宗派，有意爲曾文正者」，此在散原則然；然世之論同光，又必以散原爲宗主，則非其所能計也。

(二) 散原乃維新人物

戊戌黨人如梁啓超任敎湖南，楊銳、劉光第亦皆陳寶箴所薦，故散原父子與新黨之關係，要不可掩。後散原爲其父撰行狀，曰：「府君獨知時變所當爲而已，不復較孰爲新舊，尤無所謂新黨舊黨之見」，蓋宛轉爲說耳。於今考之：海藏於光緒廿四年在上海創戒煙會，三十二年十一月一日，辦預備立憲公會。散原則於光緒廿一年在上海辦強學會、廿三年於長沙創南學會、三十三年於南昌創江西教育會。皆維新人物，特取途未必相同而已。

(三) 散原詩集

散原詩，早年所作曰《七竹居詩》，與右銘中丞奏稿、詩文集、日記等，皆由陳寅恪保存。然今不知所終。今傳散原詩，爲宣統元年刊《散原精舍詩》二卷，起自光緒廿七年辛丑。後陸續有刻本。民國五十二年商務印書館重刊，輯爲上下卷及續集上中下卷、別集不分卷，收詩起辛丑、終於民廿四年。余別見散原手鈔本一册，起民國八年己未，迄十五年丙寅。而早歲之詩，竟不得見，惜哉！世謂散原早學定盦，晚則焜去；或云在湖南時，漬潤於湘綺老人甚深，頗致力於三唐六朝。細考其詩，當非虛語，特不易檢點少作，一一指證耳。

（四）散原家世

散原先世有宦閩者，居上杭，至散原高祖騰遠始遷江西義寧。騰遠傳克繩、克繩傳偉琳，偉琳嗜姚江學，通醫理。生寶箴。寶箴爲舉人，治團練擊太平軍，歷參湘軍幕，爲曾文正所契，尤喜郭筠仙。寶箴生三立。三立子女甚多，衡恪最長，羅夫人所出，有子曰封可、封懷。隆恪行五、寅恪行六、方恪行七、登恪行八。皆俞夫人所出。女新午，適俞大維。又一適張宗義、一適薛琮錫。故與俞恪士家，爲兩代親戚。

（五）海藏序散原詩

散原詩，宣統刊本有鄭海藏序，今本刪去，序云：「伯嚴詩，余讀至數過，嘗有越世高談，自開戶牖之嘆。……大抵伯嚴所作，自辛丑以後，尤有不可一世之慨！源雖出於魯直，而莽蒼排奡之意態，卓然大家，非可列之江西社裏也。往有鉅公與余談詩，務以清切爲主；於當時詩派，每有『張茂先我所不解』之喻。其說甚正。然余竊疑詩之爲道，殆有未能以清切限之者。世事萬變，紛擾於外；心緒百態，騰沸於內。宮商不調而不能已於聲，吐屬不巧而不能已於辭。若是者，吾知其有乖於淸也。思之來也無端，則斷如復斷，亂如復亂者，惡能使之盡合？與之發也無定，則倏忽無見，惝怳無聞者，惡能責以有說？若是者，吾固知其不期於切也。並世而有此作，吾安得謂非眞詩也哉！」鉅公指張之洞。之洞言詩，以清切爲主，不分唐宋，要以敷暢爲宗；散原則悲憫塵寰，非大人先生之詞，宜爲之洞所勿喜。

(六) 散原與湘綺

海藏云散原源出於山谷，是也。然散原早歲在湖湘甚久，與王湘綺遊，選體工夫極深。後雖返南昌，入金陵，而二人蹤跡實未斷絕。集中如〈與湘綺同訪西山〉，〈湘綺誤入葛仙潭〉〈樊園宴集〉(樊園為樊山新遷宅，湘綺老人於酒坐中以樊園名之，其實本名絜園也)〈人日樊園探梅〉〈夏午彝編修將去南昌，入秦淮，舟江岸，乃與王湘綺丈同訪西山，中道分失。午彝獨攬愛姬宿崝廬，賦詩留餉。時距余至三日也。詩句高妙欣和之〉〈尙賢堂歡迎湘綺丈雅集即事〉〈送別湘綺丈還山題〉〈瓶齋所藏湘綺翁論詩冊子〉〈湘綺丈蒞滬，越旦爲東坡生日，親舊遂迎集愚園，談讌，紀以此詩〉等作，俱可見其關聯。〈東坡生日乙盦招集樊園〉且以湘綺擬東坡，曰：「相望千載兩尊宿，天才冠代將毋同！」〈題瓶齋所藏湘綺翁書便面冊子幷首列樓中畫像〉又云：「湘綺樓才片席寬，霜髯影竹氣高寒。隨風咳唾皆珠玉，拾取今餘跛腳看」，俱可見推尊之忱。蓋散原於光緒間，嘗與易順鼎、曾廣鈞、程頌萬等人結湘社於長沙，以六朝晚唐爲宗，所作風調頗近於湘綺樓。其後始肆力於韓愈、黃庭堅。故以方東樹所謂：「以三百篇離騷漢魏爲本，以杜韓爲面目，以謝鮑黃爲作用」衡之，散原詩乃以漢魏爲本，以杜韓鮑黃爲面目作用者。陳寶琛題其詩卷曰：「生世相憐騷雅近，賦才獨得杜韓遺」，殆指此言。然亦避湘綺之鋒乃爾。

（七）散原之學山谷

散原之學山谷，與世俗大異。其〈爲濮青觀察丈題山谷老人尺牘卷子〉詩曰：「我誦涪翁詩，奧瑩出嫵媚，冥搜貫萬象，往往天機備。世儒苦澀硬，了未省初意」，所見甚諦，得未曾有。清初惟王漁洋酷嗜山谷，略會此旨，其次則僅曾文正知之耳。文正〈讀李義山詩集〉曰：「渺緜出聲響，奧緩生光瑩，太息涪翁去，無人知此情」，與散原之說爲尤契。散原而後，如陳仁先蒼虬云：「拳術分內外家，詩亦有之。義山、山谷皆內家也。義山柔而實剛，山谷剛而實柔」「善學杜者爲義山、山谷。義山形神俱似，山谷外遠內近。義山得其緜密，而意或過於纖巧，有傷格處。山谷得其聳健，而體或過於生硬。其所傷等也。兩家蹊徑似甚遠，當求其合，則可以梯以攀杜，而西崑、西江兩家末流之失，均可免矣」。遠紹宋朱弁《風月堂詩話》之說，而與散原近似，豈同光體者皆以此爲共識歟？

（八）散原之嫵媚

讀散原詩，亦如讀《山谷集》，所謂我見魏徵多嫵媚也。集中精艷語，如：「簷溜初分鍾阜雨，酒顏猶接女牆花」；「待握春風付洞簫」（〈題何蝯叟殘書二紙〉）；「薄帶煙痕圍作暈，分黏春夢自生寒」（〈和酬宗武小院春牡丹〉）；「來對吾翁手植花，吟窗留眼吐天葩」（〈階前植二牡丹，其發雙蕾，侵宵風雨晨起反怒放一花〉）；「魂夢疊爲溪漲涴，鬢眉低映酒波明」（〈夜集初堂〉）……之類，生澀奧衍之中，偏饒嫵媚，蓋與其六朝及崑體工夫有關。如〈次韻李審言維揚見寄〉詩曰：「恨別傷春覺已多，酒痕三歲換蹉跎。庾郎食籍珍鮭菜，江令毫端艷綺羅。緜渺諸儒嗟散落，珠簾十里想經過。峨峨淮海無雙士，莫托瓊花照逝波」，風神蘊藉，遠奪義山魂魄，造詣豈在陳蒼虬、汪袞甫之下耶？又〈觀宋刻任天社山谷內集〉詩曰：「翁詩久遠愈論定，立儒頑廉果誰力？世人愛憎說西江，類區門戶迷黑白。咀含玉谿蛻杜甫，可憐孤吟吐向壁」，於其詩學途轍，言之固甚審矣。

（九）散原與曾國藩

吳摯父謂散原有意學曾文正，於詩學途徑言，二者誠甚相似。徐世昌《晚晴簃詩滙》言：「文正承袁蔣趙之餘波，力矯性靈空滑之病，務爲雄峻排奡，獨宗江西」，其爲同光體之先聲，世多知之。然散原及同光諸子之學曾文正，亦時代爲之也。清自同治以後，國家多故，內患外侮，駢接踵至。詩人憂生憂世，慮亂傷時，日薄崦嵫之感，自然雜於筆端；而救世經濟，又須有眞實學問，行乎其中。若神韻、格調、性靈也者，豈此時所宜講哉？文正提倡杜韓與山谷，曰：「大雅淪正聲，箏琶實繁響。杜韓去千年，搖落吾安放？涪翁善可人，風騷通肸蠁。造意追無垠，琢辭辨崛強。伸文揉作縮，直氣摧爲枉。自僕宗涪翁，時流頗忻嚮」（〈題彭旭初詩集後〉）云云，於當時既切時代之需，自然風靡一世。

（一〇）散原與張之洞

晚淸名臣鉅公之能詩者，前推文正，後屬南皮。南皮詩思緻細密，言不苟出，用字必質實，造語必渾重，最厭纖巧弔詭之作。名重一時。海藏〈題孫師鄭詩史閣圖卷〉自注：「易實甫言近人官愈大詩愈好，南皮常熟是也」，可見一斑。然南皮平生宗旨既務淸切，刊落纖穠，取之平正坦直，則不喜黃山谷，自屬理所必至。其〈咏摩圍閣詩〉曰：「黃詩多槎枒，吐語無平直，三反信難曉，讀之鯁胸臆。如佩玉瓊琚，舍車從棘荆。又如佳茶荈，可啜不可食。子瞻與齊名，坦蕩殊雕飾」，最可見其主張。此所以不能愛散原詩也。然南皮督鄂時，曾聘散原校閱經心兩湖書院卷，先施往拜，備極禮敬。散原則雖以廣雅詩有紗帽氣，而亦謂其厚重寬博，在近代諸老之上。〈抱冰宮保七十賜壽詩〉且云之洞擷百家之精英，綜漢宋之微茫，「偶然吐雄句，甫愈汗且瞠」，推崇亦甚至也。

（一一）石遺論散原

《石遺室詩話》謂晚清詩兩派，一派清蒼幽峭，自古詩十九首、蘇、李、陶、謝、王、孟、韋、柳以下逮賈島、姚合、陳師道、陳與義、陳傅良、四靈、嚴羽、范椁、揭傒斯、鍾惺、譚元春，如陳沆、魏源、鄭孝胥等屬之。一派生澀奧衍，自急就章、鼓吹詞、鐃歌十八首、韓愈、孟郊、樊宗師、盧仝、李賀以下逮黃庭堅、薛季宣、謝翺、楊維楨、倪元璐、黃道周。如鄭珍、莫友芝、沈曾植、陳三立屬之（卷三）。夫以散原海藏分領二軍是也，言散原詩之淵源則頗疏。散原自云：「詩不必宗江西，靖節、臨川、廬陵、誠齋、白石皆可學，不必專下涪翁拜也」。又〈題豫章四賢像搨本〉舉淵明、廬陵、山谷與白石爲說，是陶靖節、王臨川不必與散原異路矣。且石遺云散原晚年造詣直逼薛浪語，尤屬失言。其弟子曾克耑《頌橘廬叢稿》外篇第十七，直以師言爲非，足見時論之不孚也。竊謂石遺論詩，近鄭不近陳，論散原多不中竅，此其一端耳。

（一二）晚清樊樹定盦兩派

石遺又云晚清有樊樹、定盦兩派。樊樹之派，喜用冷僻故實，而出筆不廣，如袁昶屬於此。定盦之派，麗而不質，諧而不流，如黃遵憲、樊增祥、易順鼎等屬之。此亦誤說。袁爽秋《漸西邨舍集》，與陳散原同遭南皮譏爲江西魔派，似不盡屬厲太鴻故步，唯喜用冷僻典故相似耳。至於定盦之派，沾溉豈僅在樊易諸君乎？吳宓雨僧《餘生隨筆》云：「自光緒中葉以來，定盦詩遽大著於世。兒時當庚子以前，所過親友家，人稍稱新黨者，案頭莫不有定盦集」，後南社言革命者無不祖述定盦，即散原亦有所取之，石遺之說隘矣。

（一三）散原詩之特質

散原詩，海藏以春秋擬之，其後古直云：「撰杖爭驚來綺夏，成詩頗復寓陽秋」（〈盧山謁散原翁〉）；吳天聲云：「公詩成史垂萬禩，春秋筆削無偏頗」（〈家君脫險呈散原老人之詩〉），皆有此意。蓋其痌瘝在抱，沈摯憂天之情，爲世所共知也。余讀散原集，如「江南歸晚鰣魚盡，酸淚令澆野莧腸」（〈金陵園蔬獨莧苗脆美每飯必設〉）；「淮水釀酒不洗淚，空扶酩酊照面歸」（〈九日遊雨花臺歸酌淮榭〉），類皆由一己之悲歡，透出爲大千世界之沈哀。海藏不能比擬，較相似者唯陳蒼虬耳。

（一四）散原與陳蒼虬

石維巖上石遺老人詩曰：「蒼虬起後勁，陳鄭觀徬徨」自注：「散原嘗云：此世有仁先，使余與太夷詩皆不免爲傖父」，按此語在散原作〈蒼虬閣詩序〉中。蒼虬於民國以後，避居西湖，與散原、清道人及俞恪士觚庵等詩酒唱和，談鬼說夢，尤屢著於篇章。俞恪士〈中秋日約同人飯於法相寺和仁先〉所謂：「湖居不見中秋月，偏向僧樓坐雨深。避世漸諳蔬筍味，入山終負水雲心。人生適意每不足，眼底有詩何處尋。還我一庵聽說鬼，澗松巖桂各蕭森」。散原序〈觚庵集》，於此亦無限追緬。然蒼虬實哀感至深，故陳寶琛題其集，嘗有「九京遺恨君能說，等閑花木有遺哀」之語。大抵蒼虬天分高，記聞博，盛負清望，皆與散原相似，而與溥儀同赴東北，棖觸尤多，梁節庵亦云其詩：「病床展君詩，散此千載憂，呼號天地窄，淚與江海浮。細看有何物？心血成一邱。……將詩養我意，冷淚沈雙眸」。其集中與散原有關之作不少，〈焦山紀遊雜詩〉亦有因同人戲仿散原體聯句而作者。

（一五）散原之出處

晚清諸詩翁入民國後，出處之際，頗為參差，評價亦不一致。如葉昌熾《緣督廬日記》甲寅五月六日：「聞樊山已應聘，舊人新官，從此一錢不值矣」。甲寅十二月一日：「樊山毅然入都供職，兼參議、顧問兩官，又兼清史館。其歸來尼之，絕裾而行。寐叟塡〈鷓鴣天〉一闋嘲之」（案：沈寐叟此詞僅成首句云：從此蕭郎是路人），大不以樊山出仕為然。又如李梅庵書函喜用「頓首、死罪」等式，海藏則題其〈致程雪樓書稿後〉後曰：「乞命賊庭等兒戲，頓首死罪尤費辭」，以程氏於民國後曾任江蘇都督故也，蓋有譏於梅庵。程乃再書一絕於鄭詩後云：「中丞印已付泥沙（湖南巡撫余誠格棄印潛逃），布政逍遙海上槎（鄭孝胥為湖南布政使司布政使），多少逋臣稱逸老，孤忠只許玉梅庵」，於海藏不啻反聲之詬（梅庵弟子張大千頗好言此事）。蓋時局翻覆，是非本難言也。散原之為遺老否，世亦多異辭。如胡先驌與吳宗慈書曰：「先生於鼎革後，即剪髮。雖疾視袁項城與諸軍閥，而絕不以遺老自居」，吳靄宗慈則稱散原親告以「民國以來，凡所爲文，未嘗用民國正朔」（李日剛乃云散原奉民國正朔，似不確），又曰：「居廬山數載，有蔡孑民、李任潮、戴季陶等來訪。清庚子後，老人未嘗無用世之心，然不得其位與其時，亦終韜晦不出，在今日似難用理想而演繹其事實也。第以老人愛國，出於衷誠，亦何間於爲遺老乎？」及散原逝世，李中襄（立侯）等人，籲請中央明令褒揚，散原子寅恪託吳靄爲撰事略，吳氏復申言散原「出處大節，乃自守爲子爲臣之本份。故在清末季，韜晦不出，與辛亥革命後之作遺民，其志趣節操，乃一貫而行者。故忠於清，不必如鄭孝胥；贊成民國，更不必如譚延闓。蓋胸襟磊落，自有獨來獨往之精神寓於其間」（〈與寅恪書〉），說甚允當。

（一六）散原與海藏

海藏自視奇高，於當世能詩諸君子，多舉其瑕疵，而獨推服散原。〈答散原同登海藏樓詩〉：「恐是人間乾淨土，偶留二老對斜陽」，極占二人身份。又〈春陰簡李審言〉：「論詩君勿謬見推，此事散原眞傑作」，以李詳所撰〈韓詩精萃序〉有「十數年來與鄭君蘇戡相習，鄭云：由宋以來，詩人縱不能學杜，未嘗不於韓公門庭周歷一番者。余撫掌以爲名言。嗟呼！伊摯言鼎、輪扁語斤，余得蘇戡此論，深幸吾道之不孤」等語，故有此答。其推重散原，可謂至矣。未刊詩〈懷陳伯嚴〉曰：「一世詩名散原老，相哀終古更無緣」，尤可見其情。〈海藏樓雜詩〉之十三云：「義寧賢父子，豪傑心所歸。伯嚴不急仕，峻節如其詩。栖遲對蔣山，睥睨鬱深悲。天將縱其才，授子肆與奇。神骨重更寒，絕非人力爲。安能抹青紅，搔首而弄姿？昨者哦五言，緘封肯見遺，發之惟鶴聲，一一飛上天。高談闢戶牖，要道秘樞機。願聞用世說，胡爲蘄相規？噫嘻戊戌人，撫心未忘哀，大名雖震世，豈如我獨知！」細翫詩意，或海藏曾與散原言及「復淸」計劃，散原頗有規箴也。二人之相哀終古者亦以此。然邵祖平《無盡藏齋詩話》嘗載海藏壽散原七十生日詩二首，曰：「名節雖苦有至味，世人區區各殊嗜。散原自是千載人，不朽何曾待文字」；「卷裏秋聲滿世間，幾年華髮對鍾山，試將新句參消息，似覺承平氣象還」。則海藏雖以散原不能同心爲憾，於其峻節與澹泊，終無閒言。及七七事變起，日寇佔我北平，以散原名高，欲強使出任僞職。散原堅拒，遂遭軟禁。汪東挽散原詩，序云：「廿六年秋，倭陷北平，欲招致先生，遊說百端皆不許。詗者日伺其門。先生怒呼傭媪操箒帚逐之。因發憤不食，不日死」。詩曰：「凛凛嚴霜節，彌天戢一棺。胡茄飄極塞，木葉下重關。天地詩名隘，春秋大義完。海藏眞朽骨，那作等倫看」。自注：「鄭孝胥詩故與先生齊名。先生殉國後未幾，孝胥亦死長春」。不知海藏於聞先生訃時，於此作何感想！

（一七）散原論海藏

散原集中，如〈讀海藏樓詩卷感題寄題〉〈太夷海藏樓〉〈過海日樓夜話〉〈效海藏乙庵唱和鬼趣詩〉〈過太夷還途登愚園雲起樓看雨〉〈海藏樓看雪酌餅釀〉〈戲和蘇堪六十感憤〉〈次韻答伯夔送太夷北行〉〈蒼虬爲太夷作夜起圖〉等十數首，皆對海藏備致推重，然亦有規鍼惜憫之意。吳宗慈與胡步曾書謂：「鄭孝胥之所爲，老人談及，輒爲深嘆。謂鄭所爲非忠於清，直以清裔爲傀儡，而自圖功利」。今按：早年散原寄題太夷，已有「割烹誠細事，眞發明王夢……宵吟蕩不還，微爲魍魅重」諸語。晚題蒼虬爲太夷所作〈夜起圖詩〉，亦傷其「躑躅澆根殉老謀」。胡說誠然。至於俞大綱《寥音閣詩話》述散原評海藏詩曰：「渾身是打」，「打」係湖南土語，謂如演拳術者，勁道發足也。此則以海藏擅技擊，能踰牆超屋故云。

（一八）散原與吳保初

散原歿後，宋慈裒撰國史擬傳，刊《圖書館館刊》創刊號。世多不愜其文，以爲疏略；文末附吳保初傳，尤多爭議。按保初字彥復，一字君遂，號北山，安徽廬江人。官刑部主事，有《北山樓集》，與陳石遺同出寶廷門下。前後與剛毅、端方相齟齬，憔悴死。石遺謂其喜納姬，喜作詩，尤喜爲長慶體，皆與寶廷相似。然保初品節極高，詩亦悲壯，汪辟疆言其遺辭命意，時近臨川，迴腸蕩氣之作，亦不減海藏樓。《晚晴簃詩話》卷一七九則云其詩以自然爲宗。及其逝，散原有詩悼曰：「爲郎一疏壯當年，遽絕朝班溷市廛。意氣空能問屠狗，吟篇自許問幽蟬。已迷王謝爭墩處（前三歲與君同遊半山亭），應喻唐虞易簣前。天壤奇癡寄孤憤，終留佳話到彭嫣」。

又〈雪後與蒼虬兄弟四人，李梅庵兄弟三人飲東明酒樓，念及彥復，感痛甚至〉云：「隔世黃壚徒輩盡，莫憐今夕白人頭」，極見愴痛。雖然，吳天任《牧課山房隨筆》有言：「保初與散原，才具襟抱各不相侔，而保初卒於民國二年，入民國期間甚短，附與同傳，微嫌不類」。二君詩風勿同，行事亦多不相及，附於散原傳末，非也。

（一九）散原崝廬詩

戊戌變起，陳寶箴父子被議革職，三立侍父南歸，築室西山之下。越一年，三立移居江寧，寶箴仍留西山，因憤庚子拳亂，以微疾逝，三立感痛非常，故黃公度〈寄題陳氏崝廬〉詩云：「生當大亂時，忠賢或祈死。人至以死祈，世事可知矣」。西山，《水經注》作散原山，故三立取以自號，以示家國之隱痛，並寓樗散之意，作〈崝廬記〉曰：「崝廬者，遂永永爲不肖子煩冤茹苦，呼天泣血之所在」。文意與〈甲辰感春詩〉相發，念父母之喪，而復慮及「九州四萬萬之人民，皆危蹙莫畢其命，乃益大慟」。故崝廬者，於散原詩中，亦猶海藏集中之重九，皆有特殊感興，非他人所能措手。然論其廣大，則海藏又非其比也。散原謂西山爲「蒼蒼雲霧縈夢處，了了山川生死哀」（〈登樓望西山〉），家國之感，死生契闊，一切理想與情懷，俱集於此，豈尋常展墓之作所能及耶？張先生眉叔批曾剛父《蟄庵詩存．鯉魚溝謁墓詩》云：「散原崝廬之作，煩冤沈痛，搶地呼天無可告語。眞血、眞淚、眞詩。蟄庵遭逢時變，而摧抑邅迍，固未若散原父子之劇，謁墓諸作，憺固肫眞，對較陳作，則見其泛也」，嘗點出此義。蓋他人謁墓，不過言親子之痛，散原則有無可告訴之天人悲願行乎其間，所謂：「睥睨空自奇憂樂，都換滄桑到酒杯」，他人那得有此？其詩如〈崝廬樓望〉：「我自樓頭悲往事，十年聽盡鳥呼風」，〈崝廬宿〉：「遭世迷歸計，銜杯贖此身」，由〈崝廬寄陳芰潭〉：「國憂家難正迷茫，氣絕聲嘶誰救療？嶺坳水涯明月夜，共君肝膽一來照」。〈崝廬書所見〉：「鹵莽極陵夷，種族且斁圮。天道劣者敗，中庭起拊髀。體國始經野，欲以竢君子」。〈別墓〉：「贏得九原念遊子，春風吹淚濕西山」等等，皆非尋常哀樂語。徐亮之《亮齋隨筆》曰：「曠古詩流，哭墓之作，無如三立者。其沈厚處，竊謂『萬古落心頭，呑聲不敢盡』十字，庶可擬之」，是能得其實也。

（二〇）范肯堂詩

嘗見范當世一柬，云：「一燈紅起寒流外，身世無端際混茫。不信星辰隨地轉，獨憐鴻雁入天荒。雄風作勢呑雲夢，清角流哀下岳陽。遠望低吟總無耐，中原落日卽滄桑。夜泊鴨欄磯。此恪士先生之近作。謇博試誦之何如？當世代上。」當世，字肯堂，原名鑄，其家十二代皆能詩，與福州曾氏同稱兩大詩世家。少時與張謇、朱銘盤稱通州三傑。自謂初聞《藝概》於劉融齋，後受詩及古文法於張廉卿，又與吳摯父遊，頗窺見李杜蘇黃之所爲詩（見詩集自序）。費行簡《近代名人錄》則謂其詩兀傲健舉，沈鬱悲涼，精能處且超過山谷。余則以爲肯堂詩與山谷無關，根秖乃在韓也。石遺云其荆天棘地，猶東野之詩囚，亦非知言。獨馬其昶、姚叔節等以其詩蘊孝友愷悌於其中，而起江海之交，太息悲傷，無所抒洩以一寓之於詩云云，略得其實。

（二一）散原與肯堂

散原與肯堂誼爲姻婭，且意氣相投，於肯堂詩尤爲推重。〈登樓望西山〉云昔日肯堂曾宿此樓，而「感時嘆逝出文字，搜幽攬怪誰匹儔」；又曾告門人李芋厂：「詩須學范肯堂。肯堂詩橫絕千古，爲清代第一」，肯堂〈甲午天津中秋望月〉之作，散原亦以爲「蘇黃以下無此奇矣」。惜其早卒，散原有詩哭之曰：「承傳追冥漠，墜緒獲再昌。歌詩反掩之，獨以大力扛。噫氣所盪摩，一世走且僵。玄造豁機牙，衆派探濫觴。手攬橐籥灰，繙此萬怪腸」，深致痛悼。又，散原觀肯堂〈甲午中秋望月〉，有作曰：「吾生恨晚數千歲，不與蘇黃數子遊，得有斯人力復古，公然高咏氣橫秋。深杯猶惜長談地，大月難窺澈骨憂。曠望心期對江水，爲君洒涕憶南樓」。第六句原作「日暮承平更百憂」，後改。「我生恨晚數千歲」，則陳槃庵先生以爲數乃動詞，云數之得千歲也。《後漢書・祭遵傳》：「大漢歷載數百」注：「漢興至此二百餘年，言數百者，謂以百數之」。晉僧叡〈出曜辦序〉經：「數四年中，上聞異要，奇雜盈耳」，並以數爲動詞（見《大陸雜誌》一卷二期・〈讀陳詩六則〉）。

（三二）散原之風節

散原爲弢庵門生，李漁叔《魚千里齋隨筆》云：「散原七十初度，時在廬山。螺江陳弢庵太傅年已八十餘矣。於舊京寄詩爲壽，有『爲問鄱陽湖上月，可能雙照兩龍鍾』之句。散原讀之，曰：吾師正念我。卽日北上，敬問起居。前輩重視師門，風誼之篤如此。散原，弢庵典試江西所得士也」（卷四）。按：散原少弢庵五歲，此弢庵賀其八十歲生日事也，李氏誤記；其詩乃「五十年來彭蠡月」，亦與李氏所引不同（見《滄趣樓集》卷十）。且曹纕蘅有詩題作〈散原老人北遊，聽水師貽書有：兩龍鍾相聚金臺月下，亦老年樂事之語。輒用其意，賦詩送行〉，則弢庵除寄詩外，當另有書函也。然此事凌霄漢閣主人徐彬彬別有解釋，以爲：「昔年北政府盛時，聞贛派詩團優遊於江亭後海，或沽上之中原酒樓。往來頻數，酬唱無虛。陳則駐景南天，熒熒匡廬鍾阜間，冥索狂探，自饒眞賞。及戊辰首會遷移，故都荒落，詩人泰半南去，此叟忽爾北來，省其師陳弢庵，得『殘年小聚』之歡。壬子間楊昀谷贈詩：『四海無家對影孤，餘生猶幸有江湖』，足爲詩人寫照。曩者春明勝流雲集，則蘇贛間有江湖；今日南中裙屐雨稠，則舊王城爲江湖。頗聞北徙之故，乃不勝要津風雅之追求。解圍之術，乃思依瓊島作桃源。此中委曲，殆非世俗所能喩，而其支離突兀，掉臂遊行，迥異常人，尤可欽焉」。兩說可以併存，皆有以見散原之性情也。

（二三）散原之用字

弢庵詩，往往一改再改，海藏則一成不改。至於散原，或謂其「手摘新奇生蔪之字，錄爲一冊，每成一篇，輒以所爲詞句，就冊中易置之，或數易乃已。故時至奧衍不可讀」（《魚千里齋隨筆卷》上）。此說蓋本劉禺生，《世載堂雜憶》曰：「凡著述大家，皆有平生用功夾帶，手抄秘本，匿不示人。……陳散老作詩，有換字秘本。新詩作成，必取秘本中相等相似之字，擇其合格最新穎者，評量而出之。故其詩多有他家所未發之言。余與（冒）鶴亭在廬山松門別墅久坐，散老他去，而秘本未檢。視之，則易字秘本也。如騎字下，縷列駕乘等字類。余等亟掩卷而出，懼其見也。」此得之親見，自堪取信。然駱鴻凱嘗舉義山獺祭爲譬，以爲治選學者，類多如是，「王若《選腴》、蘇易簡《雙字類要》之屬，大都文人薰香摘艷，矜爲枕秘，以備貧糧。斯事雖細，亦有裨於文用，未可以餖飣薄之也」（〈文選學序〉）。散原所爲，亦屬此等，但非謂其好處卽在於此。石遺論近世作詩之速，推散原實甫香宋等爲奇絕，足見散原初不必乞靈於獺祭。所以有此一本，不過藉以多一層推敲耳。

（二四）散原詩不以用字勝

石遺嘗云同光體中，散原奇字、乙庵僻典，蔚爲二家。然亦以爲散原佳處之可以泣鬼神、訴眞宰者，未嘗不在文從字順中。梁啓超《飲冰室詩話》則曰：「散原不用新異之語，而境界自與時流異。醲深俊微，吾謂於唐宋人集中，罕見倫比」。二說相反而實相成，夏敬觀〈題散原精舍集〉所謂：「義寧伯子眞詩霸，獨造深思數十年。字晙肝腸晴曣日，格高心力上摩天。譚陶鼎峙公爲最，范鄭分庭世亦傳。我取蠡杯斟海水，摩挲醉眼出燈前」。晴曣日則險奇矣，然能晙我肝腸，則其愜心妥貼爲何如？

（二五）散原與俞恪士

俞大綱曾出其家藏散原老人詩卷，謂可覘其遺辭用字改易之幾。大綱爲俞恪士姪。散原妻俞氏，卽大綱姑母。散原女新午，又適大綱兄俞大維先生，兩代姻婭，姻源自深。其中俞恪士與散原交誼尤厚。彼於民國七年十月卒後，散原嘗薈集遺詩，勸爲一集。惜播遷以來，卽俞家亦無此書，不知茫茫天壤間，仍有此書否？散原自辛丑以後，卽居南京，與恪士比鄰。十二年而妻死，感愴於懷，不欲留金陵，始遷至西湖。然與恪士猶常往來。且散原篤於風義，集中哭曾重伯、薛次申、范肯堂等，輒深感痛，而哭恪士三首，尤爲力作。其後恪士葬西湖吉慶山，散原復有詩悼之，曰：「我老亦無世可託，偕亡羨此一坏土。月夜魂出唱新詩，草根和以蟲聲苦」，生死契闊，固甚感人也。其序《觚庵集》一文，尤爲論散原晚年心境必讀之作。

（二六）散原之書法

羅癭公晚歲致情聲色以自汙，臨終遺筆，請散原爲題墓碑曰：「詩人羅癭公之墓」。散原〈題癭公病起詩遺幅〉自注曾記其事。此蓋以散原能知其心事，故鄭重託之，非爲其書法故。散原書法山谷，而略參以北碑，不假鈎勒，頗有古趣，然非大家，未可與海藏、乙庵比肩也。劉禺生《世載堂雜憶》曾載：「王壬秋最精《儀禮》之學，平生不談《儀禮》，人有以《儀禮》問者，王曰：未嘗學問也。黃季剛曰：王壬老善匿其所長，如拳棒教師，留下最後一手。章太炎與人講音韻訓詁，不甚軒昂；與人談政治，則眉飛色舞。陳散原與人談詩必曰：吾七十歲後已戒詩矣；求其寫字，雖午夜篝燈，必勤勤交卷。黃季剛曰：是能用其所短」。細細味之，當有會心。

（二七）散原之古文

散原古文辭，亦近世一大家，不在桐城、湘鄉兩派中。壯歲所作，多與郭嵩燾、羅正鈞等往復商榷。李亦元稱其造詣在陳壽、范曄之間，未爲過譽。然卒後遺文多在陳瀚愚處，瀚愚有戰後滙刊其全集之志，然其所保存者，得之於陳方恪，中有贗鼎，不盡可信（或為高伯夔作）。其後散原諸子依其手訂文稿編爲《散原文集》十七卷。又欲以其他未載之文另刊爲別集，終未果。

（二八）散原詩小箋

散原詩、隱辭譎寄，曩昔讀之，略有箋記，不妨錄後，聊爲喤引云。〈人日〉「倦觸屏風夢鄉國，逢迎千里鷓鴣聲」，鷓鴣刺小人得道。〈孟樂大令出示紀憤舊句和答二首〉二詩遙記庚子變亂事。〈喬茂蓤員外樹枏初戊戌初春到長沙，別五年矣，頃奉使出游武昌還過金陵，遂復入都賦贈二首〉。喬樹枏，字茂蓤，一字損庵，四川華陽人，同治十二年癸酉拔貢，官刑部三十餘年，折獄明允，遷學部左丞，爲張之洞所契賞。戊戌以江叔瀣應校經堂聘在長沙。曾與散原同遊嶽麓。喬氏孫大壯，名曾蘧，精金石文字之學。〈徐先生宗亮蕭先生穆偕過寓廬作〉徐宗亮字晦甫，號茮岑，桐城人，世襲雲騎尉。與張裕釗、吳汝綸善，爲文雄健有法度，有《思善齋文集》等。蕭穆，字敬孚，桐城人，諸生，師事錢儀吉、方宗誠，受古文法。醇厚博辯，有《敬孚類稿》十六卷及《續碑集傳》等。〈用門存韻寄和黎薇生郎中幷示譚組安。破戒綴此，後不復徇爲之矣〉黎薇生，黎文肅公培敬長子，甲午進士。譚延闓，組安，時年廿四，盛有文名，中鄉舉，侍文勤公（鍾麟）家居。〈題張季直荷鉏小照〉張謇，大魁後卽在南通原籍與辦實務，時往來金陵。散原友人，有勸因季直在南通置鹽田者，散原實苦乏貲，故有「爲留二頃田」語。〈壬寅長孫抵崝廬謁墓〉寶箴中丞逝於庚子六月。大孫謂衡恪，時留學日本。隆恪次年甲辰十月以公費赴日。〈癸卯歲元旦題示魏季詞〉魏繇，季詞，湖南邵陽人，魏源之孫。〈曾履初郎中由京師大學堂假還金陵〉曾履初，文正公孫（紀鴻子）。〈哭羅邠峴〉散原原配羅夫人兄，與散原自少交好，此年正月初七仍相與遊也。〈龍蟠里讌集次李薌垣藩使賦別韻〉李有棻，字薌垣，時任江寧藩司，劉忠誠坤一出缺，曾護總督印。此年夏因事去官。散原兩世綢繆恩舊也。〈滬上味蒓園晚坐，時爲七夕〉本年六月返金陵，七月赴上海。味蒓園，張園。在上海跑馬廳西靜安寺路。主人經營西藥肆，名集成藥房，在南京路。〈次韻答黃小魯觀察見贈三首〉小魯嗣東。湖北漢陽人，其女適散原從子覃恪。〈贈別吳炯齋學使去江西還朝二首〉吳子鑑、炯齋、錢塘人，其尊人慶坻，字子修，散原同年進士。〈九江舟夜寫書遣使詣永州問席氏女弟病狀惘惘有作〉散原妹婿席曜衡，字麓生，席保田少保仲子。〈朱鞠尊觀察出示東游閱操日記讀訖感題〉朱鞠尊，長沙朱禹田（昌琳）子，禹田與寶箴有舊。〈劉聚卿觀察屬題晉義熙銅鼓榻本〉劉世珩，聚卿，安徽貴池人，劉芝田瑞芬子。芝田，光緒十二年繼任英法欽差大臣，十七年撫粵，好金石收藏。〈遣興用伯弢除夕韻〉伯弢，陳銳字。〈次申伯弢招棹小舫尋青溪勝處還就仲魯飲水榭〉薛次申名華培。志鈞（仲魯）爲珍妃之兄。〈錫侯伯弢招集淮舫〉楊錫侯，字念規。時楊陳薛諸人均以道員需次金陵。〈瞻園讌集次抱冰宮保韻〉張之洞奉旨赴江南會商製造局移建新廠事宜，三月十七日抵江寧，留駐月餘，文讌雅集，一時稱盛。〈神雪館聽琴〉俞夫人有琴曰神雪。舊說神雪者，列仙琴名，夫人好琴，因取此名之，並名其館，著有《神雪館詩集》。〈夏午彝編修將去南昌入秦淮舟江岸乃與王湘綺丈同訪西山中道分失午彝獨攜愛姬宿崝廬〉夏之姬人，名姚無雙，後從齊白石學畫。〈由九江至武昌夜半覊郵亭待船不至〉散原是年曾應邀在兩湖書院主講文學，院爲張之洞光緒六十年督鄂時創設，其後又次第開辦實業學堂。陳衍、梁鼎芬、紀鉅維（香騘）分主其事。時易實甫亦宦遊湖北，曾講史學，于式枚亦在，一時人文甚盛。陳衍時任湖北實業學堂監督，彼係散原壬午舉人同年，今在鄂爲初晤。〈酬李文石觀察〉李葆恂，字文石，爲李鶴年子和撫部之子，時在鄂官候補道。〈戲柬小魯〉黃嗣東爲文襄門生，時亦在鄂辦航政，並主學堂監督。〈酒集琴臺作〉琴臺在漢陽，傳爲鍾子期、俞伯牙相遇處。〈贈紀香驄監督〉紀昀六世孫。〈贈曾履初觀察曾〉廣鎔、曾重伯之弟，時官荊宜施道。〈壺天遯叟八十生日〉易佩紳。易實甫順鼎、中甫順豫之尊人，號笏山，晚號壺天遯叟。少時與陳寶箴及羅亨奎（注四）在北京有三君子之目。此年遯叟居九江，易實甫有琴志樓，在牯嶺棲賢寺附近。〈哭季廉〉熊元鍔。〈贈順循〉羅順循，正鈞，曾居寶箴中丞幕府。嗣以知府宦河北，時任保定知府。癭公。吳彥復別號癭盧，彭嫣其寵姬也。〈壽左子異宗丞五十〉左孝同，文襄公季子，時任宗人府宗丞。〈再用前韻戲梅癡〉李瑞清。李宗翰春湖族孫、李聯琇小湖從子，江西大世家，所藏臨川四寶法帖，海內有名。此詩首句言李書宗北魏、兼能畫梅，世傳其梅別有寄託，因號梅庵也。〈對月有述〉「山河月中影，歷歷是鴻溝」。是年皖撫恩銘爲徐錫麟所刺，日法有密約，中外惶惶。張之洞在鄂，以攘外必先安內請領懿旨布告天下，化除滿漢畛域。清廷因令各衙門詳議切實辦法施行。詩意指此。

五、易順鼎、樊增祥

（一）實甫與散原之交遊

散原交遊之中，與易實甫、樊雲門詩境最不相似，而交情不改。實甫遊廬山、自龍州罷官、還武昌……，散原皆有詩詠其事。實甫逝，散原〈枕上醒暴雨〉詩亦有「依稀飛挾峽泉吼，雨滿當年琴志樓」之句。蓋「江湖暗數千帆盡，燈火初宜二客親」（〈宿實甫崇福山寓廬〉），二君自少時相習，情分正自不淺。

（二）增祥與散原之交遊

散原晚歲與樊雲門唱和甚多，所謂：「騷賦而還棲古悲，散爲傲詭託娛嬉。……愈後誰揚摩刃手，新來儻解說詩頤」「昔賢自負元和腳，……長歌當哭不逢人」，於樊山之棲迹中晚唐，頗爲稱譽。又稱樊山與周沈觀、左笏卿、陳蒼虬爲「維楚四家詩」：「樊山滙羣流，時效東方戲。笏卿寫素心，籟起大塊噫。綺年奮仁先，忍古躋深味」，而周少樸則「望氣卻魔魅」。可謂曲盡形容。

（三）樊易之異同

江庸《趨庭隨筆》曰：「王書衡語余曰：天下記女子典故最多者，莫如吳向之、樊雲門、易實甫三人。然三人所記又各不同。易專記美女子，樊專記壞女人，吳專記老太太」。易樊之同，不止於此，二者同爲楚人，同受知於張之洞，同與王壬秋、李越縵遊，其早慧同，擅詩詞駢賦同，作詩主於富艷精工同，好奇鬭險同，善積典故工裁對亦同，成詩之速捷及晚途之侘傺，乃無有不同。所不同者，實甫爲名家子，樊山則家道貧苦，後見賞於張南皮，乃得爲潛江書院山長，後主江陵講席。易則爲兩湖書院分教，此又兩人所同也。然樊山心悅誠服於廣雅越縵，實甫於二人時相狎玩；樊山平生持躬淸謹，不近女色，實甫則性好風花；樊山詩風到老不變，實甫則變動不居，轉益多方。是二人同中又有異也。以詩言之，實甫之情深，樊之情淺；實甫之語奇，樊山之語淸；實甫爲才鬼，樊山爲名士，亦其異也。

(四) 易順鼎之哭

甲午戰起，實甫有〈感事書懷詩〉曰：「袞袞諸公滿漢京，不應無計答昇平。已看東帝連西帝，猶自南兄倚北兄。騎虎勢難今日下，屠龍計早昔年成。阪泉涿鹿天王事，莫道皇家總厭兵」，極言和議之不可。又有詩獻劉坤一曰：「強鄰遂遂復耽耽，虎子須從虎穴探，率我八千新子弟，驅他五百舊童男」，意氣尤爲豪壯。猶早歲〈金陵雜感詩〉所云：「偕鄭五終唐雅頌，討朱三合魯春秋」，欲以詩檄討逆也。迄馬關和議成，淸廷割臺灣遼東，實甫復慷慨上書，以爲：「遼東者北洋之藩籬；臺灣者南洋之門戶。若拱手與人，中國將來必無可固之人民、可守之河山」。書上不報，適遭母喪，乃墨絰從軍，泣請於劉坤一，有「幸則爲弦高犒師，不幸則爲魯連蹈海」之壯語。於是兩渡臺灣，支援抗日。所謂：「蠻煙海雨添行色，海水天風和哭聲」，一時壯之。及事敗，始隻身返廬山省親，致慨於「寶刀未斬郅支頭，慚愧炎荒繫此舟」「大荒我有他年約，披髮騎麟再訪秋」（〈寓臺詠懷〉），哀傷沈痛極矣。歸來，入廬山，築琴志樓於三峽澗，作〈哭庵傳〉，自號曰哭庵。自謂：「平生謂天下無不可哭，然未嘗哭，雖其妻與子死不哭。及母歿而父在，不得渠殉，則以爲天下皆無可哭，而獨不見其母爲可哭，於是無一日不哭，誓以哭終其身，死而後已，自號曰哭庵」，蓋詭詞也。不哭於母卒之日，而哭於臺灣失敗歸來之際，其深哀可知。王壬秋頗曉其意，以爲詭誕，貽書勸之：「必不可稱哭庵。……且事非一哭可了，況又不哭而冒充哭乎」，初不以其哭爲哭母也。

（五）哭庵心事

實甫《四魂集》中自詡高亮悲壯之作，多成於渡臺前後，如「憂天弔古恨如何？精衞終塡恨海波，皂帽遼東歸路斷，白衣易水哭聲多」之類，求之古人，亦不多見。王鐵珊和哭庵詩曰：「深憐范老胸盈甲，盡道溫生手慣叉」，是能道其實也。哭庵之可哭，亦在於此。即張一麐所云：「哭庵詩名滿天下，哭庵吏事無人知，讖盡東南金粉氣，益陽功業不爲奇」者也。及攘外無功，猶欲盡心於吏事，以同知候補河南，捐道員，六年而沈滯無所事事。爲廣西右江道，復以納名妓花翠琴被劾。仕途潦倒，命者又曰壽無過五十九。於是日放蕩於歌場舞榭中，或則棄官入浙，遊普陀山以釋志焉。

六、學義山詩諸家

(一) 總論當時風氣

晚清同光體固以宋詩為主，然同時亦有為中晚唐者，義山詩，效者尤多，如曾廣鈞重伯之《環天室詩》，李希聖亦元之《雁影齋詩》，楊炘雲史之《江山萬里樓詩鈔》，曹元忠君直之《北遊小草》等，併屬此類。徐兆瑋虹隱、孫雄師鄭、張鴻隱南、何震彝鬯威、章華曼仙及汪榮寶袞甫等，且為《西磚酬唱集》焉。此蓋由時局翻覆，詞客憂生，而公羊學盛，長於寄託，故隱文譎意，遠嘆長吟，不乏弦外希音，意內曲致，遂與望帝春心之託，趨轍近似也。況定庵詩濡被甚廣，勃鬱瑰奇之體，悱惻芬馨之辭，固一時之風尚，近於長吉飛卿玉谿生，又何足怪？其有由中晚唐而入南北宋，如曾剛父、梁節庵等，則與終為中晚唐者，源遠而分，非宗派果相睽隔也。

(二) 李亦元

石遺謂李亦元詩作玉谿生體。亦元，名希聖，光緒壬辰進士，官刑部主事，湘鄉人。《雁影齋集》初刊時，自以爲杜甫不能過。人或譽其似義山，輒大怒，其實故作門面語耳。亦元詩，長於七律，門法不廣，與曹元忠等。皆不及汪榮寶、曾重伯之精。

（三）曾廣鈞

曾重伯名家子，承其家學，學爲義山。《環天室詩》沈博絕麗，刊於宣統元年；集外詩及支集，載《學衡雜誌》三十二、三十五期中，亦非全本。然使事之博、隸事之工，在牧齋、梅村之間。以典麗華瞻勝，而用典多出《魏晉書》與《南北史》，旁及耶教經典，略嫌賣弄。王湘綺題其集，曰：「醞釀六朝三唐」，又曰：「湖外數千年唯鄧彌之得成一家，重伯與驂，而博大過之。」按：重伯詩烹釀於溫李則然，若云胎息六朝，不知何據；與鄧彌之白香亭尤不相類，湘綺老眼未花，何以遽作此語？異哉！

（四）汪榮寶

汪榮寶詩，純乎義山，沈博絕麗，一時無兩。如〈瑤池〉深寓比興，〈紀變〉之指戊戌，皆能環譬託諷，與世之學義山者不同。〈重有感〉一二首咏康梁，三似咏翁同龢、四指譚嗣同、五寫四京卿者，第七首「青袍御史氣千雲」則謂楊崇伊也。咏戊戌之詩最多，此數首不僅大似義山，且有清雋之氣，宜乎肯堂盛稱之。

(五)汪詩小箋

榮寶《思玄堂集》不分卷，亦不紀年，讀者未易知其行止。昔年曾獲汪氏哲嗣公紀先生賜贈一帙，因爲點讀一過，略箋其年事。如〈渡海・積水眞安極〉乃赴日本作。〈三韓〉寫甲午事。〈次韻程秘書學鑾登黎其山觀日出二首〉以下己未作。〈希馬出示先德文愼公詩集因題三首〉陳衍《近代詩鈔》錄之，有自注云：「戊戌四月，常熟罷相，及丁未五月公去位，並余遊京師所見事」，按〈過楊叔嶠故居〉所謂：「誰記津橋夜雨痕，秋風來弔蜀鵑魂」，或暗指其事，故詩云：「津橋兩聽去鵑悲」。〈晚春〉以下辛酉。〈贈郭春楡宗伯二首〉「密記金鑾事未忘」與海藏云「卅年密記在金鑾」同，此猶海藏〈和樂之極樂寺坐雨韻〉云：「含情莫問同光事，只有西山雨意深」，而袞父亦云：「一甌蟹眼看無迹，迴望西山晚翠深」（〈題袁抱存寒盧茗話圖〉）也。再呈青厓翁二首：「歲晚寄詩勵風節，人間猶有海藏樓」，海藏不足以語風節，然袞父於海藏似有特殊情感。〈題張雪揚秣陵紀遊長卷〉「槐堂下筆妙當時」謂陳衡恪。

七、黃遵憲

(一)維新詩人與詩風

晚清民初，經定庵而入中晚唐者外，別有二派，如南社詩人，如黃遵憲、康有爲等。梁任公《清代學術概論》嘗曰：「光緒間所謂新學家者，大率人人皆經過崇拜龔氏之一時期」，於詩尤然。汪方湖《近代詩派與地域》言：「當南海以新學奔走天下之時，文則連犿而崇實用，詩則棄格調而務權奇。其才高意廣者，又喜摭拾西方史料、科學名詞，鎔鑄篇章，矜奇眩異。其造耑則始定庵，其擴大則在康梁，其風靡乃及於全國」。蓋當時不被風氣者，僅張之洞及梁節庵、李詳等寥寥數人而已。之洞於庚子後入京，作〈學術〉一詩，曰：「理亂尋源學術乖，父仇子劫有由來。劉郎不嘆多葵麥，只恨荆榛滿路栽」自注：「二十年來都下經學講公羊，文章講龔定盦，經濟講王安石。皆余出都以後風氣也。遂有今日，傷哉！」此可證當時龔學之盛。江標任湖南學使，即以「龔學」名齋矣。吳雨僧所謂：「如梁任公，其三十以前作，固似處處形似；即近年作，皆定盦之句法也。又、集定庵句互相贈答，亦成一時風尚。近經南社一流，用之過多，遂益覺其可厭，余幼年亦躬自蹈之」（《餘生隨筆》），可見其風會焉。李詳特厭定庵，又薄江西，故云：「道咸以下，涪翁派曼衍天下，又以定盦恢奇鬼怪，殺亂聰明弟子，如聚一邱之貉，篝火妄鳴，至於亡國」。其實清末之喜定盦者，乃維新一派及主革命之南社，曰以之亡國是也，曰以此而得維新與革命亦是也。

(二) 黃公度學龔定盦

康梁學定盦，世甚稔之，黃公度學定盦，則或忽諸。然公度之學龔，痕迹未化，不難舉似。如定龕有《己亥雜詩》三百六十首，公度亦有之，略爲一生小影。又有《歲暮懷人詩》、《續懷人詩》及《己亥續懷人詩》，皆仿定龕懷人館詞之例，遍咏同時交遊朋輩。且康梁與定龕皆今文家，公度亦主今文，《喜聞恪靖伯左公至官軍收復嘉應賊盡滅詩》：「終累吾民非敵國，又從據亂轉昇平」可證。尤炳圻所撰黃氏年譜，引《新民叢報》公度壬寅論學箋所謂太平世必在民主，及邱逢甲《寄懷公度二首》之一：「一卷公羊宜起疾，先春重與訂王正」（《嶺雲海日樓詩抄》卷七）亦可證也。

（三）世人不解公度詩

今人喜張黃公度「我手寫我口，古豈能拘牽」之說，又引其《人境廬詩草・自序》以自飾，奚止憒憒，直瞽說耳。《人境廬詩草・自序》曰：「僕嘗以爲詩之外有事，詩之中有人；今之世異於古，今之人亦何必與古人同。嘗於胸中設一詩境，一曰復古人比興之體；一曰以單行之神，運排偶之體；一曰取離騷樂府之神理而不襲其貌；一曰用古文家伸縮離合之法以入詩。……」此光緒十七年辛卯六月，四十四歲時之說，後並不載於集中，蓋宗旨已變也。吳雨僧搜求而得，錄於《學衡雜誌》中，世遂據此以論黃氏之自創詩界。其實此序所言，皆屬舊法，乃同光體之蹊徑，非自闢詩界之創說，故夏敬觀論之曰：「以文爲詩，取材避熟就生，皆是舊法。卽寫目前之事，目前之名物，亦理所當然」（《吷庵肊說》）。然同光體之爲同光，又不止此而已。若伸縮離合等，概爲語言形式及名物度數，言詩而津津以此爲務，寧非捨本而逐末？如散原海藏，甚至湘綺一叟之爲詩，未嘗不用此等法，然其勃鬱清深之情，芬芳馨雅之懷，又豈僅所謂運單行於排偶、用伸縮離合之法，寫眼前名物耶？公度以此言詩，適可以見其尚不知詩，而世乃據此以論譽之，謬哉！

（四）公度與散原

劉大杰《中國文學史》以鄭珍、金和、黃公度爲晚清詩之代表，謂其他作者仍不外陶寫性情，自求典雅，唯三君能記社會之情狀。此不知詩，尤不知晚清詩之說也。葉慶炳先生《中國文學史》更分三君與沈寐叟陳散原爲兩派。其說亦誤。宋慈裒〈陳三立傳〉嘗言散原「與鼎芬、遵憲、及當世論詩尤契」，而黃公度亦不諱言願學散原，豈可區爲二派？按：公度晚年嘗語散原曰：「天假以年，必當斂才就範，更有進益」，斯即〈上海喜晤陳伯嚴〉所謂：「橫流何處安身好，從子商量抱膝吟」之意。又〈閏月飲集鍾山送文芸閣學士假歸兼懷陳伯嚴〉云：「潑海紅霞照我杯，江山如此故雄哉，馬蹄蹴跳西江水，相約扶桑濯足來」，用《景德傳燈錄》六祖語馬祖事，欽服之忱，亦可略見。至於鄭珍，石遺固嘗云道光以來詩派之生澀奧衍者，以鄭珍《巢經巢詩集》爲弁冕，乙庵散原爲其流派矣（見《詩話》卷三）；別爲二派，不知又何說也。

（五）鄭珍與江湜詩

鄭珍，字子尹，晚號柴翁，貴州遵義人，與莫友芝、江湜齊名。散原近於鄭珍一路，江湜詩則海藏提倡尤力。周梅泉《今覺庵詩存》中有詩曰：「江西苦澀愛者誰？觀樓齋頭始見之。海藏揚挹溢齒頰，漸令舉世驚瑰奇。詩以遭亂例窮塞，善作苦語酸心脾。中與開山幾巨手。巢經秋蟪胥倫魁，伏敔幽潛今始禩，異軍突起張偏師」，卽指鄭珍金和及江湜詩，且謂江湜《伏敔堂集》乃海藏所揄揚也。蒼虬〈書江弢叔詩後〉亦云：「蘇堪苦說江弢叔，能表幽潛意自長。敎外師傳空倚著，卷中天地太悲涼。仲車狷介有深性，無已賡酬稀抗行。成就若爲身世定，獨行此士信堂堂」自注：「后山自蘇黃後，所與交遊者，多悉平流，故其酬唱不能如蘇黃之勝。叔所交亦未能無所憾也」，意較周氏尤長。大抵江弢叔得力於昌黎山谷與后山宛陵，略異於鄭子尹之早年胎息眉山，然規撫老杜，二氏所同。弢叔七絕，尤灑落可喜；而縱筆所之，或不免於傷粗傷淺傷近。雖以此爲近時論家所賞，然終非其實也。

(六) 金和詩

金和《秋蟪吟館詩》，於近世亦有詩哲之目，胡適等或詫爲五百年來之奇作。其實譽非其倫。金氏詩頗夾誹諧，於體稍卑；而遭逢世亂，特著悲愁，又過於酸苦，一蟪吟秋，其天下之哀音也。於洪楊亂前，所作多嫵媚，如「榜邊帘影低迎月，樓上簫聲暗墮風」(〈雨後泛青溪〉)，絕不與亂後相似。其後身陷金陵，目擊戮殺流離之痛，始爲憫亂傷時之作。序〈椒雨集〉自謂：「是卷半同日記，不足言詩。如以詩論之，則軍中諸作，語言痛快，已失古人敦厚之風，尤非近賢俳調之旨」，甘苦自知，勝似人間橫論短長者多矣。

(七) 金和詩集

金和詩，卷一名〈燃灰集〉，二十餘首，自道光戊戌至咸豐壬子，自謂：「皆寥寥短章，觀聽易盡；其在閎裁巨製，雖偶有遺珠，大抵敗鱗殘羽，情事已遠，歌泣俱非」，是倉皇伺間，奔走流離中所作也。〈椒雨〉上下集，百五十餘首，多作於椒陵聽雨之際故名，然其境遇格味則與〈燃灰集〉無異。又〈殘冷集〉，乃館於泰州清河松江間之作，名爲人師，實同乞食，殘杯冷炙，因以名集。又〈壹弦集〉，係佐釐捐集於常州江北東壩時作，事在簿書錢穀、駔儈吏胥之間，凡二百餘首。又〈南樓集〉，收未至粵及在粵焜燼之餘。〈奇零集〉，則自序云：「十餘年中，來往吳會，九耗三儉，蘄免於寒飢而已。生趣既盡，詩懷亦孤。……卽或結習未忘，偶有所作，要之變宮變徵，絕無家法。正如山中白雲，止自怡悅，未可贈人。乃知窮而後工，古人自有詩福。大雅之林，非余望也。……余年已七十，其或天假之年，蠶絲未盡，此後亦不再編集矣」。嗚呼！此可以觀金氏詩；而金詩之所以終非同光體者，儻在於此耶？

(八) 詩人之窮

窮而後工，古無此說，起於唐末。殘杯冷炙，古無此理，亦起於唐末。夫此可以知世變也。

漢魏以來，詩人多爲朝官貴胄，從容風雅，裙屐相高，否則則爲俳優倡畜之弄臣。仕途或有通塞，窮達相去不遠，才秀人微，小有悲慨而已。唐以科舉選士，士非昔之貴胄矣。奮身鑽求，冀博一科名，或十試廿試而不第，流連京師，奔走請訪；終不獲雋，則徘徊權門，或棲爲掾吏、或側身清客，求其不窮者，百不得一。及至諸路斷絕，無可寄望，乃退歸鄉里，爲館課老儒；或遊幕四方，爲刀筆錢穀師爺。蓋士之出路甚隘，不過此數種而已，嘆老嗟卑，正其本份。窮而後工，斯又百不得一也。故唐代中葉以後之詩，例不脫一酸苦氣，窮則爲「出門卽有隘，誰謂天地寬」之詩囚；達則爲「致君堯舜上，再使風俗醇」之大言，貧兒驟飽，鼓腹高歌，初無實際也。中有歡愉之言，則非「癡兒了卻公家事」，則已爲某公清客，可以閑看「重簾不捲留香久，古硯微凹聚墨多」矣。黃茅白葦，一望靡餘，至於金和，而爲收束焉。金和之窮，等於孟郊；遭逢亂離，又同杜甫。所謂「東風用盡開花力，吹上儂衣只是寒」（〈春閨曲〉），九耗三儉，蘄免寒餓，雖肆吟咏，如燃死灰，慘澹陰黑，滿地秋聲（〈秋暮聞蟬詩〉有：「滿地秋聲獨自悲」之句），誠有如其集名所示者。〈和周葆淳無題詩〉且云：「朱樓落盡萬花枝，洗面朝朝淚眼宜。山欲望夫和土化，鳥休思婦覓巢癡。竟沈苦海終非計，便出愁城已不支。學得南朝無賴法，破家時節苦裁詩」。較黃仲則「全家都在秋風裏，九月衣裳未剪裁」尤爲痛切。此非金和獨居苦海，蓋唐宋以後詩人窮愁之通例。若同光則不然，詩非一己之哀戚，乃時代之寫照；國家不幸，賦到滄桑，亦非某氏之窮通；抒懷感憤，實有理想與辦法指寓其間，更非空爲大言者。故詩至同光，爲一大變，猶時自唐代中葉至道咸，道咸以後亦爲一大變也。

（九）詩界革命

詩至同光爲一大變，其變以湘綺之復古始，終則必爲黃公度、譚嗣同等之詩界維新與革命。即公度本人，亦以復古而至於革命也。然當時言詩界革命三傑，初不數公度，蓋公度言詩之改革，時在返歸嘉應以後，遠較譚嗣同、蔣觀雲、夏曾佑爲晚。譚夏蔣三氏皆公羊學者，章炳麟〈自訂年譜〉嘗云：「廿四歲與穗卿交。穗卿時張公羊、齊詩之說」，穗卿即曾佑字也。所謂新詩，自彼發之，而譚嗣同附和最力。然譚嗣同《莽蒼蒼齋詩》二卷，題爲東海褰冥氏三十以前舊學第二種，則其所謂新學之詩，面目如何終不可得而知。僅有〈金陵聽法詩〉，不載集中，或可見其端倪，其末數語云：「綱倫慘以喀私德，法令盛於巴力門。大地山川令領取，庵摩羅果掌中論」，喀私德即Caset，指印度種姓制度；巴力門即Parliment，指英國議院。此非佳作，尤非坦途，夫人人知之，然固有以見其求新求變之意也。

（一〇）詩咏新事物

譚嗣同之用新名詞入詩，與黃公度主張用切今之事物名稱，正相類似。唯此乃當時詩家之慣技，且譚之拙稚、黃之麤強，皆非此中當行。錢默存《談藝錄》嘗譏公度撏撦聲光電化諸學以爲點綴，不能如嚴復、王靜安之深刻。然靜安詩用新事理多，用新事物少；其有用新事物新名詞而能佳者，猶不在少數，如夏敬觀〈哥而夫球〉詩曰：「一隅之地叠小邱，學作常山蛇勢修，步駕橋屋施層樓，侏儒雖細不得游。曲柄倒置短竿頭，持蹴彈丸通以溝。眼中見戲行且休，英相老死誰復優？」謂英前內閣張伯倫也。咏高爾夫球而一力白描。又〈偕拔可直士悊維觀製水泥曰〉：「泥石入鑪治，齏粉才一瞥。大釜燒水漿，飛炭吹赤屑。鼓動陶鑄之，意以傾補缺，突冒煙火中，盤旋穿凹凸。轆轤欲聾耳，輪軸累相齧。背汗浹重纊，得戶即奔出。江光豁到眼，孚風已狂熱。人力怪若此，乍見宜吐舌，機心固尋常，久慣破扃鐍，我身坐銷磨，安得似精鐵？矧將天眼觀，此道誠大拙。初摧堅者敗，終使散者結。是物聚如山，小比蟻營垤。俛視一莞然，吾語諒非譎」，警聳靈動，洵爲奇作，非公度所能及矣。

(二)

近代論詩諸家，最推公度者，爲梁任公《飲冰室詩話》。斯乃鄉誼與維新思想之契合使然。且任公得見公度之詩，始自光緒二十二、三年間，其時於詩功力尚淺，故驟覩其作，驚爲奇觀。厥後雖未再讀公度詩，然昔年怵動之印象，常存腦際，筆之於詩話中，遂多聳美語。後輯得數十首，已覺其奇絕不如往日，然猶或以爲此未必爲公度得意之作也。成見誤人，往往如是。且此亦猶任公早讀定庵「落紅不是無情物，化作春泥更護花」，以爲奇作，後始厭其淺近。讀詩者與時俱進，亦往往如是也。至於其他各家，靡不競收公度詩者，則以全集晚出，而公度詩又多刺時事之故，潘飛聲《在山泉詩話》有說。

（一二）維新本於復古

公度論詩，以為無革命而只有維新，然其維新之法，實即由復古來。《在山泉詩話》卷一云公度論詩，有宋不如唐，唐不如六朝，六朝不如漢魏之說。如此持論，則勢不推至三百篇不止。而考者三百篇之所以為佳，又以其為婦人女子矢口而成之故。此則又不能不放而為山歌之體。欲運天籟以變人籟，雜用方言口語，成新體以別出古體也。此所以公度詩實不同於《詩經》，而轉有合於樂府。至於用功法門，則自《晞髮集》出，非逕學漢魏樂府者。蓋我手寫我口，我口中所言，但為詩料而已，要嶄能寫，則恃其手腕如何，此其手段，遂不能不陶鍊於古人，陳融《顒園詩話》謂其致力於古人處，功力甚深，正以此故。言詩者或揚創新而薄法古。或主習古而咎創新，以公度例之，則二者實一體之兩面耳。

（一三）詩道之新舊

詩家搜羅物象，本無之而不可，所謂牛溲馬勃，盡成雅言，豈有新材料舊材料之說？自妄人不知誰何者，揭出此義，世遂鬨鬨，若詩果不宜於用新名詞，果不能寫當時事；偶或用之，則以爲以新材料入舊體製，如於山水畫中著一飛機輪船者然。於是爲馬遠夏珪四王八大，竟只能爲馬夏四王八大，不可於其中入一今時衣冠人物矣。於是爲唐爲宋爲漢魏六朝，遂竟只能爲唐宋六朝，不得於其間著一時代語言事類矣。此弊自明人好用古官名地名始，以爲用唐以下名物爲不雅。夫雅俗自有品格，豈著一古衣冠卽以爲雅耶？唐宋人寫秋千寫玻璃，又豈非當時事物耶？公度「凡事名物名切於今者，皆採取而假借之」云云，蓋卽針切此弊而發。然以此爲宗旨，亦不免爲矯枉過正之談，若散原敬觀等，則依仁義行，非行仁義，不揭此爲標榜也。夏敬觀〈暑日齋居口占之一〉：「電激風輪傍座隈，鏗鏘響似谷中雷。祛炎那有天然好？蘋末涼飈細細來」，咏電風扇，未嘗不雅馴；〈辛巳八月朔日食書感〉：「地輪繞日若大輿，月輪乃似照乘珠。有時交會掩赤日，遂使下界盲驚呼。疇人預告八月朔，日被月蝕無有餘。設台武彝地磁測，俯仰觀察憑斯須。今玆研討學有用，何止析破往說誣。或云衆星可晝見，此語雖甚理則無。中天光氣尚四射，豈彼一兎眞吞烏？春秋大事日食書，是證周曆多粗疏。五行立說始漢儒，持此匡主毋乃迂！牛酒賜相相自劾，何曾寅畏解修德？蠢蠢小民衞社稷，撞金伐鼓救不得」，寫新學說，亦未嘗無寄託。而散原〈讀侯官嚴氏所譯社會通詮訖聊書其後〉云：「悲哉天化之歷史，蝨於穹宙寧避此！圖騰遞入軍國期，三世低昂見表裏。我有聖人傳作尸，功成者退惡可欺？蛻形范影視鑪錘，持向神州呼籥之」，〈次韻答黃小魯觀察見贈〉云：「別髯逾一紀，只如隔旦暮。依然蛛絲窗，茶鼎藥爐駐。抵几攄衷曲，持之或有故。窮老盡氣力，笑致悠悠譽。孰憐耽榮華，轉以廢百務！聖文見道眞，塗澤乃皮傅。羇傳濂學說，寧無爲此懼？方今六合外，未可尋常諭：主義侈帝國，人權擬天賦。憒騰酒杯間，姑就哦斷句。沈沈萬鼓亂，渺渺寸心赴，江南黃蔑舫，幸羇有所遇」，言天演論軍國主義等，更無所難。感春五首，尤爲公度所自出。特公度以此爲標榜，且明而未融，世遂亦以此見公度；散原則取秫爲酒，讀者未易覺察。任公且云散原不用新異語，而醲深俊微，不獨異於古人，亦與時流異（《飲冰室詩話》），實則散原非不用新異語，用之妥貼，人不以爲新異耳。

（一四）公度詩未脫古人影響

公度之明而未融，如〈已亥雜詩〉〈不忍池晚遊海行雜感〉諸詩，風調全仿龔定盦。錢仲聯〈夢苕盦詩話〉云公度濡染於龔定盦、黃仲則及其鄉人宋芷灣甚深，又於其沿襲之故，一一發舉於所著《人境廬詩草》中，是也。

我看新儒家面對的處境與批評

《鵝湖月刊》第一五九期，刊有蔡仁厚〈新加坡儒學會議誌感〉一文，談及七七年八、九月間在新加坡國際儒學會議上，對當代新儒家之討論，業已成爲一個突出的關注點。然誤解仍多於理解，質疑仍多於贊成。就大會中韋政通、林毓生諸人的論文來看，這是確實的。但此似乎並非新的趨勢。因爲林毓生早在六年前卽有類似的論點，且亦撰文正式批評過唐君毅先生；而《中國論壇》也舉辦過不贊成新儒家的「新儒家與中國現代化」座談會。其間歲月遷移、時局變異，批評者與新儒家之「溝通」亦不罕見，可見批評者之意見並沒有什麼改變。而事實上批評新儒家者，也絕非特定的某幾人。從「科學與人生觀論戰」開始，科學主義、邏輯經驗論、社會及行爲科學……等，對新儒家的批評，迄未間斷。他們爲什麼這樣討厭新儒家呢？

從前也有不少人討論過這個問題，或正面對彼此的論據與觀點，激烈爭辯過。但實際上因理論之不同而反對新儒家者少，因爲眞正懂的人不多；可是並不眞懂、並不能眞在理論上辯難者少，而在態度上懷疑或反對新儒家的卻很多；新儒家內部也存在著一些爭論。這到底是怎麼一回事？

一、主流之外的儒家

由歷史處境上說，新儒家的出現，本來就涵有一悲壯的反時代潮流之色彩，其行爲亦往往逸出「常規」之外。例如熊十力、梁漱溟、錢穆，均無正式學歷，而都以傳奇的方式進入新思潮的中樞北京大學任教；後來徐復觀之爲大學教授亦然。馬一浮、熊十力、梁漱溟，又都曾試著在正規教育體制之外，辦私人講學的書院。後來錢穆、唐君毅辦新亞書院；以迄現今鵝湖諸君子仍念茲在茲的文化講座、哲學文化中心等，都表現了這一傳統。但也因爲如此，他們遂一直無法介入正規教育體制的人事、權力、制度結構之中，去發揮影響力。梁、熊之終於離開北大，唐、牟之始終見隔於中研院北大系統，均可以顯示這一點。即使以錢穆和當局的關係，返國後也竟沒有一所公立大學邀聘，只能在私立文化大學授課，最後仍不免被解聘。徐復觀也只能南下私立東海大學，再遠走香江。牟宗三亦由師範學院，而東海，而香港，現在返國講學，則爲「客」座矣。他們與主流體制的疏離，於此可知。

這其中可能還蘊涵著他們對近代大學偏重知識之導向、分科結構又接近西方理念及組織，頗有疑慮和不滿。所以一方面是被迫，一方面也是自覺地在做「民間講學」的工作。然而，他們畢竟是從學院裏出來的人，根也仍在學院之中。講學固然可以在教育體制之外講，終不能對無法堂堂皇皇宣講「正理」於臺大、師大、中研院等地釋懷，他們終究要感嘆新儒家的飄泊。反過來說，他們的學院性格，又不是眞草莽、眞民間。故講學雖在民間，影響仍在學院。不只新儒家後起之秀皆在學院任教，罕有在民間建立事業者；參與其講會講座的，亦仍以校內青年爲多。他們的講學內容和型態，與一般民間講學似乎也不甚相同。例如民間宗教團體的講經說法，或古代儒者之教化世俗，皆與新儒家那種意在提撕人心、講明義理的方式頗有差距。他們可能較接近一種師友講習切磋、相互鼓舞的功能，宣化教育民間的意味反而較淡。這也就是爲什麼新儒家雖努力於民間講學，其學問卻僅能爲一小團體中人所享有所受用，而並未推拓於社會、風行草偃的緣故[1]。

換句話說，新儒家雖以一「儒學運動」自期，卻還沒有形成什麼運動，對社會，影響實在是不大的。反倒是他們民間講學的行動和願力，又使得他們被正規教育體系中人所譏嘲、疑惑。因爲學院中人，似乎就應該在書齋裏研精探賾，不好四處講演、座談、「做秀」。而且所謂民間講學，通常都是屬於一種通俗的教化行爲。新儒家之熱衷講學，遂被視爲是傳教，不是做學問；是搞通俗哲學，而非正經的學術研究。

這裏當然混淆著有好幾種不同的判準，例如徐復觀、牟宗三做的，可算是學術研究了；但講人生、談精神，在現今教育界學術界卻不是那麼容易被接受，因爲此非知識問題，只是「玄學」。唐君毅、牟宗三所慣用的著述體例及文字，也備受譏誚，因爲不是「學術論文」。新一代的新儒家健將們，濡染於時代學風較深，多少轉變了這一狀況，較擅長以邏輯的、知識的表述方式，用流行學術論文的規格來談論儒家義理。但他們又不可能完全脫離原有的講學精神，以致出現如曾昭旭、王邦雄這樣的例子。他們以「人生書簡」之類型式，談現代人的生命困境，治療意義失落的危機，並活躍於社會各文化團體之間，這似乎是發展了唐君毅《心物與人生》《人生之體驗》那樣的路數，他們本人也未嘗不自認爲這就是儒家精神之所在，及個人學問及生命之所寄。可是在新儒家陣營內部便曾引起不少爭論，有人覺得這樣好像不是在做學問，行之者則自許爲傳教。外界的批評者當然就更多了。或謂其喜歡做秀，或謂此乃庸俗之儒學，如金耀基云：「庸俗化的新儒家思想，往往使那些由於在現代化過程中感受到迷惘、焦慮、不安者，獲得一種心理上的補償及道德上、精神上的一種支援。但這就變成了自己安慰自己，無補於個人精神的建立與國家社會的發展❷」。對其價值，不表認同。

依我們的看法，說曾昭旭與王邦雄等人代表的，只是新儒家的庸俗化或商品化（因為他們的書賣得很好），恐怕未得其情；說他們與唐、牟走的路不同，也不盡然。唐、牟曾提出「生命的學問」之說，新儒家既要講生命的學問，那自然就得與人之生命照面，而不能只做概念的遊戲；汲汲於爲大衆說法，乃是勢所必至的發展。只不過，在當今學術體系內，這樣的發展所引生的爭論，恐怕也會更加激烈。

講學精神通向社會，引發了這樣的問題。講學精神安放在學院之中又如何呢？不幸的是，新儒家雖不乏學院式工夫，擅能辨析毫芒。然而他們雖身處現代化的學校、系所和教室之中，精神意態畢竟仍在民間山林，師友勸學互勉並以情誼相潤漬的味道特重。這又使得新儒家成爲現代大學中一種特殊的團體，被認爲有宗教意識，古意盎然。事實上，國內文哲學界之派系勢力，大於新儒家者甚多，新儒家也不拒絕與「同道」携手。可是別的派系往往只是人事的把持、利益的交換，與新儒家之宗派意識不同。且新儒家之團體既爲一師友潤漬之地，外人也很難眞正進入，隔閡疑忌當然就越來越深。而在師友聚會式的內部言談中，老師的意見，自然會被充分地尊重，並成爲整個團體中意義的來源；倫理關係、感情因素，以及內部意識整合過的理解問題之方式，甚至語言表達，亦漸趨於一致。外人無此經驗背景，有時就不易完全了解，故難免覺得這似乎有違學術之客觀化，且或疑其曲從師說或依樣畫葫蘆，成了個固定的模子。

　　在新儒家這一方面，則由於他們反對時代流行思潮、質疑大學功能、批判學界頹風，且往往帶著一種悲憫和企圖拯救此一時代的情懷。以致新儒家人物及學說，通常都可能涵有兩種彷彿相反的氣質：由於他們要抗爭、要批判，故不免骨骾使氣，具有英傑豪霸的味道。不只熊十力如此，張君勱、梁漱溟、徐復觀，甚至牟宗三等，幾乎無不如此。這一氣魄，加上了他們的悲情，實在頗接近於宗教態度，令人疑其「想當教主」[3]；而事實上他們對儒家的感情與理解，也確實類似宗教[4]。但是，在慨當以慷、攘臂揎袖的同時，新儒家似乎仍自甘於時代正統主流之外的地位，往往只扮演著一個消極抗議者的角色、維持在野者的身分、保持不妥協的姿式，狷介自喜，山林氣極重。這種氣質，非與其有較密切來往者，殊不易覺察，然實情恐怕正是如此。前者如墨家，後者近於道家，卻怪異地結合在新儒家身上。氣質如是，在實際事功方面，自然難有所開展，對現實政治與政策亦難有所影響。

再者，新儒家雖對儒學、對中國文化，抱持着一種宗教式的溫情與崇敬。可是他們是「新」儒家，常採用佛教及西洋哲學之名相，解釋中國哲學和人文精神。傳統派和講復興中華文化的人，實無法相悅以解、衷心贊同。而又因爲他們是新「儒家」，主張西化或不相信儒家仍能應付現今世局的人，當然也不會欣賞其議論。至於科技政經專家，以其袖心談心性爲迂遠不切事情；天主教人士，厭其不信上帝，更是必然的了。

因此，從新儒家存在的處境來看，新儒家之引起諸多質疑與誤解，也許已是他們無從擺脫的命運。縱使了解他們的人或他們自己，又有什麼好辦法，可以脫困呢？

二、政治權威的護法

最具荒謬感的，是新儒家明明以狷介自喜，連跟救國團合辦活動都十分忌諱；跟政權當軸的關係，非惡化（如徐復觀）即疏離（如唐、牟等）。但一般人卻將它視爲保守勢力，甚至認爲它是在維護國民黨意識型態、或有意與政權掛鈎，想藉保守的政治勢力來發展儒學❺。

這一批評，新儒家們聽來理當感到相當錯愕與辛酸。幾十年來，政府重用的是政經科技人才；人文精神、道德理性，新儒家呼籲得聲嘶力竭，誰來理睬？他們辦學、募資、出刊物，政府對他們有什麼幫助？現在好不容易掙到一個小局面，政府錦上添花地送個獎、尊而不親地邀請幾次演講，對實質情況有什麼改善？何況，新儒家與陳立夫系統等，相處得也並不融洽。怎麼會有這樣的批評呢？

此一問題，與前述者不同。不只是存在處境的問題，它較具有理論上的意義。

這一點，簡單地說，就是很多人認爲：儒家在歷史上確實曾與統治勢力結合，此不只爲統治君王「利用」儒學，而儒學亦應有其可資利用或足以強化其統治之因素。因此，在提倡民主政治的今天，不應該再談儒學，或不應如新儒家這樣不批判地談；要從儒學傳統中開展出民主政治也是不可能的。反而新儒家不批判傳統、並重提儒家精神，只會強化威權觀念，阻礙中國之民主化。

何以說此一批判具有理論上的意義呢？勞思光曾說：「當代反儒學思潮，有一共同特色即是：不著眼於儒學理論本身，而著眼於儒學對社會文化之功能及影響」❻，此一判批看來亦是如此。然而，順著儒學與社會文化的關聯性思考下去，卻仍可能質疑到儒家的理論核心（如內聖外王、性善論等）。

例如裴魯恂（Lucian Pye）在〈儒家思想發生了怪事？〉中說：

傳統儒家思想的信條，乃是以倫理和高度道德性的觀點來精心描述理想政府應該怎樣。儒家思想强調人類行為的各種標準，以實現一個公平合理而又和諧的社會。

然而，不知何故，這些已非目前菁英人士所認為的儒家特質。反而令人驚奇地是，目前的儒家傳統正與威權式的政府結合起來。在這些東亞社會，人們直覺地接受一黨統治，並且對政治反對團體的挑戰採取不信任的態度。這情形被歸因於這些文化區的儒家遺產。儒家思想並未被視為與仁愛政府有關，反而現在不知何故，儒家被視為與專制獨裁的政府有關，而且是反對民主與自由的價值。

因此，很奇怪的，每一個東亞社會都在追求脫離威權式的統治，使之更為現代而較少受到儒家傳統的影響。舉例而言，當李光耀重回獨裁統治方式時，一般人認為，他已溜回到儒家統治的型態。就整個東亞地區而言，任何獨裁行為的徵象，一般均被解釋為：那是儒家所遺留的痕跡。

因此，一直有一反常的傾向，使儒家的形象變得顛倒混亂。雖然儒家思想在歷史上被視為與理想政府有關，然而現在却被認為與獨裁政府有關。儒家一向被視為優先處理高於物質繁榮與財富累積的事物，然而現在却被視為（東亞四小龍）激勵經濟和工業發展之强而有力的因素。孔聖人的信條，在現代却以奇特的方式，被人用來對於合法化威權政府與解釋致富成功的奇怪結合。

這種儒家遺產的現代觀，用來說明鄧小平的改革，似乎是相當自然的。因為這一改革已凸顯了鼓勵成功的經濟活動，同時却限制政治與文化的自由化。相反的，蘇聯的戈巴契夫在經濟成就方面，很少成果，但在他的開放政策上，却帶來了比中國大陸還要多的文化自由。當蘇聯和中共正在努力克服馬列主義的失敗，他們各自採取不同的改革方向。而中國人威權式政府的建立先於經濟發展，被解釋為乃中國儒家傳統所致，正好像是孔子建立王道政治之優先順序一樣。

爲什麼會出現這一怪異的現象呢？裴魯恂覺得威權式政府雖非儒家思想所直接導出，但：

吾人可以相當有把握的說，東亞社會生活的特性，尤其是關於家庭中權威的態度，有助於導引出被稱為「儒家」的文化形態，雖然他們並非由於儒家經典明白敍述的信條所產生的直接結果。

依他看，傳統儒家的理想與文化實踐之間，「永遠有一條鴻溝存在」，不可能實現。反而是在中國式家庭權威的社會生活中，儒家往往表現爲一威權型態。他這種看法，誠如勞思光所說，並未著眼於儒家理論本身。可是中國式的家庭型態，豈不正深受儒家之影響嗎？儒家政治理論與家庭的關係不正是特別緊密嗎?父子、君臣不是經常被類比的嗎?尤其是漢人提出的「三綱」說,把君臣、父子、夫婦並提。家庭中的權威態度,與政治上的權威態度,似乎不太分得開。這不也牽涉到儒家「齊家治國平天下」的政治理念嗎?

又如林毓生,一方面指出:「天下是天下人之天下」這一命辭並不蘊涵作為民主思想基石的「主權在民」(Popular sovereignty)的觀念。在傳統中國文化中,所謂「天下是天下人之天下」並不蘊涵用民主的方式使天下變成天下人之天下。且在傳統的政治社羣中,最後及絕對的政治權威從未被認為應該由人民持有。一方面則認為儒家雖談到政統與道統之區別,但因儒家信仰「內聖外王」,所以政教合一的理想及事實一直存在著。可是,西方的民主是與政教分離的傳統及對政治權力的特性的識見分不開的。儒家既不能放棄內聖外王,以使政教分離;又相信聖人可以內在超越地與天道融合,故於政治權力之必然腐化缺乏理解。到最後,君即聖人,乃徹底與民主背道而馳。不但如此,儒家的理論還會形成封閉的一元論式思想模式,他說:

在純理念的層次上,儒家「內在超越」的觀點只說人與天道合融,人可契悟天道;然而天道自有其超越的一面,既非人所創造,也不是人可完全控制或掌握。但在「內在超越」的宇宙籠罩之下,儒家傳統中並沒有強大的思想資源阻止儒家強調人的內在力量幾至無限的地步。易言之,「內在超越」的觀念中,雖然在純理論的層次上有「內在」與「超越」之間的緊張性（tension），但「內在超越」的觀念確有滑落至特別强調一切來自「內在」的傾向。這種傾向在儒家傳統中直接導致把道德與思想當做人間各種秩序的泉源與基礎的看法，以及遇到了困難的社會與政治問題，便以「藉思想、文化以解決問題的方法」對付之，頗含烏托邦性質❼。

烏托邦，陳弱水替聯經出版公司寫《中國文化新論》時，韋政通主持座談會時也都曾如此界定儒家的內聖外王之說❽。可見在批評者心中，這確實是個儒家理論在面對新時代時的難題。期待聖王、內在超越的觀點，似乎已經成了現今民主化的障礙。不僅開不出民主而已。唯有放棄儒家傳統，或轉化之，方能實行民主。韋政通說得很清楚：

> 民主是民主，傳統是傳統，兩者不但互不相干，而且要實行民主，就必須拋棄中國的傳統；要保守中國的傳統，就不可能實施現代的民主。中國實只有個民本思想的傳統，要想由民本思想來接通民主，就是縱貫性聯想式的思考方式，應予徹底擺脫。

所以，新儒家之不能認清這一點，仍堅持儒家傳統，或强調民主科學可由儒家傳統開出，「中國人文精神，確較單純之科學精神、民主自由之精神爲高」❾，就是犯了形式主義的謬誤、縱貫性聯想式思考方式的謬誤、封閉一元式思想模式的謬誤、建立「文化天朝觀」以彌補精神自尊失落的謬誤……，從而替威權政治張目，阻礙了民主化。唯有徹底擺脫新儒家這種想法，承認「中國文化的價值絕對不如西方」，如韋政通所說。或將傳統定性、定位後予以轉化，如林毓生說，中國才有希望。

三、形式主義的歷史

這些批評，在理論上都是講不通的。他們指責新儒家犯了形式主義的謬誤，其實這些批評者自己才是形式主義。他們只注意到了儒家民本思想與現代民主觀念之不盡相同，只觀察到了中國在制度上並未出現民主政體。卻忘了中國「民本等思想資源與民主思想並不衝突」、「天下爲公的觀念的確不能容忍昏君與暴君」⑩，而西方政治哲學中卻有主張極權獨裁的傳統。

儒家再怎麼講聖王理想，也只是說主政者應該要能善辨是非；蘇格拉底、柏拉圖卻說主政者因爲具有理智能力，所以應賦予完全控制政策的權力。輔佐者和生產者，則不應准其參加政策的制定⑪。儒家講聖王，均強調要尊重或順從人民意志，如「天視自我民視，天聽自我民聽」「民爲貴，君爲輕」「防民之口，甚於防川」，即使聖王之教化人民，亦在使人民能培養並表達其意志。柏拉圖卻反對行政部門依人民意志行事，而且說只有主政者才能知道何者爲正確，並有權告訴那些缺乏知識又無法辨別何者爲是的人。因此人民只能毫不置疑地服從。這乃是純粹的極權主義和反人道主義的觀點。

這個極權主義的傳統，在西方的發展如何呢？從羅馬法中，可以引出：君王超越一切立法束縛的觀念[12]；中古時期的教權國家觀念，亦根本與民主了不相干；且現代方式的教權國家，仍在極權社會中復活著，政府的政策，本質上正是宗教的教條[13]。等到文藝復興，現代式主權國家出現後，馬基維利的政治理論，亦仍爲君主專制張目，認爲有助於國家利益者才可以叫做善或義，所以凡有利於國家者，亦將有利於個人，只不過有時會爲了國家利益而犧牲個人罷了[14]。其後的霍布斯，亦曾散發爲絕對王權辯護的册子。又寫作《巨靈篇》(*Leviathan*)，強調不論什麼政府，只要當權，就有絕對的勢力；一切政府也都必包含政府對被統治者行使強力。所以政治的要義，就是人民應由一羣少數人或一個人來統治[15]。到黑格爾之後，如馬克思理論之類，其極權主義的色彩則更爲濃厚。在卡爾·巴柏《開放社會及其敵人》書中，對此亦有細緻的分析。

當然，在極權專制的理論之外，西方世界確實也有如洛克、盧梭等提出含有民主精神的論點。但洛克只是說：所有的政府都受自然法所規定之道德標準所支配，如有政府不依照被治者所接受的道德原則，則人民可以不必同意其統治。這跟董仲舒「屈民而伸君，屈民而伸天」「稱天以制君」，強調國家權威的道德限制說，意義是一樣的。盧梭就比較複雜了，他的《民約論》，引起了法國大革命，可是把他的理論看成是現代民主的基石，還不如說他是極權的護法。他在該書第一部第六章說：「我們每個人都同意把自己的身體和權力置於共同意志的最高指導之下，而以我們的團體資格，接受每個分子皆爲整體之不可分的一部份。這種結合的行動，立卽取消了訂約各造的個人人格，而創造了一個道德集合體。其中人數與會議票數相等。由此行爲而得到的整一性和同一性、它的生命和它的意志」。在這一集合體中，個人意志與國家集體意志不會衝突。但若有衝突，那就表示個人「可能有一種特殊意志，與其作爲一個公民而有的共同意志相反或相異」（第七章），此時，國家全體卽必須強迫他服從共同意志，「就是說，強迫他自由」(forced to be free)！只有遵守共同意志，才能「眞正」的自由。這與極權社會以人民意志之名壓抑個人意志，有何差別？故莫瑞（A. R. M. Murray）在《政治哲學引論》中說：「一國的共同意志爲它的公民界定了道德標準，但國家本身卽是法律，因之不能爲非。這種說法由黑格爾及其門徒加以發揮後，無疑成爲『權力政治』的理論，由自由民主的擁護者看，是非常不道德的」[16]。

換言之，在中國，儒家並無極權專制之理論，西方才有。而且西方這些理論，其強度似更勝過我國的墨家和法家。爲什麼批評新儒家、熱烈贊揚西方之民主傳統者，對西方極權理論的傳統，竟如此視而不見呢？林毓生說基本人權是法治之基礎這一觀念，可上溯西元前二世紀之斯多噶學派；其後，西方的民主又是與政教分離傳統與政治權力之特性的識見分不開的，「關於這兩點，基督教與文藝復興以來的人文主義者（如馬基維利、霍布士）的貢獻都是非常重要的。至於集上述思想資源之大成，成爲西方近世紀民主思想之基礎的《契約論》，更無需在此多述。」眞不知何所見而云然，但爲自由主義者之偏見耳。他們似乎以爲民主與法治是自雅典、羅馬以來卽已爲西方文化之基本骨幹，完全不曾了解其間的複雜性和歷史發展。

更奇怪的是：儒家根本沒有專權與反民主的理論，他們卻要打倒或揚棄儒家傳統。中共極權統治，明明是引進馬克思學說的結果、高唱「批孔揚秦」的結果；現在卻要批判儒家，認爲中共極權統治的根源就是儒家思想。豈不是找錯了門牌？

第三，從思想資源上爭論一個文化能不能發展出民主，並無意義。因爲：⑴、民主制度的出現，往往是政治過程中諸多條件、利益相互作用的結果，跟理論上的說明，不是同一件事。從希臘城邦式的民主，到英國貴族與國王分權的民主、美國獨立後權力平衡的民主，都可以證明這一點[17]。⑵、如前所述，各「民主」制度之形成及其內涵，頗有不同。希臘之民主不同於美國式的民主，單就某個概念（如主權在民、政教分離）來談民主，實有形式主義及簡單化約的毛病。⑶、這種缺乏歷史研究的哲學式爭辯，使論者一廂情願地美化了西方的民主傳統。例如希臘城邦之民主，固爲西方文化可貴的傳統。但事實上希臘城邦中五分之四的居民不具有公民權；帕里克里斯（Pericles, C. 495-429 B. C.）的葬禮演說，固然曾揭櫫法律之前人人平等、多數人統治及個人生活自由諸義，顯現了民主政治的理想，但他實行的卻是「第一公民」的統治，領導人民而不爲人民所左右。所以，由事實上說，所謂民主只是少數的寡頭政治，或根本流爲專權政治。且因為他們是少數統治，故發展出了替奴隸制度辯護的哲學（如亞里士多德），認為天然地就是應由一小羣人統治一大羣人，此又形成專制極權之思想淵源⑱。歐美社會至今仍充滿了濃厚的階級劃分、身分歧視氣息。此種現象，近為中古貴族政治的殘留，遠則可溯至柏拉圖、亞里士多德及希臘民主社會。故理論與實踐中複雜的變異關係，論史者實不能不予考慮。(4)、思想的發展與影響，是極為曲折複雜的。具有民主的思想資源，未必便產生民主制度；反民主的理論，也未必就不能對民主之發展有益。假如像批評者所說，中國只有民本思想而無民主觀念，所以資源缺乏，須假外求、須擺脫中國的傳統。則一部西洋哲學史，豈不大部份亦當丟棄？上古中古的西洋哲學中又有什麼資源，可以「直接開出」近代的民主呢？思想之影響，根本不能如此討論。例如亞里士多德是主張寡頭貴族政體和民主政體相妥協的，因此他同時承認了少數人可能具有超凡的能力，及多數人共同討論較不易犯錯。可是他提出國家是由人民同意統治的說法，和「客人比厨子更能判斷筵席的好壞」的比喻，卻成了現代民主政治的基本原則。馬基維利、霍布士的情況與此相似。其影響乃是幽微而曲折的。韋伯解釋新教倫理與近代資本主義形成的關聯，不也可以提示我們這一點嗎？

第四，思想問題之處理，亦不能過度簡化。例如林毓生說儒家的內在超越觀點會導致一切都是內在的傾向。也會形成聖王人格無限膨脹的後果。但張灝則指出：天人合一的內在超越意識，也可以使人相信憑人格的道德轉化，能樹立一個獨立於天子和社會秩序之外的內在權威，與外在權威相抗衡，形成權威二元化的批判意識⑲。就林氏說，內在超越論有礙民主化；依張說，則要民主化，正須發展此一批判意識。二者相衡，正不妨以矛陷盾。可見一思想之有助或有礙民主，殊不易輕率論斷。

四、弄錯靶位的射手

綜合以上所述，當更進一步說明者，厥爲反對新儒家的人，所使用的思考模型。

西方的政治哲學，自馬基維利以降，成功地扭轉了傳統的道德說，而將政治界定爲一保護和滿足人民基本欲求的機構，形成了後來霍布斯、休姆、邊泌等人繩繩不絕的新傳統。了解達成政府的目的，關鍵在於私利，而不在道德。此卽林毓生所言：「對政治權力的特性的識見」「西方民主在實踐中所表現的種種『私』的成份」。因此，根據西方早期政論之極權色彩／近代民主政治之實踐表現，這樣的歷史發展，和新舊兩傳統對政治權力性質的不同認定，論者自然可以把專權政府和民主政府，用「功利政府」和「道德政府」爲指標，予以區分。認爲：前者基於同意而統治，後者基於權威而統治。故凡集權政體，均有理性主義道德說的政治意含；像共產主義和法西斯主義，尊敬其理想，不容批評與懷疑，卽有如尊敬無條件之效準的道德原則一樣。並認爲集權政府之一切行爲，都爲了達成道德目的⑳。

據參考著西方學人對其傳統的批評，我們的學者也指出：傳統儒家講道德倫理、新儒家標榜「道德的理想主義」，都是違反民主政治之基本原則的。韋政通說：

> 檢討中國走向民主的過程中所以困難重重的原因時，傳統文化裏那種根深蒂固的泛道德意識，很值得分析。使中國傳統的政治塑造成「政治倫理化」的特殊型態，結果儒家內聖外王的一套，在歷史上形成空中樓閣，專制帝王變成實際的聖王，作之君作之師，在政敎合一的運用下，敎成為專制權力一元化合理的根據。……政敵一旦在道德上判處死刑，接下去什麼殘忍的手段都可加於其身，三十多年中國大陸這種現象幾乎沒有中斷過。……

顯然就套用了這樣的批評論調。林毓生攻擊唐君毅云：唐氏的思想方式取之於黑格爾，而黑格爾的歷史觀是強調德意志精神的，最後並要落實到德國國家主義，這種哲學與後來的法西斯主義有密切的關係[21]。也是採取了同樣的批評模型。

順著這一理路，批評者認定了：依理性主義的道德說之意含，政府應該是專權的，而依經驗說之意含它應該是民主的。理性說之所以有此意含，是因爲它以爲有必然而普遍爲眞的道德律，凡能清楚理解並能一貫應用之者，就享有權威，爲他人所應遵敬與服從。柏拉圖所辯護的，就是這種形式的政府，因爲他相信只有極少數的人能了解道德的先驗眞理。反之，依經驗主義的道德說，則道德律是經驗通則，因之不能必然普遍眞。而民主辦法之允許個人意見之自由發表，而又接受多數意見爲政策的最後指導，就是默認經驗主義的這種原則。因此，依經驗主義之立場，他們對於新儒家之援引康德，大談道德的形上學、講先驗的普遍的善，均有惡感。這種惡感，並不是直接從對儒家理論或康德理論來，因此這些批評者絕少正面討論新儒家對儒家心性論的解釋、對康德哲學之研究有何問題，或有何確切之錯誤。而只是討厭他們這樣說罷了。由於這種難以明言的惡感，他們有時也會私下表示牟宗三不懂德文、只能談英國康德、講的是「牟氏康德」，或根本上認定每一種思想都有其時空性，不能用康德來講儒家等等㉒。這些流言及疑慮，並沒有理論上的意義，只表示了他們的心理狀態而已。

不但如此，新儒家對宗教的態度及其宗敎意識，也使批評者忐忑不安。聖保羅所說：「事實上的權力爲上帝所賦予」，統治者即是上帝的使者，以及西洋中古時期政敎合一的情況，在文藝復興之後，好不容易才得以擺脫。近代民主政治，對於政敎合一和君權神授、敎會權威，都含有高度的警覺。傳統儒家「作之君，作之師」的說法、內聖外王的理想，在他們看來，也正是政敎合一的。而且，依中古世紀的思想，國君的神聖權威仍須屈服於一些根本的限制，神學家和羅馬法學者解釋「獨立法權」的原理意義是：君王可以免受立法的壓迫，但不能違背自然法的權威。不過，君王如果違反了，中世哲學也不承認人民有公開反叛統治者的權利，因爲君王的權威來自神，反叛國王就是違背了神的意志。這些，都讓民主理論者想起了儒家政論中天與君的關係：君王是天子，代表天，受天所監督；但在「三綱」說的籠罩下，君雖不善，人們仍須服從。卽使是孟子「聞誅一夫也，未聞誅紂也」的言論，他們覺得也只不過和多瑪斯阿奎那的主張差不多。距民主仍然非常遙遠。——他們的恐懼是應該的，因爲高揭英雄崇拜的卡萊爾說過：「神學家們寫得好：王權乃神授。王的權來自上主，不來自人；他是我的統治者。他的意志高於我的意志，他是神爲我所選擇的。除了服從神選的自由外別無可能。」而卡萊爾卽開展了一個法西斯主義的傳統，它導致政治領袖的神格化，並將神權與正義視爲一體，形成如希特勒這樣的統治[23]。西方現今民主理論者對政教合一的思想傾向，怎麼會沒有戒心？

同樣地，關於一元論，自由主義也頗爲敵視。柏林（Isaiah Berlin）曾指出，所謂「一元論」是說：人們相信從某個地方可以找到一個對人生及社會諸問題的最後解決之道。或許在過去、或許在未來、或在神的啓示之中、或在歷史或科學所揭示的必然性中、或可由形上思索而掌握。而所有積極價值，到最後亦可以蘊涵融滙爲一。這種思想跟「多元論」正好相反。多元論拒斥所謂一切價值衝突皆可綜合，並獲得終極解決的想法，認爲這些價值彼此毫無可能成立一個客觀的等級層次關係。據此，自由主義批判整個西方文化中一元論的傳統，說：「在黑格爾與馬克思主義上建立起來的，不是可怕的變態，而是所有西方政治思想核心潮流裏一項主要假設的邏輯發展」。強調眞正的多元論是「在根本層次上不利於西方傳統裏的一些居於核心、未受批判卽獲成立的假設，故極少人充分加以申明表示。少數闡揚多元論後果的思想家素來皆遭誤解，其創意也受低估」[24]。

本此，我們當不難理解林毓生爲什麼指責中國傳統是一元論式的、是想藉思想文化以解決問題，而汲汲於提倡「與中國傳統的封閉的，一元式的思想模式完全相反」「使用多元思想模式」的創造轉化說。而牟宗三《智的直覺與中國哲學》、唐君毅《生命存在與心靈境界》中的「判教」行爲，又爲什麼會被他們認爲是毫無意義地在建立一個價值層次等級關係了。

總之，綜括來說，批評新儒家及傳統儒學的人，大體上只是套用了西洋現代思潮對其文化傳統之批評架構，將中國文化類擬爲西洋傳統，謂其爲政治道德化、政教合一、一元論而已。到底中國儒家是否如此，其實是另外的問題；新儒家之判教、採用康德或黑格爾哲學、講道德之自我建立，與其所批評者亦爲不相干之問題。新儒家表面上是較保守的，但其對應的、所思考的，確爲中國文化在面臨西洋衝擊時的調適發展之道。其思慮所得之恰當與否，自可再予檢討。然而現今批評新儒家，貌似開明進步者，卻根本未曾面對中國的問題，亦未發展出屬於自己的思考模式與批評架構，故儘管挽強弓、控硬弩，射的卻是旁人的靶子。這實在是非常遺憾的事！要批評新儒家，他們恐怕得另闢蹊徑才行。

附　注

❶ 反倒是新儒家的講學，有時還必須依附於民間教團或其他文化團體之中，方得進行。例如鵝湖月刊社編印的《論語義理疏解》等書，即是由各地寺廟籌辦國學研習會開講四書而編的。王邦雄在序中認爲在二萬一十一個寺廟的國學研習會同時開講，是「存全儒家的學術莊嚴」。但事實上正顯示了宗教團體在保存及傳播文化傳統方面，力量大過新儒家，故新儒家不能不借其勢。現今舉行唐君毅思想國際會議，不由香港中文大學新亞書院出面，而係佛教法住學院主辦，不也是如此嗎？

❷ 見《中國論壇》十五卷一期，一九八二年八月，頁三十一「當代新儒家與中國的現代化」座談會發言記錄。

❸ 勞思光在《歷史的懲罰》裏，提到他的友人中有人想當教主。很多人認爲那就是指牟宗三。其實新儒家的人物確實不乏教主性格。彼此雖能欣賞，卻不易合作，如熊十力與馬一浮，梁漱溟與熊十力，都交道不終。徐復觀也談到：「我發現，對許多問題，我與唐先生及牟先生的看法並不相同。爲了預防由看法不同而引起友誼上的不愉快，我便要求轉開以中文系爲主的課，把我的名字也轉到中文系」(《中國文學論集續編・自序》)。爲什麼朋友間不能容忍看法的差異呢？恐怕正是因爲每個人都有學術上的霸氣。

❹ 〈爲中國文化敬告世界人士宣言——我們對中國學術研究及中國文化與世界文化前途之共同認識〉指出儒家心性之學，「乃通於人之生活之內與以及人與天之樞紐所在，亦即通貫社會之倫理禮法、內心修養、宗教精神，及形而上學等而一之者」。牟宗三也在對陳榮捷的書評中強調儒家宗教精神。整個新儒家對中國傳統特有的會悟，即奠基於儒家之宗教性肯認上。藉著直觀與體驗的「反實證論思考模式」，來追求精神取向象徵 (symbols of spiritual orientation)：道德形上象徵。以爲儒家所說的性，

是指人類心靈之道德創造實體；天則表示爲一超越本體（The numinous beyonol）。如此，則中國傳統之道德秩序即與宗敎溶合爲一。

❺ 見林聰舜〈當代新儒家運動的困局〉（稿。原擬收入一九八八，《臺灣社會文化研究季刊》，第四期）。該文認爲新儒家對傳統文化的認識有盲點，故影響了他們對傳統文化全面的理解，及對現實的了解。以致繼承了傳統儒家擁護體制的一面而不自知。

❻ 見勞氏〈試論當代反儒學思想——理據與功能的雙重檢討〉，本屆新加坡儒學會議論文。

❼ 見林毓生〈新儒家在中國推展民主與科學的理論面臨的困境〉，本屆新加坡儒學會議論文。

❽ 陳弱水〈追求完美的夢——儒家政治思想的烏托邦性格〉一文指出：內聖外王說之中，對政治系統及其領導者的自足道德之認定，是儒家政治思想的根本疑難。因爲此說是對個人自我實現與個人政治行爲之性質混淆不分，又對血緣組織中的倫理原則與政治權力的運作原則亦混同無別所造成。同時，這種烏托邦性格，也使得儒家不只是「現實的人文主義」，而有著濃厚的超現實成份。見《中國文化新論》思想篇一，頁二一一—二四二。韋政通則以爲：新儒家的歷史文化觀，其實只是「英雄史觀」（如卡萊爾所論「英雄與英雄崇拜」）和「烏托邦式的希望」。見一九八一年八月《中國論壇》一六九期「新儒家與現代化」座談會附韋氏〈當代新儒家的心態〉一文。

❾ 唐君毅語。唐氏《中國文化之精神價值》第十六章亦曾明言：「中國文化之精神，在度量上、德量上，乃已足够，無足以過之者，因其爲天地之量故也。」

❿ 皆林毓生語。見注❼所引文。

⑪ 蘇格拉底主張「智識的貴族政治」，反對雅典民主。柏拉圖則較爲複雜，一方面他提倡哲人王政治，批評民主。但另一方面，他又在《共和國》中將政體分成兩型六類：受法律限制的，統治者爲一人是君主政體，爲少數人則是貴族政體，爲多數人是民主政體；然如腐化而無法治，則統治者爲一人是暴君政體，爲少數人是寡頭政體，爲多數人是暴民式的民主政體。在前者中，以君主政體最佳，貴族政體次之，民主政體最糟。在後者中，民主政體較好，暴君政體最劣。因爲在無法治國家中，民主政體能力最差，所以既不能向善，其爲惡亦不太甚。現今提倡民主政治者，有許多人也吸收了柏拉圖的這個意見，認爲民主是「最不壞」的制度，最不易爲惡。其次，柏拉圖晚年寫的〈法律篇〉意見並不同於《共和國》。主張混合政體，混合君主與民主，兼採波斯與雅典，較共和國更多注重現實之色彩。不過，整體來說，柏拉圖的公妻、共產、忽視人民自由、強調教育文化之統治……等等，開啓了西方極權主義的思想傳統，則是無庸置疑的。

⑫ 羅馬早期的法律，須經平民會議通過，後改爲元老院審議，最後則逕由帝王發布命令，命令卽是法律。故卡西勒（Ernst Cassirer）在《國家的神話》第八章說：「從羅馬法中可以引出：君王超越一切立法的約束」。君王最多只受「正義」的約束。

⑬ 張金鑑曾指出：「中古思想，關於教權與政權的關係問題雖有爭論，但他們都認爲歐洲應屬於一個國家、一個教會。無論國家或教會組織，都應該採統一集權的層級節制體系，最高權力屬於一人。而教會與國家且應融合爲一體，最後權力淵源則來自神意」（《西洋政治思想史》：六五、三民。第四章第二節）。至於現代極權政府與教權國家觀念的關係，詳 A. R. M. Murray《政治哲學引論》第五章第三節。

⑭ 馬基維利的政治哲學，比較複雜。現代政治學中對於他某些合乎民主制度的思想因素，固然頗有抉發。但他所談的某些原則，確已在現代極權制度中被普遍應用了；而且，對馬基維利那時代來說，他提供給當時政治與歷史的，畢竟是他替君王專制張目的一面。另外，我們覺得：現今主張民主者之重新詮釋馬基維利，基本上也是一種策略。是想從思想的根上，轉化西方近代極權主義。是否切合馬氏哲學之「眞相」，反而是另外的問題。

⑮ 霍布斯並沒有主張國家主權必須委付一人，但他認爲君王政治乃最優良之政治制度，厭惡立憲政體。堅持縱使在暴君的殘虐統治下，人民亦不能有反抗或革命的權力，只有上帝才能懲罰暴君。人民所擁有的自由，只是主政者不加禁止的自由。所以他是以社會契約說來支持專制君主論。

⑯ 王兆荃譯，一九八八，幼獅公司出版。第九章。

⑰ 美國建國之初，雖實行總統制，但聯邦派（Federalists）卻是主張集權的，欲使一般平民居較低之地位，由富有者及具較高教育品質者掌握政治權力。其目的是要使總統具有類似君主的權力，政府成爲貴族化體制。他們是憲法的有力制定者和支持者。後來是憲法實施後，聯邦政府的集權措施引起個人主義者及州權派的反感，才起而反對的。哲斐生任總統後，雖力倡民主自由與分權，但其實只是從英國式商人的貴族政治，轉變爲美國型的地主貴族政治而已。

⑱ 詳黃俊傑《古代希臘邦與民主政治》（一九七八，學生）第三、四章。

⑲ 張灝〈儒家的超越意識與批判意識〉，本屆新加坡儒學會議論文。

⑳ 詳注⑯所引書，第十四章第四節。

㉑ 見《鵝湖月刊》九三期，楊祖漢〈關於林毓生氏對唐君毅先生的評論〉。

㉒ 錢新祖卽曾以「措詞」問題，批評牟宗三援引康德之不當。見《臺灣社會文化研究季刊》第二、三期合刊本。

㉓ 卡萊爾與國家社會主義之關係，詳注⑫引卡西勒書，第十五章。

㉔ Isaiah Berlin 之說，見《自由四論》（一九八六，聯經，陳曉林譯）第四章第八節。在《俄國思想家》（一九八七，聯經，彭淮棟譯）一書中，艾琳·凱利（Aileen Kelly）所寫的導論：〈複雜的智慧〉，對此亦有申明。

存在的感受

——論新儒家的學術性格

民國七十七年，國際唐君毅先生哲學研討會在香港召開時，我曾撰〈我看當前新儒家所面臨的處境與批評〉附驥。該文主要是傷悼新儒家在當代，面臨不被重視及誤解的處境。後來陳忠信先生在《臺灣社會研究季刊》第一卷第四期發表了一篇駁詰新儒家「科學民主開出論」的長文，提到了我那篇文章，說該文「極爲情緒化、流氣，學術性極低」。妙哉斯評。因此我準備再情緒化、再流氣一次，略說我個人對新儒家的理解與批評。我與新儒家中人，多爲師友，相習相濡甚久。我的理解與批評，當然仍談不上什麼學術性，聊可見一點存在的感受而已。然亦幸好如此，故論新儒家尚能不太「隔」。希望我的理解，能被新儒家們視爲較恰當的理解；我的批評，也能被新儒家們所理解。

一、存在的感受

當代新儒家，是在近代思想文化脈胳中形成的一股思潮。此一思潮，無論它在這幾十年之間，是屬於時代之主要潮流，還是暗潮澎湃。它都已成功地構成了一些論題，形成了明確的學派特徵；對學術研究、對解釋中國文化，均有其特殊之方法、關切點與堅持。而這些，當然也都是在近代中國思想文化之發展脈絡中形成的。

說一個學派是在時代思想文化脈絡中形成，跡近廢話。因爲我們可以說沒有一個學派或思潮不是在歷史中形成。但熟悉近代思想史的人，必將對此特具感觸。

固然，每一思想流派均不可能脫離其歷史條件，均生自歷史情境。但是某些學派的問題意識，不見得是從它對它所身歷的時代處境之思考來；它的學說，亦未必以切應於時代爲宗趣。例如某些做學術研究的人，可能純粹基於理論上的興趣，或基於爲知識而知識的熱情，鑽研甚苦，用力甚勤。此雖亦可斐然成一家言，然與時代並無太大關係。

同時，學術社羣內部，也自有一種社羣運作的規格與儀式，帶動著大家去做研究。如搞語言學的一羣人，誰發表了新學說，誰修正了誰，大家順著這個運作邏輯，便不斷發展，亦可能漸漸形成幾個主要的派別，對語言現象各有不同的看法及處理方式。

再者，學術社羣內部，也存在著權力階級結構，爲了升等以及在該學門中保持領導權，研究者也可能就著某一領域某一學門之知識問題，一路研究下來。積日時久，遂亦成一大宗師，成一傳統。

除此之外，更有許多學說或學派，宣稱它們的方法及觀點是超乎時代的，具有客觀性與普遍性，與時代脈絡無關。

相對於以上這些學術路向，新儒家顯然有著全然不同的性格。它們認爲學術研究不能是客觀外化的爲知識而知識；爲學必然直接關聯著主體生命。故它們所欲成就者，爲一「生命的學問」。它們又認爲學術研究不能超離於時代，特別是身當今日，講中國學問，更應有「時代與感受」。這兩句話，都是牟宗三先生寫的兩本書的書名。但也同樣適用於唐君毅、徐復觀乃至錢穆先生身上。當代新儒家的主要精神，卽在於此。而這也是新儒家在近代學界顯得比較特殊的緣故。時代的感受、醞釀、激發並導引著生命走向學問之途，學問又回過來充實生命，回應我們對時代的感受。新儒家之爲學，大致可以如此描述。此一進路中，顯然洋溢著人的存在感。而且也正因爲他們對人的存在確實有所感受，所以才能發現歷史中每一部份的存在也都是眞實而非空洞的。才能對歷史文化抱持著較爲尊重的態度，並通過歷史來說明自己的存在感。在此，存在感是與歷史感交融爲一體的。

這也就是新儒家普遍重視歷史，或顯示出史學傾向的原因。如錢穆，許多人皆目之爲史學家。徐復觀的主要學術工作，也集於中國藝術史、文學史、兩漢思想史。唐君毅、牟宗三，以哲學名，但某些人，如傅偉勳卽曾「惋惜」他們只是西方意義的哲學史家而非哲學家。他們大部份的著作，都是述古，而且往往採取一種疏釋古典的論述方式，旨在把古人的意思講淸楚。用牟宗三《圓善論・序》的話來說，就是：「我之這樣講起，是取疏解經典之方式講，不取依概念之分解純邏輯地憑空架起一義理系統之方式講」。

然而，他們講述歷史的方法，在當代史學界，實在又屬異端。史學界大多不承認他們是史學，認爲他們只是用歷史材料在「講他們那一套」。

換言之，言哲學者嫌其爲史，言史者又病其爲哲學。這一現象，說明了他們的存在感與歷史意識是混融爲一的。意在釋古，而釋古卽爲其一家之言，歷史文化生命跟他們自己的生命根本結合在一起；「人生之體驗」與其歷史文化理解也是不可分的。新儒家的著作，在當代文史哲各學科之學人著述中，獨能感動讀者，特顯其生命精神，原因當在於此❶。

而他們的存在感，不僅聯融於歷史意識，又常透顯爲文化意識，如唐君毅之著《文化意識與道德理性》、錢穆一再申論「文化學」，皆可見此文化意識之發顯。但這種文化意識，因爲是從存在感與歷史意識生發的，所以不可能是文化人類學型態的文化討論，亦不是客觀地談一普遍意義的文化問題，企圖建立一文化學的模型，如黃文山等人之所爲。乃是緊扣住他們生存的時空處境，談當代中國的文化生命。其欲安頓此一生命，正如其欲安頓自己的生命一般。且亦唯有安頓了民族文化生命，他們的存在感才能得到安頓。因此，他們的學問，不論所言爲何，基本上都強調主體的我、發言的我，其中有人，鬚眉畢見，躍然紙上，形成鮮明的論述風格。同時，他們也大力抨擊近代講科學方法、講客觀性、重視學術規格的學風；也痛憤近代反傳統的新文化西化運動。他們覺得這些都是使中國人、中國文化以及他們自己之存在無法安頓，使主體性淪喪的主要原因❶。

這種強調主體性的論述特色，對近代形式化、外化的學術研究，離異文化本根的文化走向，自亦爲一有力之針砭，其易於感發讀者，實非偶然❷。

二、生命的學問

此爲新儒家爲學之路向與精神意趣之所在。在近代中國思想史上，它的特殊貢獻即在於此。因爲它顯示了一種觀看歷史、人生與時代的方法。這種方法，與強調科學方法一派固然甚爲不同，和著眼於社會之科學解析者亦復異趣。

每個人做學問，探索時代的問題及解決之道，當然都可能有其存在感之觸動。但放在方法學的層次中看，它是否豁顯此一狀況，實有極大的差異。某些人並無存在之實感，爲學只是隨順潮流，依時代的氣候發言。另外，依某些人看來，存在感則又是必須盡力刮除的，治學只當不哭不笑，純爲了解而了解，方能不爲主觀態度所擾，而成就一客觀知識。後面這個路向，在近代，應該是由胡適先生所開啓的。

胡適曾將五四新文化運動定性爲：「評判的態度」，見其〈新思潮的意義〉一長文。與此態度相配合者，則爲其評判之方法。胡先生稱之爲科學的治學方法。他說：

在我那篇長文〈清代學者的治學方法〉（原名〈清代學者治學的科學方法〉見《胡適文存》第一集卷二）裏面，我便指出在傳統的「考據學」、「校勘學」、「音韻學」裏面，都有科學的法則存乎其間；他們之間所用的治學法則，都有其相通之處。「考據」或「考證」的意義便是「有證據的探討」。我說有證據的探討一直就是中國傳統的治學方法；這也是一切歷史科學所共用的治學方法，例如研究歷史學、考古學、地質學、古生物學、天文物理學等等，所用的方法都是一樣的。（歷史科學 Historical sciences 和實驗科學 Experimental sciences 的不同之點，只是歷史科學裏的「證據」無法複製。歷史科學家只有去尋找證據；他們不能用實驗方法來創製或重造證據。在實驗科學裏科學家們可以用實驗方法來製因以求果。這種程序便叫做實驗。簡單的說來，實驗就是製造適當的「因」，去追求想像中的「果」。二者之間的基本法則是相通的——那就是去做有證據的探討。）❸

這種方法，旨在「尋找證據」「尊重事實」，研究者非常清楚他是站在研究對象之外來看「問題」的。如醫者之探病源、審病況，然後找出解決的辦法，開出藥方來治病。故書齋裏的方法革新，便直接導向治國的社會革新。

五四運動及新文化運動、科學方法、評判態度等等，內容十分複雜，但如果簡單勾勒，則不妨如此看。而順著這樣的描述，我們似乎也可以發現這種方法蘊涵了三個問題。一是研究者只管「多研究問題」，然後宣說病情、提示處方。處方開出來以後，其所謂社會與文化革新，便已完成。其實這是誤以「言說」爲「實踐」。學術遂因此而成爲智識化的清談活動，喪失了實踐力。所謂科學方法，也將只成爲學院或知識份子間，修飾其言談的裝備❹。二，客觀科學地研究問題，研究者永遠是外在的。他未曾認眞考慮到：研究者本人其實也就在這個時代、社會與文化之中，與醫者視病人之病不同，根本不可能脫離於時代，而採取評判的態度。因此，凡在方法上採取抨判之態度與科學方法者，對時代實無切實之感受。三、評判他人，說東道西，指瑕擿垢，其學問亦不具內指性，學問內容並不涉及言說者自己。非古所謂「儒者之學爲己」。不處理個人生命之安頓問題。

據此，新儒家認爲，從五四新文化運動以來，學術發展充滿了危機。相對於他們所理解的儒家思想及學問路向，他們批評這種學風是：喪失了儒家的踐履性格、對時代無所理解、對生命缺乏存在的感受。相對於這種學風，新儒家自己走了另一條路，卽重新開啓所謂「生命的學問」之路。

牟宗三《才性與玄理》序，對此「生命的學問」，曾做了一番解釋曰：

吾年內對於「生命」一領域實有一種「存在之感受」。生命雖可欣賞，亦可憂慮。若對此不能正視，則無由理解佛教之「無明」、耶教之「原罪」、乃至宋儒之「氣質之性」，而對於「理性」、「神性」、以及「佛性」之義蘊亦不能深切著明也。文化之發展卽是生命之清澈與理性之表現。然則生命學問之消極面與積極面之深入展示固是人類之大事，焉可以淺躁輕浮之心動輒視之為無謂之玄談而忽之乎？「玄」非惡詞也。深遠之謂也。生命之學問，總賴真生命與真性情以契接。無真生命與性情，不獨生命之學問無意義，卽任何學問亦開發不出也。而生命之乖戾與失度，以自陷陷人於劫難者，亦唯賴生命之學問，調暢而順適之，庶可使其步入健康之坦途焉。

相對於講客觀主義科學方法者，新儒家強調從個人自然生命的陰闇面來體驗思慮，逐漸通過道德的實踐活動，達到澄清。這種生命學問的建立，必須眞正在自己身心上做工夫，通過對自然生命陰闇面的體察，逐漸克服其習累私欲墮落的部份，發顯人純明善淨的一面。這種工夫，卽是道德的實踐；這種學問，則是收之於己、證之於心的爲己成己之學，非對外尋找證據、討論事實。牟氏云其發自「存在的感受」，唐君毅更曾用《人生之體驗》正續編來描述他如何進行生命的體察與淨化。這些感受與體驗，在新文化運動影響下的學院學術評價中，是完全不能理解的，只覺得它們毫無學術性。但就新儒家而解，這才是他們整個學術活動的基本點與方向所指。必須站在這兒，才能了解新儒家的「學相」爲什麼是那樣。

蓋新儒家陣營中，各人之成長背景、學術資源、爲學塗徑各不相同；其進行生命體察之方式及淺深，亦復各異。這些不同，使得他們論學時，各自結構了不同的理論體系和言說方式。如牟宗三利用康德之學，通過知識批判，再轉接到自由無限心，構造了一個「執與無執的兩層存有論」。唐君毅思索心與境相互爲用的狀況，建立「心靈九境」，來說明主體性的動力與結構。其理論構造，各有特色，未必能同。然觀者倘能由其言說進而窺其所以立說之故，則知其理論架構雖殊，路數實同。換言之，乃是同一種思考進路所顯現的不同相貌。

例如徐復觀。他並無《人生之體驗》一類書，也很少拈出「生命的學問」、「道德主體性」等話頭。且一生糾纏於學術與政治之間，廣泛討論歷史文化問題，亦並未如唐、牟那樣，建構一套理論去說明心的墮落與昇進。對於牟氏所常汲引的康德哲學、唐氏所精熟的黑格爾，他也幾乎從未談及。當代新儒家與陸王心學的關係，在他身上更是非常淡薄，亦不如熊十力之喜談船山張載。因此，從表象上看，他似乎與唐、牟並無合轍之處。然而，他推崇熊十力、馬一浮、張君勱、梁漱溟爲中國近代四個「活的精神」。民國五十一年，牟宗三在香港爲《才性與玄理》寫序時，他也在臺中東海大學寫《中國人性論史·先秦篇》的序文。這部書，在論述型態上，是欲以更精緻詳密的考證，來對治五四新文化運動所提倡的考據學風；欲以更深入地「研究問題」，來說明五四新文化運動者皆不認眞研究歷史文化問題。所以它重在史料與考證，與牟氏之寫作風格極爲不同。但透過這種研究，他想說的，卻與牟宗三有一奇妙之呼應關係，不只在於二人皆論心性問題而已。因爲徐復觀認爲：

> 中國文化的基礎，乃是由憂患意識所引起的人自身的發現、人自身的把握、以及人自身的昇進；這是由孔孟老莊以至宋明理學乃至中國化了以後佛學的一條大綱維之所在。此一大綱維的性格，可以說是實存主義的性格。它不同於現代風行一時的實存主義，是在西方的實存主義，反省到了人的「下意識」，亦卽是反省到了儒家之所謂私欲，佛家之所謂無明；而沒有反省到人的生命的深處，更有良心、天理、玄德、佛性，可將私欲、無明，加以轉化。所以他們便以私欲、無明，認定是人的主體之所在，而感到不安、絕望。這用中國文化的境界來說，他們還在「認賊作父」的階段。他們要眞正貫徹「實存」地自由解放，只有更沉滑下去，於不知不覺中和中國文化的大綱維接上頭，才可打開一條出路。❺

他所說的「憂患意識」固然溯之於周朝❻，但證立憂患意識的意義，實與牟宗三所云：「生命雖可欣賞，亦可憂慮」相同。意謂人必須正視生命，憂其爲無明所汩沒，而時思提振之。徐先生說這叫做人自身的發現、把握和昇進，故能逐漸「轉化」無明私慾而爲天理玄德。其言甚簡，然論者若不以其簡而輕忽之，便不難發現，此與牟宗三繁復的論證，在結構上及思考路線上是一致的。——對人自身生命的反省，他們都是從陰闇面的把握開始，而思有以轉化之；但轉化私慾無明的力量，卻不在這個自然才性生命之外，而就是這個生命本身。人這個生命，既有無明私慾，也同時有良知佛性。正因爲有這樣的基本看法，牟宗三後來才會借用《大乘起信論》「一心開二門」的理論，費力建構一套兩層的存有論，試圖說明心既可爲識執心，也可以是無執的自由無限心[7]。而且，唯有確立人之主體爲一自由無限心，人的存在才能獲得眞正自由的保證。在此，牟宗三證成此理的手段是借用康德之學；但謂「圓善」之問題非康德之依基督教傳統而答者所眞能答，必須依中國孔孟老莊及中國化的佛學的義理模式，方能眞正解答[8]。斯與徐復觀謂存在主義必須接上中國孔孟老莊宋明理學乃至中國化之佛學的大綱維，才能打開一條出路，想法何其相似！

再看唐君毅的情況。唐先生對宋明理學，用力較徐復觀多，但他在《中國哲學原論·原教篇》自序中說：

> 宋明儒之學，重在為世立教，正與諸儒本懷相應。復次，宋明儒之學，雖重明天道人道之大本大原所在，然尤重學者之如何本其身心，以自體道、自修道之工夫，以見諸行事，非但於此道之本原作思辨觀解也。此體道修道工夫，恆須由面對這種種非道之事物而用，如

對身心中之種種邪暗之塞、氣質之偏，私欲、意見、習氣、意氣之蔽等，以及博聞强記、情識、想像、擬議、安排、格套、氣魄、光景等似道非道者，而用。若非對此種種非道之物，則道自恆為道，亦不待修也。如世間之道路，無破爛阻塞，亦不須更修也。反之，則人愈能認識此種種非道之物之存在，亦愈須修道。依吾之意，則對此種種非道之物，如邪暗之塞、氣質之偏，意見私欲等之存在，其認識之深切，其對治工夫之鞭辟入裏，正為宋明儒者之進於先秦儒學之最大之一端，而亦正有類於佛家之求化除人之生命中之雜染無明，以歸純淨之旨者。

仍然是强調對生命邪僻陰闇面的超越與克治，以歸於純淨。因此，他的工作便與徐復觀形成一巧妙之互補關係。徐先生論先秦人性論，試圖勾勒中國心性論傳統的基本性格與方向；唐先生則謂宋明儒對治氣質之性更切，有進於先秦儒學。順此對於人心之體察，唐君毅亦分一心爲二：自然生命的心靈與普遍究極義之心。而且更進一步指出這個心非生物學經驗心理學意義的心，乃一虛靈不昧、寂而能感之心。且正因其爲能感，故人之千思萬想，皆始於「皆出於生命心靈之感知」，「此一感知，即一生之躍起，亦天地之躍起，荀子言：『天地始者，今日是也』。進而言之，則當下之一感知是也。在此感知中，此生命心靈自是面對天地萬物，而亦自有其理想，更本之以變化此天地」❾。

此說強調感知，要由感知來「知其自己」。可以與牟宗三之論「存在的感受」並觀。依唐君毅之說，心是「寂」而能「感」，恆「寂」恆「感」。其結構亦與牟宗三合「眞如」與「生滅」爲一心之設想同。

由此概括，我們才比較能明白當代新儒家爲什麼不能同意同樣是講心性論的勞思光。勞思光先生對中國哲學史的描述，偏向於以「心性論中心之哲學」(Psychocentric Philosophy)爲主線及判準。其肯定主體性尤甚於新儒家。然而新儒家覺得不能只講道德而不講存在，不能只講孔孟而不講《中庸》《易傳》。孔子的仁和孟子的性，一定要和「天」相通爲一才行。

這個講法其實比較複雜。天生萬物。就生之爲性、人稟元氣於天這一面說，生命中自有許多限制，所謂「死生有命，富貴在天」。新儒家正是要正視這個存在，要體察其限制、感知其無明。能如此感知，即能於情性之流動中覺悟而成德化質，轉化氣質之性。因此這個天是不能去的。非唯做爲存在原則的天不能丟，人之能覺悟而成德，必須有一超越的依據，這個依據亦並不在人的生命之外，而就在於這個天生之性。這時，天就是「性天」，性則是性理了。在這個理路下，新儒家所採取的形上學，當然是宇宙秩序與道德秩序合一的。且此非二物之合。乃「宇宙秩序卽道德秩序」(Coosmic order is moral order)的型態，乃道德的形上學⑩。

這樣論述新儒家，誠然十分粗略，但躡跡取神，或能得其大體，非同世間描頭畫腳者。

三、致曲以有誠

蓋新儒家之所謂繼承先儒重實踐的精神，便是強調反求諸己，要人對生命的存在與魔妄切實有所感知，然後轉化妄情，證入眞如。這生命中的種種魔妄無明，有些是來自生命本身；有些則是人所身處之時代，令人狂悖迷亂。憂慮前者，是爲「憂生」；憂慮後者，是爲「憂世」。新儒家必須自覺地處於此種生命的憂慮中，感受到生命存在的痛苦，然後想辦法安頓它。生之憂，必須證得生命本體之眞實不妄，始可以化解之。由此，故不能不申言心體與性體，立道德主體性。世之憂，必須於歷史文化之發展中指出人類向上一途，始可以安頓之。故又不能不具歷史感與文化意識。

憂世與憂生，並不是兩截的或分立的關係。依存在的感受，感此生命之具體存在時，我的生命就具體地與這個時代相關聯起來了，一切對自己生命的反省，也都同時就是對時代的反省。對時代的反省，也無不回到自己的身心性命上來落實。此所以新儒家之學，是由存在感開歷史文化意識，並上通爲一宇宙意識。這個宇宙意識，則又是收攝於一心的。

這樣的理路，常被懷疑是唯心主義本質論。但這不是本質地將宇宙收攝一心，而只是在工夫上，逐步肯定人心可以同流共感、既超越又內在。

依這種普遍人性的觀點，新儒家雖由具體生命的存在而關聯於本族的歷史文化，但絕不能是一個我族文化中心論者，他們必然要相信一普遍性的文化。相信生命之昇進與純化，非中國人獨有之問題，而是未來全人類共同的文化走向。唐君毅《人生之體驗・續篇・序》說得很清楚：

> 人之生於宇宙，實為一切虛妄與真實交戰之區，亦上帝與魔鬼互爭之場；而人生之沉淪與超升，乃皆為偶然而不定。吾年來於此之所感切，未嘗不與西方之存在主義所感切，不期而遇合。蓋皆同為此分裂之世界之反映，亦人類精神生活之行程，歷千年至今日，遭遇同一問題之所致。至其不同之處，則在彼存在主義者之言此，皆期在暴露人類之危機，亦更求窮哲學之理致以為言，其精彩之論，遂足驚心而動魄。吾此書所說，於此實自愧不如，亦無意相效。蓋對此一切世界之分裂與人類之危機，亦可只求知其大體上如是如是；如若必窮形極相而論之，亦如圖繪鬼魅以求快意，及至其栩栩如生，且將為鬼魅所食。不如略陳其貌，餘皆默而存之。而人生向上之道，仍要在轉妄歸真，去魔存道，由沉淪以至超升，使分裂之世界，復保合而致太和。

當代人，處此世界，其共同之命運，皆在人生的沉淪與超升。而中國文化之能貢獻於世界（或新儒家之能貢獻於人生)者，則在於中國文化比西方哲思更能提供轉妄歸眞之道。這是新儒家的基本看法。當他們說「中國文化比西方哲思更能提供轉妄歸眞之道」時，許多批評者都認爲他們是中國文化沙文主義或是我族本位文化論者。其實均未弄清楚他們的理路。

目前，許多人將新儒家定位爲「文化保守主義」。認爲在近代中國遭到西力衝擊之際，有一部份人逐漸質疑、拋棄傳統，邁向現代化。另一批知識份子則因挫折與屈辱形成了自卑的心理，以致美化傳統，以重新建立「文化認同」。因此李文森（Joseph Levenson）指出：文化保守主義者聲稱他們珍視過去的價值和理念，並非深感此類價值與理念之仍有效用，而是因爲它能加強民族尊嚴。史華慈亦根據這個觀念，說近代中國出現的乃是「一種受民族感情所影響的文化保守主義」。在這一大批文化保守主義者之中，張灝又將之分成三支，一是國粹派，二是康有爲的儒教運動，三就是新儒家。國粹派從一般文化的或種族的特性來界定中國國粹。康有爲等人試圖建立儒家的組織性基礎，來提倡儒學。新儒家則通過宋明理學來重建儒家的宗教觀，自視爲宋明理學倫理精神象徵（ethicopiritual symbolism）的現代保護者⑪。

這種解釋是膚淺無力的。正如牟宗三說：「講挑戰與回應是落於下乘。光注意外在環境這個external condition的挑戰是不夠的，你最重要的要看你自己生命本身的限制」（《中國哲學十九講》第一講）。新儒家之興起，只被看成是民族感情的申張，是遭遇到「現代化」問題時，對傳統文化的一種衞護。根本未考慮到新儒家之所謂存在感受，不僅是感此一時之存在，更是對生命本身有所感。不只是對中國文化價值與現實處境的憂慮、對處此分裂世界之人類命運憂慮，也對人生命中的無明私慾感到憂慮。

除了上文所引唐君毅語之外，徐復觀在〈復性與復古〉一文中，也說：凡對自己的文化沒有親切感的人，對其他任何文化也不會有親切感。所以中國人不能不承認中國歷史文化的價值。「但是我們之尊重自己的文化，不僅是上述的意義。現在世界文化的危機、人類的危機，是因爲一往向外追求，得到了知識、得到了自然、得到了權力，卻失掉了自己，失掉了自己的性，即所謂『人失其性』的結果。所以現在文化的反省，首先要表現在『復性』上面，使『愛』能在人的本身生根。」這話便可顯見他不是從一族文化立場上考慮問題的。生命的存在與歸趨，才是新儒家的核心關切。他們談中國文化，只是因爲：「中國文化是一種以仁爲中心的『復性』的文化。提撕中國文化的眞精神，是一種『復性』『歸仁』的運動。這不僅是中國文化自己的再生，也是中國人在苦難的世界中對於整個人類文化的反省所作的貢獻」[12]。

徐復觀曾在臺重刊馬一浮的《復性書院講錄》等書。復性之嚮向，允爲馬唐徐牟諸氏用心之所在。

一般論者，在觀察新儒家時，總把握不住這些大綱維。他們常把徐復觀看成是政治社會批判者，與唐君毅、牟宗三之高談玄理、侈言道德修養不同。而不曉得他們的基本關懷及理路思致都不能視爲兩類。另外許多人則把新儒家看成是傳統文化的捍衛戰士，擁抱傳統而不加批判[13]。殊不知新儒家的學問，是從陰闇面之反省開始的。就人的存在說，人必須正視生命的虛妄、偏邪與障蔽，切實進行生命的反省。就民族文化說，我們也必須進行文化的批判。他們對文化對道體仁德的肯定，正是通過生命的反省與文化的批判來。熊十力、徐復觀對中國帝制及法術之學的批判，牟宗三對中國政治傳統的批判，都是彰彰明著的。就是儒家傳統，他們也要在其中做一番檢別，批判某些人與理論，而肯定另一些人與理論。他們的批判，固然未必能爲人所首肯，但說他們不加批判地擁護傳統，卻是不公平的⑭。

還有一種批評，認爲新儒家的思路不符原始儒家的精神。因爲新儒家一再談自由無限心，「無限心既是道德的實體，由此開道德界；又是形而上的實體，由此開存有界」，如此，天道性命相通貫，一切世間法的依據皆收歸於心體。這雖可再通過良知的自我坎陷，使有限心獲得的保障，但與儒家創始者論「仁」時，從情境心角度出發者不同。因爲人實踐的起點與實踐的常態，有限性均先於無限性而彰顯。原始儒家所說的道德，並非主體性自證自成的道德，而是在一生活世界中，學者感通、參與而成就之道德。在這種情境的道德實踐中，心是在情境中交感而形成的，而非致吾良知於世界萬物之中。情境心在當下的展現並非先驗無限的，乃是在一種具有經驗內容導引的方向下感通的。相形之下，宋明儒及民國新儒家所理解的情境心，其情境是嵌鑲在無限心的前提上展開的。這種情境心如果也可以有存有論的意義的話，其依據乃是無限心因精神發展所需，自我轉化而成。就有限心視爲有限心自體 (as such)，並沒有存有論之功能；就有限心與世界的關係而言，世界是衍生的、被置定的；就其存在之感受而言，有限心之活動乃是通向無限心靈之神感神機，而不是時間性中之感懷攝受。改善之道，楊儒賓在〈人性、歷史契機與社會實踐——從有限人性論看牟宗三的社會哲學〉一文中建議：「唯有返身內求，正視人性當下的展現，讓人在具體的感通中開物成務」⑮。

這種呼籲當然是對的，但這與新儒家的立場有何不同呢？他對新儒家的批評，實係誤解。他不知道新儒家正是從「此世的」「區域化的」「流動的」有限心靈出發，在情境中交感歷煉。生命存在於這個情境——歷史之中，情境——歷史的因素也使得新儒家的道德實踐必須與其社會性、歷史性合一。故唐君毅《生命存在與心靈境界》說：「存在之『存』，係指包涵昔所已有者於內；『在』指已有者之更有其今之所在」。內有所存，外有所在，所存所在皆有其「位」；心靈二字，則指其虛靈而善感。怎麼感呢？與境相感。「心之知境，自是心之感通於境。知境而即依境生情、起志」。這不就是情境心嗎？固然唐君毅所說更進於此：存在不只是此在，更涵昔所已有者，境亦不只是歷史社會環境，更包括「意義」等虛境。但這個境，絕不是心所變現之境；更不是唯識無境之說。其道德實踐也不是主體的自證自成，而是在心對境之感通活動上，逐漸歷鍊而昇進。但「有何境，必有何心與之俱起」；心與境的感通，亦包含境妄染妄的妄感通在內。唐君毅自謂他對眞理之必有普遍永恆性的理解，乃由一極大之狂妄之反省所轉成。即是由妄感通轉而成智之一例。他又說他對哲學的問題發端，是起於憂慮地球將毀、人類將滅，故思：「吾人所同處之人類之當前時代，卽爲生於此當前時代中之一切之一共同之境。此共同之境，卽吾人之共同命運所在，吾人於此亦當求見此時代對吾人之所呼喚命令者何在，或共同的天命或使命，或共當立之命何在，以謀皆盡其性」。可見他的哲學，正是由當前時代之環境中起情生悲，感而遂通。用他自己的話來說，這是「興於詩」，一生思想學問之本原所在；然欲確定建立其義理，能「立於禮」，則須有純哲學之論述以說明。可是這種說明，反而是倒過來的，「吾首可說此人類所處之當前時代，可稱之爲一由吾人前所論之觀照凌虛境，而向其下之感覺互攝境，以高速度的外轉、下轉，而至於自覺到人類世界之毀滅之有一眞實可能之時代」⑯。於是彷佛人與當前之境的感攝反是第二序的、是由心靈最高境界下轉而導生的。楊儒賓從理論上去看，看到的就是這麼個論述，因此他大加詰難。此恐怕是對新儒家的理路尚未摸熟之故。

他們都注意到牟宗三所提出的「一心開二門」架構。但似乎均未發現一心開二門並非究竟之義。牟宗三在《佛性與般若》第二部第五章言：「依心生滅門，言執的存有論；依心眞如門，言無執的存有論。是則由實相般若進而言心眞如之眞常心。此乃由問題之轉進所必至者」，這就是他所常講的大乘佛學由唯識到眞常的發展。可是，他立刻接著道：「此種分解地說的唯眞心之存有論地具足一切法，尙不是眞正的圓敎」。眞正的圓敎，依他看，應是天台宗。

按理說，《起信論》及華嚴宗主張一切法皆以眞心爲依止，可說明成佛的超越根據及頓悟的超越依據，應該最接近新儒家強調主體性的理論。可是牟宗三不以此爲圓敎，而獨謂天台爲圓教。天台言性惡，似亦非新儒家所能首肯。既然如此，爲何牟宗三盛推天台呢？純從佛學理論上說，自然可以另作討論，但我覺得這是天臺性具說的「型態」吸引了他。所謂型態，是說：天臺之觀法，重點在於一念心，這一念心，指「一念無明法性心」，卽刹那心、煩惱心，是陰境而非眞如。其觀法之特色，與一般唯心論典之以法性爲所觀境者不同，乃以最卑近之虛妄界爲所觀之境體。這與新儒家由存在、由生命之陰暗面展開觀解體察之路，在型態上是吻合的。因此它除了在理論上吸引牟宗三之外，對他生命之感可能也會起一特殊的親切感，所以牟宗三說：「當我著力浸潤（佛學）時，我卽覺得天台不錯，遂漸漸特別欣賞天台宗。這雖非偏見，然亦可說是一種主觀的感受。主觀的感受不能不與個人的生命氣質有關」。因生命氣質而起感，與感此生命氣質，均屬存在的感受。忽略了這種感受，或不知主觀感受在新儒家思想中的決定性地位，都不可能了解新儒家。無視於生命具體存在——情境——歷史的關聯，也不可能掌握新儒家的學術性格。正是對存在感受的強調，才使得新儒家不同於傳統儒學。傳統儒學之言心性道體，固然令他們敬佩，也努力去證成其義理、辯護其價值。但新儒家眞正精采處，似不在此。而在於：雖證知此理，卻更要處在存在的生滅流轉中。唐君毅《人生之體驗·續編·序》說得好：

人生之道以立志為先。蓋人生之本在心，而志則為心之所，亦心之存主之所在。先儒固重立志，而佛教之發心，與耶教之歸主，皆同為立志之事中一種。然人主立志，並非全為一直上之歷程，而實有一大曲存焉，而唯待致曲方能有誠。然此致曲以有誠之義，則昔賢所未伸，而有待於吾人深知其所以曲。而此中由致曲以有誠，而成就直上之道者，則在之既拔乎流俗以存超世之意於內，而又須兼本於：置我於世界內及置世界於我內之二義，以觀我與世界之關係，而更在對此二者之分裂之痛苦之感受，而求去此分裂時，立一嚮往志業之根基。以此觀先儒之我與天地萬物為一體之言，則謂之為狀聖賢之大化聖神之域之心境及道體之本然皆可，而以吾人之嚮往於此，卽足以立志，則大不可。……感受分裂之痛苦，實反身而誠，樂莫大焉之初基。……若吾人生於當今之世，於一切分裂之痛苦，漠然無感，而徒學二程兄弟初學於周茂叔之「吟風弄月以歸」、及朱子之「傍花隨柳過前川」之樂，以此見天地與人之同此生意周流，道體斯在，遂止於是，則亦似是而非儒學也。

只有在存在的痛苦中眞有所感，才能切實反身而誠。在人之既能拔乎流俗以存超世之意時，必須再曲折下來，曲折到人與這個世界的關係裏，去感受一切存在的痛楚。此一曲，乃新儒家與宋明理學不同之大關鍵。新儒家認爲唯有靠著這一曲，才能安立他們與世界的具體關聯，成就經世成物之業：「此所以曲，在人之志欲成物者。人必於世間之物有所得，而此有所得，卽阻其志之向上，而使人忘喪其初之成之志。至人之轉而求無所得，則只能歸於超世以成己，而非復爲儒者之志，遂使所謂成己成物之言，徒成一虛脫之大話」。

此致曲之道，便是牟宗三「良知之自我坎陷」的思路。他批評古代儒者「推理太直接」，未知「致曲之道」，故以爲僅談德化爲已足⑰。然僅談天理性命內聖純誠，實未足以開外王，所謂開務成物，不免徒成一虛脫之大話。因此他提出「良知之自我坎陷」，欲有所貢獻於致曲之道，疏導出民主與科學。此豈非唐君毅所說：「此致曲以有誠之義，則昔賢所未伸，而有待於吾人深知其所以曲」乎？新儒家義理之核心，不在自由無限心無執存有論，而在於存在的感受，實在是非常明顯的。

請注意這一曲。新儒家之學，工夫全在這一曲。牟宗三《五十自述》嘗謂其爲學：

> 讀書從學使我混沌的自然生命之直接的自然的發展，受了一曲，成為間接的發展。孔子說吾十有五而志於學，依我的生活發展說，學就是自然生命之一曲。這一曲使生命不在其自己，而要使用其自己於「非存在」的領域中，卽普通所謂追求眞理。追求眞理，或用之於非存在的領域中，卽投射其自己於抽離的，掛空的概念關係中。……生命之不斷的吊掛與投注卽是不斷的遠離其自己而成為「非存在的」，而其所投注的事物之理之不斷的抽離凸顯，亦卽是不斷的遠離「具體的眞實」，而成為形式的、非存在的眞理。

爲學是自然生命的曲折，使人離其自己，不再順著自然氣質滾動下去，離開具體的眞實。但只此一曲是不夠的，只此一曲會使所謂學問完全成爲掛空的概念，外在化的投注。在生命曲折進入非存在時，必須由自然氣質生命牽引其根，曲而非眞曲，或是曲而再曲，由非存在再歸於存在。因爲爲學固然是生命的曲折，爲學之路向與型態卻是受人生命氣質所決定，猶如我們在上文所敍述牟宗三之喜歡天臺宗是由於生命氣質使然那樣。他說：

從混沌的自然生命中所放射出來的一道一道的清光，每道都在曲折的間接發展中。而那些清光之曲折的發展也決定我的學問的領域與境界，以及其路數途徑與形態。這些都要經過那些清光之一曲來了解。通過這一曲，即成為非存在的，轉到普通所謂學問與真理。那些清光在自然的直接發展中，只是生命之「在其自己」之强度的膨脹，直接地不離其根而向外膨脹，亦直接地為其根所牽引而隨時歸其根。此其所以始終為存在的。

爲學，依他看，乃是在不斷地曲與「曲之曲」中，使人的生命遠離其自己而復回歸於其自己，從非存在的，消融而爲存在的，以完成其自己。

四、異化的可能

新儒家此種曲而又曲的思路，並不容易理解。無怪乎世間訾議者只能用些「文化保守主義」之類標籤來把捉了。做爲新儒的敵論，如深受五四新文化運動所影響的邏輯實證論、現代化理論、行爲科學者，當然就更不知其所云了。但目之爲玄學、爲泛道德主義、爲傳統主義，謂其無社會實踐性而已。

不過，新儒家也不能老怪旁人誤解它。新儒家這樣的思路，未必無自我異化之可能。

例如牟宗三特別提到的傷春之感、對生命的怖慄之情。此等感受，是新儒家學問的眞正動力所在。自然生命的氣質，也被視爲學術路數與形態的決定者。可是，唐牟徐之後的新儒家，事實上多不是如此「興於詩」。他們多半不是從個人生命氣質中確定其學術路數與型態；也未因對個人之存在切實體會感受之，而發展出學術與人生的問題意識。他們大概比較像牟宗三所說的，是「生命離其自己的發展」，「非存在的」去學習一套對歷史文化的解釋，把自己投射於抽離的、掛空的概念之中。原先唐牟諸先生，是爲了證立其興於詩者，故建構理論以確定之，使能「立於禮」。現在大家卻儘在禮度儀節上推敲，概念之辨析、術語之使用、寫作規格之講求，越講越精密，也越來越接近唐牟諸氏所批評的客觀外化地研究進路。他們雖然仍在談道德主體性、存在的感受、生命的學問，但那都已成爲套語。把唐君毅、牟宗三的存在感受和因其存在感受而開的理論，拏來塡充爲自己生命的問題，因順其義理再講一次，或講得更精細些，便自稱爲生命的學問。此豈眞爲生命的學問乎？且生命陷落於各哲學套子中太久，生命之自然氣質往往不顯，缺乏風姿與力量，爲學者固皆有餘，然非早期諸先生之氣象矣。新儒家存在感的感性生命部份，至此亦已漸漸不予注意，僅偏重於哲學論辯，大談心性問題，而置文學藝術於不講。殊不知文學藝術的感性，是新儒家提撕其存在感受最重要的部份。捨棄了這一部份，必將使新儒家愈趨偏枯。……。

這也就是說，當代新儒家由存在感出發，強調主體性；卻在發展的過程中，曲而不成，往而不復，走到了它的反面。原先是因情起悟。現在卻全力去描述悟後風光，談先驗無上命令、無執道體、聖人境界、存在之超越依據。大家都站在與天道天命通而爲一處發言，忘了重新將自已曲入天人分裂的痛苦中，去感受之。「生於當今之世，於一切分裂之痛苦，漠然無感，而徒見道體斯在，天地與人之同此生意周流，遂止於是。則亦似是而非之儒學也」。這幾句話，或許也適用於某部份唐牟之後的新儒家。他們的生命似乎太健康了，太快就曉得道德本心的地位、作用與相關之理論。故不容易再陷入存在的憂慮、情感的激擾中，不再傷春，也不再爲死亡的問題所困惑。無明妄念及一切生命中的偏雜，太快就以討論心體性體的言說，化解掉了。因此，他們也不認爲現在所講的這些唐牟之理論，只是他們個人生命氣質所表現出來的一種人生態度的合理化解釋而已。他們似乎把那些原本出於個人生命氣質所偏好、所特別有感會、存在遭際上特殊觸動所形成的問題以及對此問題的解答，視爲客觀的眞理。護持這個眞理，即被認爲是一種對中國歷史文化的道德擔負與使命。因此，他們不是由存在感出發的新儒學，乃是由知識學習而擔負道德文化意識的新儒家；不是「感受生命之存在」的新儒家，而是「探究本心與究竟眞實」的新儒家。

對這樣的新儒家，是否應重返其前輩之爲學型態處，解消其眞理性格及道德意味呢？本來新儒家之所以要談道德心，只是爲了提供其生命進行道德實踐的依據。由實踐的意義上說，實踐工夫及歷程才比較重要、才是具體的。而且，心性固然超越而普遍，然道德非孤懸地便在心性上成，乃是因其才性而成德。才性不同，便成就爲不同之聖人氣象。這是特殊性的普遍。故只談道德，不對也不夠。同理，唐牟諸氏之理論，乃處理其個人生命問題及存在感的解答，其爲何如此，多本於個人才性及偏嗜。因此徐復觀每每徵引克羅齊「一切歷史都是現代史」之說，牟宗三在論學時也屢屢談到「某某學說，余所不喜」「爲余性所不近」。因其所喜所近，自可再進一步，證立其所喜所近者亦有客觀之理由；但對此客觀理由之感與趣、有體會、且如此說這個客觀之理，卻是極情緒化極個人化的，或根於生命氣質之不知其然。所以同是論道德心性、中國文化，唐的講法不同於徐、徐也不會同於牟。

由這些地方看，似乎新儒家並不是善於紹述者，似乎重返其前輩之爲學型態，便能匡正其「偏頗」。但問題可能並不如此容易。我們覺得，這或許正是新儒家合乎邏輯的發展，非其後學者偏離了軌道。

爲什麼呢？

生命中的偏雜妄染，須予以消除轉化，是新儒家的主要課題。即所謂「復性」。但如何才能復性歸仁？古代儒家多從節制情慾及熏習正聞變化氣質這方面立論。新儒家則覺得這條路子太消極，且未能立超越依據之大本，道德只成爲外鑠他律的。所以集中力量正面說明德性實踐之動源：心性。欲以此踐仁知天。然而，這只是說明了轉之必要以及能轉的根據，並不即是轉。新儒家是強調道德實踐的，但這其實仍是以言說爲實踐。非眞是在實踐地進行修養的工夫。以新儒家人物來看，唐君毅的踐履性格還強些，徐復觀與牟宗三才性之偏，似並不如其所言那樣圓融。特別是牟先生，修養與其言談可以說是兩回事的，所言固在孟子王陽明之間，人格呈顯則爲魏晉風度。此所謂「智及」，非「仁守」也。故儒學智識化的傾向，不待其後學而然，他們本身的學問就顯示了儒學智識化的危機。後期新儒家越來越偏向集中到牟宗三的義理體系上，除了牟先生巍然老宿之外，難道不是因爲牟先生理論建構之意特重，有知識論性格，較成格套嗎？

其次。人的存在感是眞實的，由存在感形成的學問，是生命的學問。固然不錯。但生命存在於具體的歷史情境中，歷史情境是會變動的，每一時期之社會結構與文化問題，都不可能一樣。存在感亦必與情境相浹互變。新儒家之興起，本來就生於對生命與時代的感受，他們之所以討論心性問題，不僅是要安頓個人的生命，也欲以此解決時代的痛苦。然而，單言復性，古亦要復性，今亦要復性，未來人類仍要復性。復性歸仁其實是人類永恆的需要與活動。在我們這個時代，我們應如何復性呢？在這個時代，現在這個特殊的、具體的時代，人類復性的工作，遭遇到的主要困難是什麼呢？現代人失其性的狀況，與古人有何不同呢？

新儒家對這些問題，甚少回答，他們往往只是反覆申說一個普遍的問題：性不可失。然後再倒過來說：現代人之病，即在於失性，故須復性。並評述古今論心性之義理，一一予以衡定其是非高下。因此，通讀新儒家之說，似乎只能給予我們一些「人必能復性，必須復性」的信念，時代性的復性之道，則尙未能瞭然也。

當然，說新儒家全未觸及時代性的復性之道，是不準確的。新儒家一再指出，當前的時代問題是民主建國、是吸收民主與科學等等。但一方面，他們談這些問題多半只是虛地談，亦即重在說明民主科學與中國文化不相斥，中國亦應該民主化科學化。另一方面，民國初年的民主需求、在民主化過程上遭到的時代難題，跟民國四十年、民國八十年是不可能相同的。新儒家在歷史的具體存在處境上，並未與時俱進地切應於時代提出問題解答。在他們少年中年時期，所遭遇的時代，使得他們有所感受，並形成問題意識。但四十年後，現實存在之處境與人生所面對的問題，頗有變化，他們仍在複述舊時所感，似未切應於當前境況，繼續發展。反而只去深化他們道德實驗之超越根據的討論。如此，勢必越來越抽提於歷史性、情境性之上，成爲普遍性超越性的儒學，形成另一種可能的危機。

此外，講心性可以是超越而又普遍的，但凡個體的存在，卻無不陷落於孤立、有限、斷隔的時空場域中。因此，由存在生發的一切感受與理解，皆必受其特殊因緣遭際之影響、獨特氣質才性之左右。新儒家在近代社會政治場中，所經歷之人事與時局，固然無不刺激著他們的思考。但個人之遭際，頗有偶然性；所歷之時局人事，在整個時代中看，又極局限。依此所生之存在感，往之上通，透顯爲文化意識、聯貫於歷史，並形成判斷，雖不能不有其爲一理論一看法之客觀性普遍性，然實亦不能不爲一孔之見。莊子曾說過：「天下多得一察焉以自好，譬如耳目鼻口，皆有所明，不能相通。不幸不見天地之純。」由個人存在感論時代，正是如此。僅能由個人能感之一端一孔中知此時代，未必便眞能掌握這個時代的大精神大方向。因此我們所描述的時代、所理解的社會，囿於見聞遭際，往往未必切要。同時代人論其時代，身在局中者，經常反而會看不消楚時局，原因卽在於此。像梁啓超論晚清學術之發展，親切則親切矣，讀來總覺得他未必眞能看清他那個時代的學術動向與意義。這便是存在的有限性。

存在的有限性，不僅使我們不易知察我們所身處的時代，有限生命亦不能無所雜染，不能無血氣才性之流蕩牽扯。我們對當代人事，輒有利害親疏種種關係之糾纏，情愛好憎，錯綜複雜，往往影響了我們對這個時代的了解、左右著我們對人物及其行爲之判斷。

據此可知，由人對時代的存在感受來論述時代，本身含有許多限制，必須切知此種限制，自覺地在其限制底下發言，才能言不逾量。新儒家諸先生於此似未留意，不能自覺到自己在時代中的偏狹、局限及雜染，而往往以自己所見所感爲眞、不太承認別人所見所感亦可能同樣爲眞。且常感憤那些對時代之理解與他們不同的人，是無器識、無肺肝、剷斷慧命、「臭屎一堆，痴呆的狂夫」等等。他們評論人物，也不免於好憎意氣，如牟宗三論胡適、吳稚暉、張君勱、梁漱溟，皆過甚其惡；論熊十力，則常溢美⑱。徐復觀考據瑠公圳命案，亦是如此。這或許是由於他們只注意到要把生命「落在存在的現實上」，而未同時注意只落在存在之現實面言時代，所可能觸及的方法論問題。他們只是由時代觸感生命的悲情，然後「便向內轉以正視生命」並思向上提振之，故對論述時代之方法未予眞正關注。

同樣的，他們對「治學」的問題，可能也並沒有眞正處理。依前面引文，牟宗三曾提到：讀書從學是一曲，是使生命離其自己，進入非存在領域的過程；但因如此會使生命投射於抽離掛空的概念關係中，所以應該再一曲，曲回存在的在其自己。這曲之曲，究竟如何而然？他有時說是要從掛空的「吊在半空裏」，「落到」存在的現實上。有時又說是自然生命的清光會牽引人復歸其根，使學問終究「消融」爲存在的。依前者，人如何而能從概念世界重新落入存在的現實？牟先生似未說明。依後者，自然生命中固可能有其清光，亦當有其雜染與無知無明。學，本來卽是要轉此無知無明，如果把學問的歸向力量，反而推給自然生命，則事實上便具有反學的傾向。牟氏《五十自述》第一章就表達了那種不喜歡讀書，也不喜歡讀書人的生命情調。

依這種情調，卽使終究去治學了，其實也仍是隨氣質之流蕩，以直覺，做一美感地欣賞與把捉。卽使這些把捉需要理論與概念予以確立，仍然繫之於主觀氣質的決定；客觀的學理問題，仍是第二義的。牟宗三自謂他治學是從美之欣趣、想像的直覺解悟，再做進一步的「凝歛」，轉入邏輯的架構思辨。但他爲何要轉至這一步呢？他自問自答道：「這不完全是客觀問題的逼迫。生命的自然衝動亦有關係。我所著重的，就是要說這一點；這是一個主觀的氣質傾向」（《五十自述》第五章）。同樣地，唐君毅亦云：「吾初感哲學問題，亦初非由讀書而得」，又屢說他的哲學都成於三十歲以前。他讀書有知識，只是知見別人與他是否「契合」而已。治學之塗，說到此等境地，眞是令人惶惑。因爲才性氣質幾乎決定了一切，邏輯概念及客觀問題的討論，乃是由主觀氣質所導出的。此反智及反學的態度，不僅將使得新儒家智識化所建構之各種理論與言說，變成一種奇妙的自我模糊，具有戲論性格。對於學術、歷史文化問題的客觀意義與價值，也無法安立。

牟宗三《佛性與般若》序，說他欣賞天臺宗，「可說是一種主觀的感受。主觀的感受不能不與個人的生命氣質有關。然其機是主觀的感受，而浸潤久之，亦見其有客觀義理之必然」。這時，主觀感受不是牽引學力以歸其根，而是發展其學術路向之機，由主觀通向客觀。這在方法論上看，是符合學術研究活動之實的。遠超出胡適式的客觀科學評判說。但是，我們固然可以說發自主觀感受的美感欣趣，亦能有其客觀義理之必然，卻無由保證主觀之機必然能發而中節。我們主觀的感受，在浸潤久久之後，也常有逐漸發現其不合客觀義理之必然者。這合不合客觀義理的判斷，應該自有其爲客觀的依據，不盡能以個人氣質及時代感存在感爲斷。新儒家於此，通常並無討論，似乎他們只是因其主觀感受之機，順其所欣賞者，說其義理之必然而已。這種態度，在純講哲學時，問題不太大。但新儒家是要綜論歷史文化的。在碰到歷史客觀材料、社會文化狀況的掌握時，便常讓人覺得它未必符合客觀實相⑲。不但牟宗三如此，連歷史考證工作做得極多的錢穆、徐復觀，論史事亦輒可商。此非其學力有所不逮，蓋未及注意此也。然而，後期新儒家歷史性的模糊與喪失，不能說不是由此導出。

經由以上的討論，我們可以察覺到，新儒家內部存在著一些困難及自我異化的性質。對於這些問題，我相信新儒家們也應該都已有所感知。可是，人間事不可能沒有局限，正如牟先生所說，人是有限的，但人的成就也就是在此限制中成就，人生的悲壯，即在於此。新儒家在近代思想史上，已成就了它的悲壯。後繼者，宜如何成就，則仍待我輩努力。

附注

❶ 但新儒家並不能視為我族文化本位主義者。他們與「十教授文化本位宣言」的態度並不一樣。詳後文。

❷ 這裏兩度形容新儒家之著作頗能「感動讀者」。當然有人要不高興，認為這種描述「極為情緒化、流氣，學術性極低」。但這不是就筆者個人閱讀之感覺說，是依新儒家之發展過程說。新儒家強調感受與感通，重視師友講習、珍惜人與人的交談感會，配合他們的寫作論述風格，才能使新儒家在較不利的文化環境中存活下來，並得到發展。

❸ 見唐德剛整理《胡適口述自傳》第九章〈五四運動：一場不幸的政治干擾〉，一九八一，傳記文學出版社。

❹這是原因之一。五四運動之後，知識份子捨棄了胡適式回到書齋裏整理國故的路向，轉而從事政治社會實踐行動，因素甚多。但胡適所提倡的方法，事實上並無實踐力，也是個原因。於此遂導致近代中國知識份子面臨「觀念人」與「行動人」的角色分裂，知識份子多半無行動力。

❺見徐復觀〈中國文化復興的若干觀念問題〉，收入《徐復觀文錄》頁一五四～一六四。一九七一，環宇出版社。

❻有關憂患意識的研究，見徐復觀《兩漢思想史》卷一。

❼在寫《歷史哲學》及《認識心之批判》時，牟宗三雖曾指出「知性主義」與「道德主體」是一心的兩形。但早期牟宗三並未提出這種兩層存有論的架構。在寫《才性與玄理》《心體與性體》的階段，他似乎是企圖用心性論的兩型來解說這個問題的。亦卽把中國人性論分成「順氣言性」和「逆氣顯理」這兩種路向。說前者是順天生才氣言性，爲材質主義的自然之性，認爲這種講法不能開出成德之教。欲提供成德之學的心性論依據，只能由逆氣顯理這一路來。後來他才利用《大乘起信論》「一心開二門」進一步處理了這個問題。見其《現象與物自身》。

❽詳見牟宗三的《圓善論》。該書認爲圓教之顯出，始可正式解答圓善之可能。

❾皆見《中國哲學原論·原教編·序》。

❿見牟宗三《中國哲學十九講：中國哲學之簡述及其所涵蘊之問題》，第四章。

⓫這類觀點，可見諸傅樂詩（Charlotte Furth）、史華慈（Schwartz）、張灝等人對新儒家的論述中。他們的文章均收入《近代中國思想人物論——保守主義》一書。一九八〇，時報。該書也將梁漱

溟、張君勱置於反現代思潮中進行剖析。前文提及的陳忠信〈新儒家民主開出論的檢討：認識論層次的批判〉一文，即據此進路思考新儒家的理論。

⑫ 為什麼只有中國文化才能解決人類的危機呢？徐復觀認為：「西方把愛的根子，生在上帝身上。生在上帝身上的愛，是超越絕對的愛。但也可以說是凌空的、外在的、難以捉摸的愛。這種愛，在人倫實踐中，缺乏經常而普遍的性格」。文章收入《徐復觀文錄》。

⑬ 說這種話的人，主要是林毓生。另外，韋政通則長期批評新儒家高談盡性知天、天人合德，而對生命的陰暗面缺乏討論。

⑭ 新儒家的問題，可能不在於不批判傳統。剛好相反，他們太刻意去批判檢別傳統，要在傳統中進行分類，例如判荀子為儒學之「歧出」、說朱熹為「別子」之類，製造了許多爭論。

⑮ 楊儒賓文，收入《臺灣社會研究》季刊，第一卷第四期。

⑯ 唐君毅《生命存在與心靈境界》，一九七八，學生書局。

⑰ 見《歷史哲學》，一九八〇，學生書局，頁二七七。

⑱ 徐復觀與牟宗三對熊十力的了解，都有問題，詳龔鵬程〈論熊十力論張江陵〉，收入《文化、文學與美學》，一九八八，時報。

⑲ 見《中國哲學十九講》，第一講，一九八三，學生。

中華文化／大衆社會

一

在一九三〇年出版的小册子《羣衆的文明與少數人的文化》（*Mass Civilization and Minority Culture*）裏，李維士（F. R. Leavis）寫道：

> 任何時代都是靠着一個非常小的少數派，才有眼光明利的藝術與文學欣賞。能行不經煽惑、第一手之判斷者，少數人而已（簡單與習見的作品除外）……。靠了這少數人，我們才有力量去獲益於過去人類經驗的精華；他們存活了傳統最精微與最容易毀滅的部分。靠了他們，一個時代才有安排比較美好的生活的未明言標準，才能意識此物之價值勝於彼物、此方向較某方向可行、中心在此而不在彼。美好生活所寄、失之則精神特性受阻而不連貫的語言——與時而變的成語——靠他們保持。我所謂「文化」，即指此種語言之利用

而言。

李維士認爲，這少數派基本上是一個文學性的少數派，其功能卽爲保持文學傳統與語言的最精純能力。

他爲什麼這樣說呢？

二十世紀在新聞、廣告、流行小說、電影、廣播方面的發展至爲迅速。一九三〇年的李維士不但面對這些，而且，由於勢強力大的機構，威脅並壓垮了他與其餘諸人所珍視的思想與感覺方式，他還面對這些機構所體現的思想與感覺方式。與這種感覺方式配合的都市、市郊、機械化的現代，在李維士看來，也毛病甚多；他說：

現代勞動者、現代職員、現代的工廠工人只為了閑暇而生活，結果，得到閑暇，反而沒有能力過閑暇生活。他們的工作對他們毫無意義，只是他們為了賺取生計而不得不做的事情，結果，閑暇來到，是毫無意義的閑暇，他們使用閑暇的所有方式幾乎都完全可以稱為史圖爾特·柴思(Sturt Chase)所謂「反創造」(decreation)……現代公民既不知道他的生活必需品從何而來(他與「初級生產」毫無接觸)，也看不出他自己的工作是一種人類計畫裏的重要部分(他只是在賺工資或謀求利益)。

反之，他極爲懷念工業革命以前，「原始的」「傳統的」英國鄉村共同體：

比較「原始」的英國，代表一種動物性的自然(animal naturalness)，但特具人性。史圖爾特的村民依據自然環境來表達他們的人性、滿足他們的人性需求；他們製作之物——小屋、倉舍、禾堆、馬車——連同他們的人際關係，構成一個與自然環境同樣確當且勢所必然的人類環境，以及調整與適應上的一種微妙[1]。

二

李維士的想法，在英國並非特例。自柏克、柯立芝、艾略特、阿德諾以降，許多人都有這類想法。

而事實上，在第一次世界大戰前後，整個歐洲，也都可以聽到這類聲音。Richard Hoggart *"The Uses of Literacy"* (London, 1957) 頁二八〇說：

在俱樂部裏放聲高唱的世界，已經漸漸被典型的收音機的歌舞音樂和哼唱、電視裏的遊樂節目及商業電台裏五花八門的節目所取代。大衆化的報紙有助於全國一統類型的形成，而好萊塢製片公司拍攝的影片使情形變得更糟，促成了國際一致類型的出現。舊式的階級文化正處於下列的危險之中：它很可能被不分階級而內容貧乏的文化，或是如我早先所描述的「粗糙、劣俗」的文化所取代，這實在是令人扼腕痛惜的事。

其他的歐洲知識份子，更擔心大衆文化對優秀菁英價值的侵害。讓這些知識份子駭異的，是新的大衆文化的實質力量與動力，和它們能夠以一種輕易的滿足引誘年輕菁英份子的吸力。西班牙哲學家加塞特（Tosé Ortega y Gasset）在《羣衆的反叛》一書中，提出了一個廣爲人知的反對大衆文化的警告：因受到一八九八那一代西班牙人因反省西班牙的衰頹與沒落而產生的悲觀主義的影響，加塞特認爲由那些獨特人物創立的脆弱的歐洲文明，將受到大衆的蹂躪。這些民衆非常自得地享受着生命，既不願自己從事文明的創造，又不願屈從那些有文化素養的人。

斯賓格勒（Oswald Spengler）在一九一九年暢銷一時的《西方的沒落》（*The Decline of the West*）一書中，表示了同樣的關切。書中強調文化的興衰是無可避免的，此一觀點使讀者留下強烈的印象。和德國國家主義者的作品的傳統一樣，斯賓格勒懼怕「文化」（根深蒂固而與西歐不同的日耳曼傳統）會被「文明」（更為世界性，商業化的大衆文化，斯賓格勒將其視同自由的西歐文化）所擊潰。他預見一個「世界城市」（world city）的出現，面貌模糊，具有世界性色彩的人羣羣聚一處，民族的文化（包括日耳曼獨具的陽剛精神價值）漸漸融入其中，以至於消逝。在這本書中，我們可以辨識出一種對大衆文化的攻擊形式。

但無論如何，大衆文化仍以勢如破竹的力量，橫掃歐陸，甚至在官方並不加以鼓勵的東歐，亦風行景從。這也是許多人致富的財源。大衆文化的流風所及，使碩果僅存的一些傳統地域性民俗文化隨之消逝（一些造作的懷舊「民歌」除外），這使得歐洲年輕人的一致性更趨明顯，老少之間興趣的代溝也更大了。總之，消閒式及年青人的國際文化勢不可扼，遠非傳統民族文化建設及官僚制度所能抑制❷。

三

在這個大衆文化的發展趨勢中，如李維士這類意見，顯然是患上了一種工業主義或都市人所特有的懷舊病，一種晚起的中世紀主義，依戀一個經過論者調整以適已意的封建社會。而且，「有意識的少數派」的觀念，只是個守勢的觀念，用以抵禦大衆社會及其生活方式。但以一個「有教養的少數派」的觀念與一個「反創造」的羣衆相抗衡，容易形成一種有害的高傲與懷疑主義。以一個完全有機而且令人滿意的「過去」的觀念，與一個多元解體而且不滿人意的「現在」相抗衡，則由於疏於歷史而有否定眞實的社會經驗之勢。何況，我們所謂「羣衆」，究何所指？意指一種取決於全民參政權的民主制度、一種取決於全民教育的文化，或者一個有賴於普遍識字的讀衆?如果我們覺得羣衆文明的產物如此可憎,我們是否要指稱參政權或教育或識字爲帶來腐化的媒介❸?

四

爲什麼要談這些呢?

從五四運動以後,文化發展的主要線索是反傳統及現代化。而現代化運動發展到後期,逐漸調整了它與傳統的關係,不再全面敵視傳統,目傳統爲現代化之絆腳石;而逐漸主張吸收消化傳統,以使配合現代化。此卽如何使傳統文化與現代生活相結合之問題。

反之,在反傳統以追求實現現代化的同時,我們也興起了強靱有力的文化保守主義。此一文化保守主義也是以一種懷舊的心情,批判現代社會所代表之價值,主張以「恢復」「復興」中華文化來拯救現今社會之沈淪。

這兩種相對立的思潮,事實上有其一致性。那就是:把傳統與現代社會看成是對比的,並把「傳統」視爲「中華文化」,「現代」視爲「西化」的結果。而且認爲解決問題之道,在於結合、協調中國文化與現代社會這兩個似乎是不協調的兩端。

他們都忽略了:不只中華文化,在現代面臨了衝擊。由以上所描述的情況中,我們可以發現：西洋文化也遭遇著同樣的命運。在言之：這不是中西文化之爭。

其次，以「傳統／現代」來解釋西方近代文化社會的變遷。乃是古典社會學的解釋架構。而以美國文化爲主力所發展的大衆消費文化體系，卻是連歐洲「現代」社會也遭到鉅烈衝擊的新形勢。臺灣目前，也已逐漸形成了這樣一種大衆消費社會（或稱之為後現代、後工業、資訊、智識分衆社會……）。故這個社會的問題，不是「傳統與現代結合」此一命題所能解決的❹。

第三，「中華文化」或「傳統」，不應視爲一已凝固的、已定型的東西，除非我們認爲現今中國人所發展的文化不能算是中華文化。所以，文化應該是一發展的、動態的歷程，在現代生活中所形成的人生觀、價值觀，就是中華文化。故，我們應討論的，是這些人生觀、世界觀、價值觀，是否合理；而不應虛構地去揣想一「經過論者調整以適己意的封建鄉村社會」以及該社會的人生觀、價值觀，並想用它來改善我們這個社會。

第四，中國文化，基本上具有反大衆、反世俗之價值導向，傳統的知識份子，是以一精英份子之立場來談文化問題的，自視爲社會之啓蒙者、教育者，要以先知覺後知，覺世牖民，先天下之憂而憂。此一精英傾向，自不可能認同現今之大衆社會的各種表現。例如傳統上說士要視富貴於我如浮雲，要「恥惡衣惡食者不足與議也」。如此，他對現今大衆追求世俗價值，熱中金錢投資遊戲，物質享受，及權力爭奪諸活動，自感痛心，覺得文化淪亡了。此「文化」一詞，所指，正是由歷史上精英份子所創造並維持的。依此一定義，他們亦將認爲大衆是庸俗的、反創造的。反之，認同現代社會者，則認為自利自私，正是社會繼續進步、發展經濟自由化之基本動力，而傳統文化，則為其阻力，故應破除文化中不利現代之因素❺。

但不論如何，大衆文化中庸俗化、世俗化的文化走勢，也的確令人詬病。不過問題的解決之道，不該是逆反大衆化，走少數人精英路線。而可能應該是利用大衆社會形成的基本工具：大衆教育體系與傳播，積極將舊日精英份子所擁有之物，更予大衆化。亦即，以更進一步的大衆化，來反大衆社會。在此同時，擴大精英階層，使一個社會中從事文化創造的人員（作家、學者、文化表演工作者……）之質量不斷增加，也是抗衡社會庸俗化之要方。如果一個國家的主政者，一方面在抱怨社會文化低落，一方面又以政治、經濟諸理由，不讓高級文化工作人力成長，那還談什麼文化建設呢？

第五，由上文我們對李維士及保守主義者的評述中，我們也可以發現：提倡文化復興是不可取的，那往往蘊含了反民主的心態，以及反歷史之立場。特別值得警惕。正如 Raymond Williams 在《文化與社會》一書中所批評的：李維士想法中有某些因素，「這些因素中最壞的已經導至一種假貴族的集權主義（pseudo-aristocratic authoritarianism），最好的也只導至一種對當代任何社會寄託都表現得非常不寬容的習慣性懷疑主義」。此亦為當今呼籲重視中華傳統文化諸先生所宜知也。

附注

❶《文化與環境：批判意識之訓練》(*Culture and Environment: the Training of Critical Awareness*)：李維士與湯普森合著：London, 1933; 頁九一，六八。

❷詳 Robert O. Paxton《二十世紀歐洲史》，王曾才等譯，一九八四，黎明，頁三六五—四一〇，七八一—八二七。

❸對李維士之描述及批評，本文主要參考 Raymond Williams《文化與社會——一七八〇年至一九五〇年英國文化觀念之發展》，彭淮棟譯，一九八五，聯經，頁二七九—二九〇。

❹有關大衆消費社會之形成，發展及其問題，詳龔鵬程《文化、文學與美學》，一九八八，時報，頁四〇七—四二七〈消費社會中的文化問題〉，此不贅。

❺此一觀點，可見於戴台馨〈臺灣經濟自由化的阻礙與文化因素〉，一九八九，中華文化與現代生活國際學術研討會論文。

傳統文化在當代

亞太地區各國，各有不同的語言、種族與歷史，但在近百餘年間，卻擁有共同的命運。在這個地區，長期以來，除各地本土文化之外，大多受到中國文化深淺不同的各種影響。大量華人移民及混血通婚的結果，也出現了許多擬中國社會與文化遺存。然而，近百餘年來，包括中國在內，各國都面臨著文化的失落與迷惘。且國勢不振，或淪爲殖民地及次殖民地。歐美和蘇聯，則相繼成爲我們在政治、經濟及文化上模倣的目標，原有的文化傳統，正受到嚴酷的考驗與質疑。

綜觀近代亞洲知識份子在思考此一問題時，其所關切者，基本上是兩個相關聯的主題：一、從十六世紀以後，到底是什麼樣的力量，驅使歐洲從一傳統的封建制度，激烈地轉變成一嶄新的社會型態？二、相對於歐西諸國，亞洲地區的國家顯然尚未達成這樣的開發，而已開發已發展與未發展之間，究竟又是什麼因素形成了這樣的差距？是缺乏什麼，才使得未開發國家不能迅速邁向工業化、科學化……等等，以致不能成爲如歐西諸國之強？

對於第一個問題，歐洲社會學界早有討論。研究者或採列舉法，將十六世紀以後社會之一般結構及文化特色，視爲「現代的」。例如說現代卽是指工業化、都市化、普遍參與、高度的功能分化、高度的普遍的成就取向……等等。或採用理範研究法（Ideal Type Approach），以現代社會之典型結構、屬性和取向，作一社會型態分析。然而，特徵之列舉，究竟有哪些特徵屬於偶然因素而非本質特性，雖然不易辨明，但特徵項之提出，卻必須是建立在「現代社會」和「傳統社會」的對比觀察上的。理範之建立，更是蘊含了「有一個與現代社會對立的傳統社會存在」之觀念。由此，遂無可避免地會形成一兩極性的理論樣式。

這種兩極理論，基本上是思考歐洲從封建農業轉變到資本工業秩序這一問題，依「前與後」的模型，賦予後兩期社會不同的價值尺度和詮釋說明。例如 Toennies 的「社區」「與社會」、Durkheim 的「機械」與「有機」、Cooley 的「初級」與「次級」、Maine 的「地位」與「契約」、Redfield 的「鄉土」與「城市」、Becker 的「神聖的」與「世俗的」……等。「新與舊」、「傳統與現代」、「農業社會與工業社會」云云，亦爲此類理論之一。這類經過化約的雙元觀念（Dualistic Concept）當然有問題。因此後來的發展，便是在兩極之間，以「模式變項」或「轉型期」予以解釋，使傳統與現代不是二元靜態對立的，而是動態的連續體。但這並不能說是已揚棄了兩極理論的思考，只是在怎樣從這一極走到那一極的看法上有些新的補充而已。兩極仍然是兩極。

依據這樣兩極分立的構想，一個社會預設了它必然的發展方式是：從舊到新，從農業到工業，從低度開發到高度開發，從「傳統」到「現代」。而歐洲之所以能由傳統到現代，主要係來自啓蒙運動，擺脫中古封建及神學體系而來。

根據這樣的理論和歷史解釋，我們相信：亞洲地區，特別是中國文化，也應以反傳統的方式，打破封建體制、拋棄擁護「君權神授」的儒學傳統，才有可能現代化。而且，正是因爲中國封建體制及儒家意識型態所形成的封閉性太強了，才導致中國不能像歐洲那樣，自發地走上轉化改造之路，所以外力介入是必須的。

從「五四」新文化運動以來，直到最近大陸知識份子的基本思路，均是如此。我近期訪問大陸時，也仍可聽到「臺灣、香港、新加坡、韓國搞得好，都是曾經被殖民的，所以中國要現代化，唯一的途徑是亡國」、「中國的封建文化仍在中共統治體制及社會上，起著深刻的作用，只有靠外在的力量才能逼使它產生改變，因此，殖民地化是改造中國的唯一方法」一類論調。把中國文化形容爲「超穩定結構」，造成了亞洲社會的停滯。

倘若順著這一思路，則傳統中國文化不但不應保存、發揚，實乃去之唯恐不及了。過去的一段歷史，也確實想朝那個方向走。但是，我們以爲那個方向是不正確的，中國傳統文化自應保存與發揚，其理由與意義在於：

一

從方法論上說，傳統與現代的兩分，基本上是由對歐洲社會變遷之探索而來的。爲了解釋歐洲歷史上工業革命所形成的劇變，研究者依方法運作的考慮，把現代社會和傳統社會區隔開來，視爲兩極對立的存在，以便描述彼此的差異。因此，所謂「傳統」與「現代」，乃是高度化約的抽象理範，是爲了進行歷史解釋之方便而採用的分析方法，並不是眞有兩個純然異質的社會。

而這樣的分析，似乎也不是恰當的。因爲傳統與現代的說法，顯示了歷史靜態穩定的對立狀態，以及後必勝前的階段進步史觀。這樣的史觀，使我們相信時移世異，現代社會本不同於傳統社會，一切歷史皆爲已陳之芻狗，只能提供現代人發思古之幽情，而不能適用於今日。今人須掃棄、批判之，以免阻礙了現代化大業。即使客氣一點，也不免要說：傳統中好的、適用於現代的，可以保留，不好的則要揚棄。

這本身就是一種反歷史，甚至反文化的態度。論者云現代意識在本我的概念中，常奇妙地想清除史蹟，即指此而言。經由這種歷史意義的失落與瓦解，才構成了現代人內在深刻的不確定感和疏離感。而每個人都可以不必理解傳統與文化，即能猖狂霸道地肆意批評、高踞於歷史傳統之上，也使得人不再能沉潛浸潤於文化或創造文化，加速了人的外化和物化。

我們似乎忘了，存在的意識，其本身也是一種歷史意識。因爲我們對存在的理解和感受，卽來自於對生活之世界或處境的一種過去、現在、未來的「史的了解」。透過這種歷史意識，我們可以斷定：人是在歷史中活動的。

如果我們借用詮釋學的說法來說，那就是：任何存在都必然是一定時間空間裡的「定在」，故一切存在物皆不能不有時空條件，都具有歷史性。人能通過他的理性去認識歷史、理解傳統；但人的理解，卻是在歷史和傳統中形成的，非超越歷史而有之。所以「不是歷史屬於我們，而是我們屬於歷史」。

所謂我們屬於歷史，有兩層意義：一是說我們不但不可能擺脫傳統，而恰好相反，我們永遠在傳統之中，一切傳統都不是客觀化非我的、異己的東西。歷史的理解，不是主體去接近一個獨立自存的客體，而實際上卽是一理解自己的活動。二是說人的理解之所以可能，乃是由於眞理在過去的傳統使我們有一立足點；故歷史傳統，是吾人所以能立足於世界，並向這個世界開放的唯一依據。而且，由於傳統內部的變化，在時間流程中展開；傳統內部的複雜多樣，在空間布列中顯現。也令我們得以依據不同的立足點，拓衍出各種不同的對未來之展望；尋找到各個辯識的基點，以對眞理有更深刻的理解。就像哲學家必須治哲學史，因爲「哲學概念之把握，乃是哲學探求的一種極其重要而不可或缺的思維訓練。通過哲學史的鑽研，我們能夠培養足以包容及超克前哲思想的新觀念、新理路，且能揚棄我們自己可能具有的褊狹固陋的觀念與思想」（傅偉勳《西洋哲學史》緒論）。

換言之，超越或創新，都不能在傳統之外完成。唯有依據傳統，眞正深入理解傳統，才不致以魯莽滅裂爲創新，以無知爲超越，而眞正養成內在批判的能力，逐漸達到思索自身存在之意義的目的。古所云「溫故以知新」「多識前言往行以自畜其德」，大概就是此義。

不過，正因爲理解歷史就是理解自己，所以我們應在詮釋學的說法上，再進一解。

依詮釋學說，任何存在都受到它在時空歷史條件的限制。這些歷史條件，決定性地影響了我們對歷史傳統本身的意識，包括歷史批判的意識。因此，對我們來說，理性只能是具體的、歷史的。它並不是自己的主人，因爲它總依賴一定的條件，總在這樣的條件下活動。這就變成歷史決定論了。在歷史決定論中，詮釋學家當然可以說歷史的淘汰與保存，即是一種理性的行動。但我們若再深入追究，便應發現歷史的保存和積累，並不能是自身具備的，其間須有人的理性運作才能達成。故歷史的理性，最根源處，仍在於人的理性，歷史只是人理性的實踐罷了。由人的理性上說，我們才能發覺歷史中具有價値意識：不但具有價値之選擇與批判，也因這一價値理性而使我們具有超越歷史條件和傳統的可能。

因此，我們不但要說人在歷史中活動，更要進一步說是與歷史的互動；人固然在歷史裡，卻也同時開創了歷史。《易經》之所謂「參贊」，就是說宇宙及歷史，乃因人之參與、投入而彰顯其意義。

這種彰顯可以分成幾方面看，第一，歷史雖然是過去的遺蹟，但人面對歷史的經驗，卻永遠是現存的、直接的經驗；故歷史可以是客觀的，可是一旦涉及歷史的理解活動，便一定是人與歷史的互動互溶，客觀進入主觀之中，主觀涵融於客觀之內，即傳統即現在。其次，人的理解之所以可能，是因爲歷史傳統提供了理解的條件，誠如詮釋學所云。然而，在通過歷史以了解我們現在的處境時，存在的境遇感，也正同時帶動著我們去理解歷史。所以歷史又同時顯其「現在相」，變成一切歷史都是現代史的弔詭。換句話說，歷史並不是「已經那樣」的實存之物，歷史並未完成，須待人投入，與之交談，乃能彰顯。柯林烏德之所以把歷史看成想像力的構築，而非客觀已存在的事實，理由在此。現在，縱使我們不那麼極端，也當相信歷史都是有待詮釋的。未經人之理解與詮釋，一切歷史事實皆無從辨明，一切歷史意義均難以究詁，更不能成爲文化的傳統。從這個意義上說，歷史傳統是不是「國故」，是不是生命已然死亡的遺產，應屬不辯自明之理。它不是堆置在那兒，靜待人去繼承的遺產，而是活的生命，不斷開展著，在每一個時代，與詮釋者交談，迸散新的光芒。

不幸自清末以來，學人於此，多無了解。五四新文化運動之以傳統爲犧牲，固不用說；即使如章太炎、林琴南等，號稱爲國學大師者，也以爲：「說經者所存古，非以是適今也」（章氏〈與人論樸學書〉）；「僕承乏大學文科講席，猶兢兢然日取左國莊騷史漢八家之文，條分縷析與同學言之，明知其不適於用，然亦可以存國故耳」（《畏廬續集．文科大辭典序》）。

學習他們顯然弄錯了。歷史不是木乃伊，只提供我們一些審美式的懷念與心理上的滿足。他們只注意到歷史之客觀性所顯示的時空限制，而忘了由於人與歷史是互動的，人的創造性往往就來自他對歷史的新詮釋新解說。所以五四新文化運動的領導人才剛好是有歷史癖的胡適；新文學也一定要追遡晚明文學的淵源。

切掉這一歷史問題，必然形成自我理解的危機。

二

以上是從方法論的角度探討人的理解活動，發現人的理解不能脫離歷史的理解，「反傳統」在事實上是不可能的。近代反傳統者當然也不能脫離歷史與傳統，因此他們實際上是以他人之歷史及歷史理解做爲自己的歷史理解。特別是環繞著「亞洲停滯論」所顯示的歐洲中心歷史觀，影響近代中國知識份子極深。

然而，所謂亞洲社會停滯論，是站在歐洲史的立場，反映了歐洲中心的種族偏見以及歐洲人利益的一套理論。以黑格爾來說，他認爲古代東方是支配於「實體性自由」，而非國民分工出發的「主觀的自由」：「在單純的實體性自由中，命令與法律乃是種自在自爲堅定的東西，主體完全從屬於它們。……像孩童服從父母那樣，沒有自己的意志、也沒有自己的主見。……要等到主觀自由發生時，人類才從外部現實性深入到自己的精神中，反省的對立才能表現出來。這種對立，在自身中包含了對現實的否定：從現實退回到內心，而在自身之中形成對立。這種對立一方面是神聖或神的事物，另一方面則是作爲特殊事物的主體。……世界史的進程，就在於使這兩方面的關係成爲絕對的合一。」如此「合一」的歷史目標，其實卽是一西歐文化意義中的「上帝之國」。所以他說人類文化是辯證地發展：文明起於東方，如日之始昇，中國自然是文化最低的區域，其次是印度、希臘、羅馬，至日耳曼則如日中天矣。因此他又認爲中國文字不宜思辯(Wissenschaft dor Logik,Reclams"Universal-Bibiother"I,19.) 此中涵蘊的種族偏見與歐洲中心史觀，乃是顯而易見的。

馬克思與黑格爾不同處，在於他把歷史的發展主體，從黑格爾的「精神」或「理念」，替代爲物質。他使用了黑格爾的外殼，卻揷入別個核心，所以他在《資本論》第一卷中宣稱他的研究法與黑格爾根本不同，甚且恰好相反。依他看來，生產力與生產關係發生矛盾，而造成社會之變遷與歷史之發展，乃是人類文化普遍的定則；依這個定則，人類文化的演進，可分爲五個階段。

此說其實卽是民族與文化否定論，因爲他所說的是人類社會發展之必然性。故在馬克思的理論中，特殊的、個別的民族文化，已完全無法談了。更因馬克思的所謂「歷史必然規律」，乃由歐洲史的理解而來，用以解釋中國史，便覺得格格不入，覺得亞洲社會長期處於停滯狀態中。此猶如我們看歐美人，老覺得他們長得是一個樣兒，其實他們之間差異極大。不熟悉中國史的人，當然也會覺得中國社會長期無甚變化了。

此外，亞洲社會停滯說，是孟德斯鳩首先提出的觀念，其後黑格爾、馬克思、維特弗格爾(K.A. Wittfogel) 賴世和 (E.O. Reischaur) 等人陸續發揮之。認爲亞洲缺乏西歐社會的自由，在專制君主嚴厲支配下，自古迄今都處在無進步的停滯狀態中；因此，若無資本主義、帝國主義國家，從外部作物理性（卽軍事性）的破壞，其本身之支配體系不會崩潰，也就沒有近代化之可能；故亞洲應該被侵略被支配。這是對歐洲國家之亞洲侵略殖民行動的合理化解釋，要亞洲人民感激他們用大砲轟垮了「封建停滯」社會。

三

如果說，早一代的中國知識份子對以上問題缺乏反省，逕以歐洲人的歷史及歷史理解做爲自己的歷史，努力西化、現代化、世界化。那麼，最近的趨勢，卻可能顯示在國際文化發展的經驗事實層面，民族文化的發揚，仍是未來不可忽視的潮流。

以今年臺灣高層社會頗爲流行的奈思比特 (Jnhn Noisbitt)《二〇〇〇年大趨勢》一書所述爲例。這位著名的未來學家發現：在國際文化交流滲透、英語卽將成爲世界語、美國文化廣泛輸出、全球生活型態日趨統一之際，文化的民族主義卻方興未艾，如：

△在英國西部的威爾斯，幾乎人人都講英語，威爾斯語快要消失不見了。但是從一九七〇年代起，與起了一種重新推廣威爾斯語的運動。

△爲了融入世界經濟，新加坡敎人民講英語已二十年，最近卻又開始推行「說華語」運動，爲的是重振「舊倫理」。

△西班牙東北部迦太蘭人（Catalan）的語言，在佛朗哥（Francisco Franco）獨裁統治期間禁止使用，現在又重新列爲官方語言。

△魁北克人直到現在說英語還會受罰，街道上禁用英文標誌，並且時時揚言要脫離加拿大獨立。

△在「開放」的時代，民族主義的浪潮拍遍蘇聯全境。假「改革」之名，波羅的海諸小國提出受制已久的民族主義。一九八九年初，愛沙尼亞立法機構通過愛沙尼亞語（與芬蘭語相似的一種語言）爲官方語言，取代俄語的地位，同一年，馬爾代夫議會也宣布以馬爾代夫語（實際是羅馬尼亞語的一種方言，以古斯拉夫字母書寫）爲官方語言。另外幾個共和國——亞美尼亞、喬治亞和亞塞拜然——也在討論立法以當地語言取代俄語的地位。

△在美國人看來，文化反彈最明顯的例子是伊朗：在何梅尼的領導下，回敎在伊朗全境復興。魯西迪（Salman Rushdie）《魔鬼詩篇》事件顯示的只是冰山的一角。而回敎基本敎義派雖然與伊朗和黎巴嫩認同，最近卻認爲其文化及宗敎特徵與埃及、印尼及土耳其更

接近。該教派始終在努力反擊來自西方的影響。

△第三世界國家開始管制英語。菲律賓、馬來西亞和蘇丹都限制英語只能在學校內使用。十幾個國家都想縮小英語的使用範圍。

以上這些徵象，告訴了我們什麼呢？奈思比特認為：「生活形態愈趨一致，人類愈執著於傳統——宗教、語言、藝術和文學。外在的世界愈相似，我們愈珍惜內部孳生的價值觀。人類愈是發現大家居住在同一個星球上，愈是需要各個文化保有各自的傳統。品嚐別國的美食、穿藍色牛仔服，享受部分相同的娛樂，這些都很好。可是如果外在的演變過程開始磨損內在的文化價值觀，大家就會回過頭來強調特色。每個國家的歷史、語文和傳統都是獨一無二的。彼此愈相似愈想突出特色。」

其實不只如此。在國際社會中，民族文化是國家權力的一部份，國家權力受到挑戰，或得到機會申張時，民族文化都有可能成為一種利器。美國文化的擴張，其實就是美國國力的一種具體表現，回教世界對美國文化的敵意，也存在著國際關係與戰略上的考慮。因此，民族文化的保存與發揚，在現實政治上，意義非凡。臺灣現今存在的「中國傳統文化之保存與發揚／臺灣新文化之建立與發揚」的緊張關係，也是深具政治意涵的另一個例子。

綜觀上列諸事例，我們可以發現：在十九世紀後期，世界是以一個中心向外擴散的形態而構成。這個中心即是歐洲，世界諸國皆受其影響或主動學習之。其後，這一中心分化成美蘇兩個次級文化系統，成爲兩個中心點的世界擴散。時至今日，幾乎全世界各地的文化都受到了它們的影響。但邁入廿世紀末期，世界文化地圖似乎已從兩個中心點的擴散型態，轉爲散點交光互照的型態了。各民族皆不願只擔任承接光源的反射體，而願扮演發光者的角色。舊有的兩大中心文化勢力固然仍將繼續發揮其影響力，但這種民族文化復興的趨勢，必將成爲廿一世紀的新潮。而隨著民族文化之保存、復興及發揚運動逐漸擴張，也必然加速未來世界「政治—文化」一體性結構之複雜變化。亞洲國家若要在國際舞台上擴大其影響力、扮演更重要的角色，發揚以中國文化爲基底的各文化系統，實乃刻不容緩之事。

通向現代化

一、兩種文化領域

唐朝杜暹曾在他的藏書中題記云：「清俸買來手自校，子孫讀之知聖道，鬻及借人爲不孝」。元朝趙孟頫也有類似的話，說：「吾家業儒，辛勤置書，以遺子孫，其志何如！後人不讀，將至於鬻，頽其家聲，不如禽犢。」葉德輝《書林清話》卷十〈藏書家印記之語〉條收錄了不少這類言論，並批評這些人太痴，不夠通達。

但這似乎不是通不通達的問題，因爲葉德輝本人卽有「老婆不借書不借」的名言，珍藏護惜其私人藏書也是有名的。他們不願出售或出借個人藏品，是否顯示了一種普遍的心態呢？

文事如此，請看武術的例子。楊季子曾有詩咏太極拳云：「誰料豫北陳家拳，卻賴冀南楊氏傳」。太極拳的創始人，現在仍難確考。但這套拳在清朝初年卽已流傳於河南溫縣陳家溝，是陳氏家傳的武術，因此在《陳氏家譜》中並未名之爲太極拳，只自稱是「陳氏拳」。傳到陳長興手上時，外姓人楊露蟬傭身爲僕，進入陳家偸學了這套拳，回到北京公開以後，太極拳才爲世人所知。故湘潭詩人楊季子有詩云云。武俠小說作家白羽亦嘗寫《偸拳》一書記其事。

當然，也不能說是陳家人特別吝嗇，秘藏其技不肯外傳。因爲此類現象是極普遍的。某些特殊技藝，多屬父子、師徒相傳，講究密法授受，口訣心傳。甚至有「法不傳六耳」「傳子不傳女」之類俗諺。致使許多武技、醫方，僅侷限於某一家族或地域，以祖傳秘方及家傳秘技的型態，默默延續，並以此爲標榜。外姓人要獲得這些技藝，極爲困難；家族或門派中人私下洩露該技藝，也像借書予人一樣，會被本宗本派人視爲叛逆。

私人藏書樓逐漸開放成爲公衆閱覽場所的圖書館，時在清朝末年。鄭觀應《盛世危言》增補新編卷四〈藏書篇〉開始呼籲各省州縣仿外國建藏書院和博物館，其後經各地學會及熱心人士之推動，才出現新型態的圖書館。宣統二年學部擬定〈京師圖書館及各省圖書館通行章程〉，又規定了圖書的採錄及借閱辦法，「供公衆之閱覽」。私人藏書之捐贈給圖書館，乃逐漸蔚爲風氣。「老婆不借書不借」的抱負，在這種潮流下，遂僅成爲一則標示著古老遺迹的笑談而已了。

同理，古代私人收藏的書籍以外之珍寶，本來也只蒐羅於個人的聚寶閣中，並不對社會大衆開放。故孫承澤云：「院本所作，皆在內廷，未能流播於外，故傳世甚少」（李道昭春山行旅圖跋）。凡法書名畫、珍異寶玩，一入皇宮巨室之藏，卽與人世永隔，非經刀兵變亂，不能散出與世人相見。直到清末，王韜始譯「museum」一詞爲博物館，康有爲《大同書》亦提出要開辦博物館的理想，歷經強學會、算學會等組織及有心人士之提倡，官私博物館之興辦才逐漸也蔚爲風氣。民國一成立，蔡元培任教育部總長，教育部即明確規定了：博物館事業由社會教育司具體管理。這顯然意味著博物館已具有社會教育的公衆屬性。

武技方面，這時家傳門派固然仍舊存在，但精武體育會等組織逐漸成立，將原先屬於某一門派的武技，轉換爲向社會推廣的體育活動。如民國八年吳氏太極拳創作者吳鑑泉的學生褚宜民，把太極拳配上西洋的體操運動法，成爲太極操。在民國廿二年列入教育部開辦之體育師範班正式課程。民廿四年第六屆全國運動會在上海舉行時，上海太極操研究會亦推動五千學生表演大會操。民國廿五年又派代表隊赴德國柏林，參加第十一屆世界運動會之表演。昔日秘傳於陳家溝之太極拳，寖假而成一國民體育運動矣。

凡此公衆圖書館、博物館、體育會、運動會等等，與原先傳統型態的藏經樓、藏書閣、聚寶樓、祖傳秘方之類，其間的差異，可稱爲公衆文化領域和私文化領域的區別。

蓋舊日之藏書樓等，係將圖書、文物及諸技藝視爲個人或宗族的私有物。某人某姓某君主，以特殊機緣，據爲己有之後，他人即無緣享用。除非偷盜，連借閱拜觀，都得依賴佔有者的恩准。小說《彭公案》記楊香武入皇宮盜九龍御杯，《三俠五義》載白玉堂入大內盜得三寶。均是描述此私人文化財之爭奪，即具有向王權挑戰的象徵意義。而王室之外，無論是錢牧齋的絳雲樓，還是范氏之天一閣，亦均屬此類私有文化財。即醫方武技，諸文化藝能，亦皆如是。故文化的享用權、參與權和創造權，並不是向公衆開放的，只有少數人能夠據有，形成了文化壟斷與分配不均的現象。這種私文化領域，逐漸開放轉變成爲公共文化領域後，情況當然不同，例如現代的圖書館，不但類聚圖書唯恐讀者不來借閱，且多積極辦理各種與讀書有關的文化活動，如演講、展覽、文藝競賽、配合節令之藝文聚會等等。人人都能十分輕易地參與文化，享用並從事創造。祖傳秘方與秘法技藝的時代，逐漸遠逝。文化技藝之傳習，多循公開講授的方式，在公共文化場所如學校、講習班、文化中心、培訓所等地進行，甚或進行函授、電視、錄影帶教學，以廣流傳。藉由這類方式所建立的，卽是一種公共文化領域，迥異於曩昔由藏書樓、聚寶閣、武林秘笈、祖傳秘方所形成的私文化領域。

二、傳統社會的文化階層結構

從私文化領域轉變而開拓公共文化領域，依上文所述，是晚淸民初之一大事。而事實上中國傳統社會對此公共文化領域之觀念，也確甚淡薄。故現代圖書館、博物館、體育會、刺繡學校、醫學院等，皆肇建於淸末民初。文化私領域之逐漸開放與過渡，正顯示了整個社會朝現代化轉型的癥象。因此，透過對私文化領域的了解，適足以說明傳統中國社會的性質。

從總體上說，我國傳統社會是缺乏普遍公民教育體系的。理論上講「有教無類」，而實質上施行的卻多是密法授受及家學私塾系統。其教育對象，亦以精英教育爲主；內容則偏重於對精英們的個人修養教育。

依此家學私塾教育體制，及精英教育方式與內容，培養出來的少數知識份子，跟社會構成一種什麼樣的結構關係呢？

受過教育的少數精英，是士、是君子；其他未受過此類教育的國家公民則是「衆」。所謂「君子博施而濟衆」正是傳統中國知識份子的使命與責任。這種職責要求，卽建立在「少數士君子」與「未受教育之無文化羣衆」的對比區分上。這少數受過教育的文化人，享受文化的滋潤，但也擔負了傳承文化、創造文化的任務。對於羣衆，對那些未受過文化陶冶者，他必須扮演先知先覺的角色，以先知覺後知，以先覺覺後覺，教育羣衆，以啓蒙昧。所以他是教育者、是啓蒙者。同時，他所獲得的士君子教養，也告訴了他，要做爲羣衆的表率，成爲被人學習尊仰的典範，卽必須自我砥礪，以聖賢人格來自我期許，以便做羣衆之示範者。這樣的示範者、教育者、啓蒙者，不僅要先知先覺，還要自覺地擔當羣衆的痛苦與憂患，拯濟蒼生。所謂先天下之憂而憂，後天下之樂而樂，博施而濟衆，道濟天下之溺，成爲民衆的拯濟者，開物成務與覺世牖民合而爲一，充滿了憂患意識。

那些無文化、既不參與文化亦無緣享用文化創造文化者，則庸庸碌碌，居於凡俗之境。他們依賴聖賢的教訓，學習士君子所給予的文化材料，仰望典範。相對於那些啓蒙者、生產者、教育者、示範者、拯濟者，他們只能是依賴者、消費者、學習者，被動的被教育者。少數具有高貴情操、嚮往聖賢人格、具有優雅文化修養的士君子，和這些普遍的文化貧窮者，遂共同結構了中國傳統社會的現實。

在那個社會中，有孔子、莊子、屈原、杜甫、李白、朱熹、王陽明……等一連串光輝耀眼的名字，爲人類文化提供過難以估量的貢獻，影響深遠，感染了整個亞洲太平洋邊緣地區。但也就在這樣的社會裏，一般民衆卻是粗魯無文、目不識丁的，與其「禮義之邦」的美稱極不相應。正如清朝時一位日本文學家來到北京後，大爲驚異。因爲他每天早晨起來，就看到街道邊蹲著兩排男男女女，褪下褲子，露出白屁股，在街邊大便。這類景象，令他大爲感嘆。他不禁懷疑道：難道這就是出李白、杜甫的國家嗎？

是的，中國正是這樣的國家。日人岡千仭《觀光紀遊》卷二記他遊蘇州，見蘧園、留園、怡園，嘆爲觀止，嗒然自失，曰：「中土大國，奇偉壯麗，何所不在焉」。確實，日本的庭園豈能比得上蘇州！然而，這幾處園林，只是李氏、劉氏、顧氏等所闢建之私產，供他們自己和名流士大夫遊觀休憩而已。一般人所享受的居住環境與文化，是與此園林生活大相逕庭的。岡千仭說他入此等園林，「幽邃之致，瀟洒之趣，余行天下所未目」「延至奧室，廻廊迤邐，庭院深沈，文房器具，古香可掬。出示寶軸數種，皆人間有數者。已而酒出，鳳炙鶴羹，極海山之珍。中土富貴家，自奉矜貴，實爲可驚」。此所謂「富貴」，非只經濟意義或階級意義，而更涵有文化意義。俗諺稱：做官三世，才知穿衣吃飯。顯見文化上的富裕者，僅存在於極少數的社會高階層人士中。這些人的文化生活，至爲矜貴豪侈，而同住在蘇州的大部份民衆，卻是文化生活的貧窮者。他們「辮髮垂地，嗜毒烟甚於食色，人家不設厠，街巷不容車馬」「街衢太隘，丐徒尾隨客，穢臭衝鼻，大爲可厭」。同一蘇州也，居住文化之差異懸隔竟至於此，寧不可驚？

日本人看中國如此，恰如我們去印度，看見印度之髒亂，其人民之椎魯不文，也同樣會與我們讀佛經、讀泰戈爾詩篇之感受格格不入。這豈不顯示了文化上分配不均的現象嗎？詩豪哲士，出類拔萃，高攀入人類才德性智所能到達之頂峯；士君子享受超凡入聖、極其精緻的文化生活。一般民衆，則匍匐於泥塗塵俗之中，苟全性命，奔競衣食而已。他們通常不太參與文化工作，只擔任接受教誨，崇敬、甚至膜拜聖哲的角色。或者說，他們所擁有的文化生活，乃是極粗鄙俗陋的。在社會的文化階層上，聖凡之隔、雅俗之分，極爲明顯。

但是，這種社會文化階層結構，在社會發生劇烈變動時期，亦卽革命時期，卻可能出現變貌。

在革命時期，原先居社會階層下位者，要起而衝破其原有位階，因此，羣衆反而成了行動者。這時，那少數的知識份子便可能有兩種遭遇，一是與革命行動者結合，做爲革命行動者之觀念導引者，或出謀獻策，充任軍師；二是拒斥革命行動之變革，而遭到革命者的攻擊。

在所有民間起事的革命故事裏，都有第一類型的軍師人物。例如《水滸傳》裏的軍師是天機星吳用吳學究，朱元璋的身邊則有劉伯溫。職在預識天機，輔佐英雄。有時英雄們也會推秀才出來做領袖，如《醒世恆言》卷三十〈李汧公窮邸遇俠客〉所載：江湖豪傑自覺到自己只是莽夫，便硬推窮秀才房德出來做寨主，聽其調度指揮。當然，如果房德秀才不願參附革命行動，他也立刻會被羣衆殺掉。歷代所謂「農民起義」殺官吏、殺富豪、殺僧道、殺秀才，都是屢見不鮮的。

這兩種態度，顯示了羣衆對知識份子的兩種感情。他們一方面尊重敬畏崇拜讀書人，但同時對那少數「異乎常人」的秀異精英又充滿了敵意。一旦翻身，便想給他們一點挫折。所有民間文學作品中，都有嘲秀才的題材。革命的流氓，雖不能不倚重知識份子，卻也不忘記隨時表現出對知識份子的鄙視，如劉邦取儒冠爲溺器、箕踞洗腳見儒生之類，並非特例。故在傳統社會的文化階層結構中，事實上存在著極矛盾的心結，蘊含著一種緊張關係。位踞羣衆之上的示範者啓蒙者，可能倒轉過來，成爲被壓迫摧殘的對象，或羣衆行動之附從者與跟隨者。

與此社會結構相配合的教育內容，亦只偏重於個體人格的養成，以自我覺悟爲旨趣，要人自覺地成聖成賢。對於社會生活，亦即如何建立一合理之社會文化生活，缺乏討論，只是要求從自己做起，人人做好人，社會自然就好了。從士君子的經典教育到民間教化謠歌如《昔時賢文》之類，大抵均不脫此一格局。這就使得士君子對於社會公共生活缺乏理解，無處理之能力與思考。其社會文化位階，又使其孤立於羣體之外，爲四民之首而實不能對民衆之社會公共生活起什麼主導性的作用。如此一來，號稱要拯濟天下的知識份子，其實僅能成爲「獨善其身」的人格示範型先知，非實踐運作其理性於社會中的工程師。手無縛鷄之力的「百無一用是書生」形象，亦遂形塑完成。秀才們若欲湔此奇辱，其手段也不過是：「莫道書生空議論，頭顱擲處血斑斑」而已、「平時袖手談心性，臨危一死報君王」而已。

三、公共文化領域與近代社會變遷

這種傳統的社會文化結構，到晚清開始產生變化。諸如教育之普及，私塾家學逐漸替代之以公共教育體系，要求實施國民義務教育，使得知識不再爲少數人所壟斷，擴大了知識階層。而圖書館、博物館之類文化場所開放予公衆使用；私人園囿之外，興辦公園業務……等等，都使得文化分配不均的現象，逐漸改善了。

必須要有這樣逐漸開拓的公共文化領域，我們才可能學習到一種公共問題意識（Public problem-consciousness）。對於如何透過公共政策的擬訂與參與，建立一種現代公共生活，才能有所嚮往。方能理解到：社會公共生活卽是生活於社會中人共同的事，應由大家共同建設，而非由某幾位聖君賢臣去負責，也不只是某一批知識份子的責任。理解到這一點，正是打破少數人專權之政治體制的關鍵，故清朝末年的政治革命，使社會由王權統治邁入民主政體，而這種公衆文化領域的開拓，正是與之相應的步驟。因爲民主的素養，並非只是讓民衆獲得投票權，更要使民衆具有這種關懷與參預公衆共同生活的意願和努力。

當然，報紙在這方面貢獻良多。採用現代排印技術，向廣大羣衆傳播訊息的報紙，在晚清形成了一次「傳播革命」，已爲論者所熟知矣。經此革命後，報紙所提供的，卽是一種公共的論述空間。它是針對公共領域事務的報導，但也是對話、論辯的場所。卽使是報導，也反映了社會上對於涉及公衆事務之各類態度與意見。此與古代的士大夫清議、諍諫不同。清議是社會某一階層的議論。諍諫是突顯個人人格典範，向執政者進獻良言。這都不是由被公共事務所涉及的對象，自己來討論自己的處境與事務。報紙有時也要向政府進言，但那就代表了公共意志。因爲它提供的是一個公共論述空間。這時的報紙，已非我國古代之「邸報」。邸報是傳布政府的政令消息，做爲政令宣導之喉舌，提供政府官僚組織內部之資料與觀點而已。只有背叛此一「喉舌論」，發展出公共論述空間，個人化的國家權威及組織官僚機器，才無法壟斷或宰制公共意志。

換句話說，透過公共文化領域的建立與開拓，可以使民衆逐漸注重公共生活空間的社會關係，養成公共問題意識。在這種關係中，所需要的不是立基於單個人的五倫關係倫理，也非只對個人道德修養之講求。而是在一共同生活空間裏的鄰人社會倫理。在這個社會中的人，都能體認到彼此正過著一種共同的文化生活，共同意識到下列問題：在此共同生活的環境中，彼此應採何種相處方式？要將此共同空間建設成何種型態？然後通過公開的論述、對話、辯難，形成公共政策。如此才有所謂的現代公共生活，出現現代意義的公民。

這種歷程，本身可稱爲一場社會意識革命。它與近代中國的政治民主革命，同樣波瀾壯濶。

或者我們更可以說，近代民主革命之成功，正得力於此；而其不盡成功，亦由於公共文化領域並未眞正建立。

四、血親族羣與社會契約關係

在傳統社會中，公共文化領域如上文所述，極不發達。然而，在中國，做爲私文化領域者，其實又往往同時兼具了公共文化領域的性質。

例如我們說圖書及文化技藝被私人獨佔了。這個私人，通常係以「家」爲單位的。而家，應該只屬於私領域，但在中國古代卻總做爲一小公共領域而存在。原因是早期的家，本身即爲一大羣單位。不用說春秋戰國時期的百乘之家，主掌家務，即須任命家臣管理家政；秦漢以後的家，規模也都不算小。一個家，縱使不算族，非宗族聚居之型態，亦非現代化社會中之核心家庭概念。一個家，不僅是人倫親情的結合場，本身也是個初級社會。因爲在其中也存在著權力問題、資源分配問題等等。姑嫂、婆媳、夫妻、妻妾、嫡庶、妯娌、伯叔……之間複雜的對應關係及權利義務所引起之爭端，尤其難處。特別是這些問題，因與倫常親情糾纏在一塊兒，比一般社會問題更不易對付。而中國人，一般總是在這樣的環境中長大的，血親倫理關係和權利義務關係，不易分得清楚，可說是事所必至的結果。如果這個家，又是大家族聚居，自成一村落寨莊，則一個人一生所面對的社會，很可能就只是這個家族而已。

這時，家等於今日的一個社區；或對某些人而言，家根本即是整個社會。它所形成的問題是公私不分。但家族的文化設施或技藝，對族人來說，基本上也是公共文化領域。如族中所設塾校，即等於後來的國民小學。族中的公衆聚會場所，如祠堂、廟口，亦有如今日之公園與集會所。族中的書舍、藏書樓，通常也屬於族中公產，像范氏天一閣的藏書，鑰匙放在各房手裏，非各房會齊了一塊兒開鎖，誰也無法私盜。有些記載，甚至提到這些宗族聚居百數千人「鳴鼓會食」。頗有點同居共產的公社意味。像宋代江州陳氏，在南唐時已聚族七百人，宋時增到千口，每食必羣坐廣堂。後來更蕃衍到三千七百人，眞是個大社區了。

由於這些家族本身即是一社會，因此也需要社會立法，以進行公共生活。例如分田、析產、異炊、用水，以及宗族公共活動，像迎神賽會、與旁村械鬥、築堤修路等公共建設之類，都需要會聚商量。商量時必須有規範，必須有人主持，必須集體參與。此即爲祠堂議事。族長通常依據家法與族規來規範權利義務、判定是非曲直、給予褒揚或懲戒。故家又爲法院、議會、行政機關之綜合體。家族內部的公共事務，通常是依據家法與公議爲之。

這些家法，大多以「族譜」或「規程」之形式明確地予以規定。舉凡道德倫理之行動、權利義務之安排、族人福利之保障等，皆涵括在內，不只排列族內血緣秩序而已。如宋德安陳氏所定規程曰：

> 我家累世餘慶，子孫衆多，上下和睦。然恐雲礽漸夥，愚智不同，苟無肅睦之方，恐乖負和之理。今欲維之以局務、定之以規程，推功任能，勸善懲惡，使公私財用之費、冠婚喪祭之籌、衣食輿馬之給、子孫可以世守。

這裏所定的局務，卽包括管轄族人、庫司經濟、管理莊田、任責教育四大部份。范仲淹所訂〈范氏義莊規則〉大抵也是如此。蘇洵則直接以族譜來達成此類作用，他定出族譜體例，並建族譜亭，規定族人於此聚會，「凡在此者，死必赴、冠喪娶妻必告。而孤則老者字之，貧而無歸則富者收之。而不然者，族人所共誚讓也」（〈族譜亭記〉）。充滿了社會福利互助的涵義。

這些規程規則規約，本身卽是社會契約性的，是在一自然性血緣聯結關係上實施契約。因爲族裏的倫理關係，並不純然是家長族長權威下的「強力——服從」關係。這只是個表面結構。事實上，一個宗族，派衍支分，各房各系，血緣行輩關係錯綜複雜，老者孫、少者祖的情況，至爲普遍。所以只能是在血緣倫常的禮儀狀況下，維持宗長族老的權威。涉及具體生活，便必須回到「權利——義務」的關係中來，條約卽因此而成爲必要物。

不僅如此，宗族做爲社會中一小社區，它有時也非封閉的。在災荒來臨時，它們往往是提供賑助的機構；在平時，則又常是負擔教育責任的單位。如「洪洲胡氏，於淳化中州旱歉時，發廩減市直以賑飢民」或「大設厨廩，以延四方游學之士」的記載，翻開各家族譜，實在比比皆是。《宋史・孝義傳》云：「洪文撫，六世義居，室無異爨，就所居雷湖北創為書舍以招來學者」「陳昉家十三世同居，建書樓於別墅，延四方之士，肄業者多依焉」。這些書舍書樓，卽有近代公衆學校或圖書館的意味了。

換言之，家族之私，實際上培養了公共秩序倫理，其私亦不盡為私也。因此，戮力於制定規約的南宋儒者呂大臨便在呂祖謙訂定〈宗法條目〉之同時，提倡〈鄉約〉。所謂〈宗法條目〉，包括祭祀、忌日、省墳、昏嫁、生子、租賦、家塾、合族、賓客、慶弔、送終、會計、規矩、學規等項。〈鄉約〉則只是把它推廣到社會上去而已。

由家、族到鄉，整個社會中還有血緣與地緣之外的另一種聯結關係，卽職業性的聯結。這種聯結，係以「行」「會」「社」的型態出之。這些職業行會，旨在管理該行業共同事務，並保障同業利益。後來逐漸擴大到非職業性團體，如文化活動，詞有同文社、唱賺有遏雲社、雜劇有緋綠社、吟叫有律華社、詩有西湖詩社；體育活動，有蹴鞠打毬社、川弩射弓社、相撲社、錦體社；社會娛樂，有漁父習閑社、奇巧飲食社、賭錢社、傀儡社、雄辯社、錢幡社等等。此基爾特(Gilod)事實上結構了我國唐宋以後的社會關係。包括秘密社會的組織方式，也依此原理，形成各種契約取向的團體。

這些道理，說起來極為複雜，且因涉及對我國傳統社會的認識，問題極多。但通過此處的簡要敍述，我們不難發現：我國傳統社會中，公共文化領域實際上是存在的，而且有相當的運作能力。其中所可能存在的危險，只在於契約團體與血緣族羣的關係太過緊密，不只家族如此，卽行會社、幫、黨、團也都朝模擬血親族羣的方式發展。血親的倫理關係，固然可以滋潤社會契約的僵硬乾枯，卻也可能因混殽了兩種原則，而使得契約型態產生變化或遭到扭曲。

因此，在朝向現代化的過程中，應該走的道路，是擴大並建全原有的社會契約基礎，培養與國家權威分離而相對自主地存在之市民社會的公共領域（Public sphere of Civil society）。可是我們並沒有這樣做，我們走的是另一條路。

五、全體主義與公共文化領域之瓦解

民國以來，政局上反反覆覆，各類學說與主張層出不窮，但這其中有個思考的基本線索，卽要求建立一強而有力的政府，以免於亡國，以使中國人能有尊嚴地站在世界上。所謂科學與民主，是站在這個立場上說的。因此，孫中山先生稱他的民生主義是國家社會主義，要人民放棄家族本位及地域本位，發展出共同的國家認同，以免於「亡國滅種」。而且他雖鼓勵並提倡全民參政，分享政權。卻在政治角色分配上主張「領袖人才主義」，把社會上的人分成三種：先知先覺，後知後覺和不知不覺。謂前者宜擔當較高職責，賦予更大權力，以管理國家事務。後者則實現先知先覺們所訂立之政策即可。這個主張，形成了他先「訓政」而後乃能實施憲政之說，也造成了國民黨自居為革命先驅者的先知先覺角色，產生一黨專政的現象。

喊「打倒一黨專政的國民黨」之共產黨，以及「反對國民黨的一黨專政」的中國國家社會黨，情況有沒有轉變呢？

反對一黨專政的中國國家社會黨，在抗日時期，張君勱即提出一種「修正民主政治」來。認為此時必須依賴一權力集中而有效率的政府，所以「國家權力」與「個人自由」必須做一番新的調整，默許國民黨專政的事實。民主呢？這時便只能說：「以民主政治為根本原則，依國情充量實現之」罷了。

孫先生是近代思想史上首揭政治革命之外更應注意社會革命的第一人，張先生則是在我國立憲制憲行憲方面貢獻最大的人。蘇俄第一次憲法、德國威瑪憲法皆由張氏介紹予國人，現在的中華民國憲法亦出自張氏手筆。然而，基於恐懼弱國亡國的心理，張氏在中央集權與地方分權的問題上，主張先鞏固中央，著〈聯邦十不可論〉批判地方分權以成聯邦的想法；又在實施民主憲政的問題上，主張依中國國情，在不危及大局的情況下徐圖發展。結果，證明了：「十年來集權之成績，徒為中央肆虐之資」，民主憲政，遂成畫餅。

這個邏輯不斷地重覆上演。主政者提倡國家認同，自居於先知先覺者的角色，要領導不知不覺和後知後覺者，來完成救國強國的責任。使中國強起來了，這個「事實」，則又回過頭來證明政治不能不由他領導。在這個特殊國情中，提倡個人自由、民主憲政，便被視爲缺乏國家認同（不愛國、受外國勢力影響、搞分離主義等等），認爲中央若不能強力有效地控制局面，民主只會造成社會動亂、製造中國的分裂或被外國勢力併呑。

這其中卽涵有一種集體主義或全體主義的思想傾向，羣體意識與國家意識、高於個體意識。且不說共產黨具此鮮明特徵，國民黨淸鄉區黨務辦公處東南亞聯盟運動指導委員會也曾譯刊斯班的《全體主義之原理》，認爲：

> 闡明個人主義及全體主義的概念，卽所以徹底說明一切社會及經濟現象，亦卽所以處理社會學及經濟學的根本概念。自由貿易適當，還是保護關稅適當？自由競爭好，還是組織化的經濟好？這些問題全靠個人主義的研究態度，或全體主義的研究態度來決定。……凱湟、史密斯、李嘉圖及所屬學派，全經濟政策的自由主義及自由貿易派，以及奧、英、法、義、西等國的限界效用學派之經濟學說，莫不表示著自然法的、個人主義的國家觀、社會觀及經濟觀之各種型態及其變種。

依全體主義的立場，該書批判契約論的社會學和自由主義的經濟學。這個全體主義固有其專指，它亦不滿於馬克思的社會主義。但我們不要看得那麼死，因爲它事實上顯示了一種全體主義或集中主義的一般態度，故彼亦宣稱它可以涵蓋或超越馬克思所代表的社會主義。舉這個例子，適足以說明在國民黨和共產黨涇渭分明的壁壘間，其實存在著一條共通的水流，將中國流向採行集體所有制的汪洋，出現了紅色的中華人民共和國。

但是，在主張集體、反對個人主義的同時，政權卻非集體公衆擁有的。這是它理論的弔詭處。如馬克思所主張的無產階級獨裁制，得到史達林的贊成。胡慶育在馬克思・卑爾《獨裁制研究》譯序中曾說：「在俄羅斯，它採取了階級獨裁制底外形，而蘊含著政黨獨裁制。至於我們中國的國民政府，則更將國民黨底訓政時期，在法律上明文規定。它獨裁的性質，更見明顯了」，因此「眞正的議會政治底基礎」，在此皆不存在。但他的感嘆，有什麼用呢？列寧曾提出職業革命家的理論，認爲革命就是要推翻資產階級建立無產階級專政，然人民並無能力爲自己著想，故居於少數之共產黨員即須負起領導無產階級的責任，而此少數人中之更少數，即職業革命家，負責領導與制定政策。在這個理論下，政黨獨裁便更進而成爲一小撮人獨裁或個人寡頭獨裁。人民羣衆，大海航行靠舵手，還須要什麼公共問題意識？討論什麼公共政策？哪來的公共論述空間？如何建立現代公共生活？集體在個人獨裁者的領導意志下活動而已。

至於家、族、會、幫、社、黨，經整個土地所有制的全面變革以後，徹底破裂瓦解了，再也無力成爲培養公共秩序倫理的地方。人們遂以爲只有貫徹黨的意志、實踐黨的指示，才是符合公衆利益的。不再懂得如何爭取個人的權益，甚至以爭取個人權益爲恥辱。

與此政治權力高度壟斷之狀況相配合者，自然是文化權力的集中與壟斷。據中共全國教育年鑑的統計，現今大陸地區學生總人數只占全部人口的十六點四六百分點。而大學在學學生又只占學生人數的一・一%。也就是一萬人中只有一・八九〇位大學生。「全國」教育經費一、四二六、八一六萬，北京市就獨占了三七四、八三八萬。整個大陸地區，能達到它的零頭的，僅有四處，即上海、遼寧、四川和陝西。其他經費較多者，是江蘇六六、九六四萬、浙江二八、九二〇萬、河北二八、二三七萬。像福建才一〇、〇七三萬；寧夏四、一四三萬；海南三、四二四萬。西藏則區區九三〇萬而已。腴瘠相去，不啻霄壤。我在北京第四高中訪問時，該校校長很自傲地告知我，他們學校升學率不僅百分之百，能考入北大清華等名校者亦佔八〇%以上，往往他們一校考上北大的人數，超過其他一個省的總數。他不覺得這有什麼不對。其實這是個可哀的現象。只有教育的經費及人才資源高度集中，才會形成這種結果。極少數超級優秀的精英，和匍匐於山溝泥澤裏缺乏教育的平民大衆，再度結構著「士／衆」的先知領導及「不識不知，順帝之則」羣衆的政治——文化一體性格局。

從教育體系內部來觀察，情形尤爲可怖。整個大陸，給授碩士點之學科，哲學一四五、經濟學三三八、法學二二三、教育學一五八、歷史學一九七，可是理學有一、〇六四、醫學有一、三八二、工學更是高達一、九六〇，是哲學或教育學的十幾倍。博士點，哲學三八、經濟學八二、法學四五、教育學二六、文學九三、史學六七，理學則有三八五、工學更達到六二八，是教育學的廿四倍。文法學科與理工學科不平衡至此，顯示了教育體系內部資源之分配亦呈高度壟斷及集中之現象。人文社會科學爲何受到如此不公平的待遇呢？是因爲它們往往涉及思想及意識型態問題，故遭到壓抑嗎？還是爲了要發展工業，不得不有此權宜之舉？假如是後者，那麼，這些受國家大力培植的學科，所培養出來的人力，是否又已爲社會服務了呢？沒有！諸如公路等公共工程建設，大陸是極爲落後的。鐵路長度只占世界的四%，每萬人才有〇・五一公里鐵路，在世界排名一〇二位。工業生產亦然，總生產二萬多種產品，達到七〇年代國際水平者只有五%，達到六〇年代水準的也只有三五%。那些理學工學人才哪兒去了呢？用去發展國防高科技如導彈、航天系統啦！理學與工學被用來做爲彰顯國家意志與力量的工具，而非改善社會公衆生活的利器！

同理，大陸有世界水準的交響樂、舞蹈團，其電影近年來屢獲大獎。但這些似乎都與一般民衆的文化生活不甚相干。岡千仭所看到的那個蘇州，除了園林的主人換成了「國家」之外，有什麼變化嗎？少數文化生活的豪貴者和大多數「人家不設厠，街巷不容車馬，穢臭衝鼻」的文化貧窮者，仍是這個社會的現實。可是，據說中國強大了；據說爲了國家秩序與社會安定，應該敉平爭取民主的市民活動；據說中國國情特殊，不能冒然實施民主；據說鼓吹民主的，都是資本家、帝國主義者、自由主義者、外國人等等；……。徹底消滅私領域之後，公共文化領域反而未曾建立起來！

六、通向現代化民主化與世俗化

本文當然是在討論現代化的問題，並以爲現代化當然關涉到政治的民主化。但基本觀念是：民主化並非一政治改革之問題，故不能只從政治權力之再分配上去思考和行動；民主化是要民衆能在生活實踐中落實民主的精神。因此，它只能是一場社會意識的革命，不是政治上幾個政客打著爲人民、爲民主的旗號，更迭瓜分權力，而叫老百姓去投票背書，便號稱是有民意支持。同理，倘若老百姓仍然不懂得如何在具體的公共生活中，運用自己應有的權利與意志，不能透過公共論述空間去討論他們該有什麼樣的生活，民主化現代化談何容易？當民衆無法建立國家組織官僚機器之外相對自主的公共文化領域，無法建立共同參與之生活性公共文化時，自然會有「先知先覺」者出來，說要教導他、領導他、代表他了。

當然，現代化的另一個精神是非精英化、世俗化。正是讓人脫離了諸如買地、分產、婚喪、用水、迎神賽會、修堤築路、租稅、會計、就學等具體生活的討論與追求，叫人投身於偉大高遠的「拯救祖國」「解放全人類」「打倒剝削階級」等號召，才使得中國人進入無限期的革命過程；並爲了革命，繼續忍受絕對的權威。似乎唯有重新讓人民回到塵世，回到具體生活的權利義務認知關係中，才能掙脫這個革命的枷鎖。再說一次：

只有具體的個人，在具體的生活中，共同建立一個公共文化領域，始能衝開黑暗的閘門。

創造以臺灣爲主體的當代中國文化

一、臺灣為何生病？

臺灣，是當代中國現代化的實驗室。歷經數十年之實驗，現在國民生活富裕，號稱經濟奇蹟，各種建設，亦復雄偉興隆，非海峽對岸尚未充分現代化之社會所可比也。然而，凡事之優點特長處，大抵也就是它的病痛所在。老子曰：「禍兮福之所倚，福兮禍之所伏」（五十八章），並非無的放矢。現代化本身造成了豐席履厚的生活，但也製造了許多災難。我們身在福中，既享受現代化之成果，同時也必承擔現代化所給予我們的痛楚。

這些現代化的痛病，包括了什麼呢？舉例來說，高度工業化的污染，過度都市化的交通阻塞、廢氣、噪音，都是每天威脅我們生命的殺手。對這些戕傷生命的東西，現代人有什麼辦法逃避或抗拒？

現代化所影響於現代人者，不止於這些顯而易見的生活環境問題，而更在於人的心理狀態及行爲模式。

例如大家族瓦解之後，老人安養固然成了嚴重而複雜的社會問題，幼兒保育也同時出現困難。但更重要的，是原有的親族倫理關係破裂或鬆弛、婦女個人獨立意識伸張、必須就業進修等等。這些心理狀態及價值觀，不但使得大家族不能持續下去，就連繼之而生的核心家庭也受到衝擊。這才是它詭譎的地方。因爲依早期社會學的分析，大家庭瓦解後，代之而起的是核心家庭。所謂現代化，卽是指社會面臨這種轉型而言。可是大家並未料到，轉型後的小家庭在現代社會中，卻顯得越來越不能發揮「家庭」的功能，越來越不像家。家像個固定的旅店，除了供家人打尖宿夜之外，功能甚小。有時一家人一周難得同吃幾頓飯，有時根本家裏不開伙。家也不再能發揮聚合親情、撫慰創傷、提供心靈支柱的力量。何況，現在的家隨時會瓦解，離婚率越來越高，家如漂浮在湍流中的梱木，湍流或水流下的暗礁，隨時會衝散或割裂了梱木的繩索，讓木片四散漂流，再去隨機聚合。在這種鬆散不穩定的狀態中，家不僅不是心靈最後的堡壘，反而常是塑造社會問題、培養人格異常者、刺激青少年犯罪的機構。

家庭之外的社會。更令人難以適應。現代社會中人與人之冷漠疏離，已經使人越來越不能忍受。同情與互助，已經成爲極稀罕的美德。每個人都要孤獨地去承擔職業和生活上的各種壓力，緊張繁忙的生活步調、焦慮蒼白且充滿困惑的心情，使得大衆心理學之類書刊大行其道，每個人似乎都需要一位心理醫師來治療時代病。但不幸的是，這些敎人如何適應現代社會生活的書刊，提供的往往不是人生的清涼散或安神丸，反而是教導人怎樣更積極巧妙地去攫取權位，怎樣去適應、配合這個社會中的競爭法則。所以也往往加強了社會和人的異化。

此外，由於資本主義不斷深化，社會上共許的行爲模式，固然多已功利化金錢化。但不是一切價值均可價格化貨幣化的，殘存的某些道德理念仍在社會上具體起著作用，例如社會在事實上固然已笑貧不笑娼了，但並不是每個女人都願意爲了錢去賣淫；社會上固然盛行金錢遊戲，也不是每個人都躍躍欲試。這中間便會形成衝突，造成觀念與行爲的糾纏矛盾，以致憤懣不安。大家都批評功利化不好，但資本主義社會正是要「計算」、正是要功利。沒有貨幣化與價格化，事實上也就沒有了現代化。既然如此，又怎能只要金錢運作而不形成金錢遊戲呢？……。

這些問題都不能深談，因爲太複雜，而類似這樣的情況又簡直談不完。像犯罪率逐年昇高、治安的敗壞、色情氾濫等等，皆工業化都市化光輝燦爛世界中必藏之污垢。

對於這些現代化之病，我們該怎麼辦呢？社會上諸有力之士正籌思道德重整運動；反對派人士大力抨擊政府顢頇無能；政府則正力施鐵腕，加強規範整頓，提倡國民新生活運動，以期重建社會道德、健全生活倫理。

凡此各端，用力雖勞，無奈全不對症。因爲這是現代化所帶來的病，與現代生活共生。病源深刻地與整個社會的制度、結構、體質結合在一起，豈是叫人誠意正心，復爲守法善良百姓即能痊可乎？又豈是老代表退職、總統民選、臺灣人當家做主、臺灣主權獨立，即能治癒此時代病耶？故曰：善醫者，宜先知病。

二、現代化症候羣

不管意識型態上的立場如何，總不能不承認近代臺灣的命運是與近代中國之歷史處境息息相關的。把臺灣放進近代中國歷史處境中去看，則我們可以說近代中國，大體上是一段中國參與世界史的過程。這個過程，原先固然出於被迫，後來卻是自願地積極參與。而其基本動向，則是以歐洲爲楷模的現代化。

陳獨秀論五四文學革命，卽曾認爲：「今日莊嚴燦爛之歐洲」，係拜革命之賜。中國進行文學革命、倫理道德革命、民主政體革命，也是爲了將中國建設成一個「今日之歐洲」（見獨秀文存卷一）。其說充分顯示了當時知識份子以歐洲爲典範的心態。

但在這種共同心態底下，卻逐漸產生了許多分歧。例如以歐洲爲典範的文化態度和救國主張，經常引起民族主義和傳統文化論者的對抗；世界性和本土性之間，形成了極爲緊張的關係。新文化運動之後不久，便有〈十教授文化本位宣言〉，此後中西文化之論爭也從未停過。而且這種本土性與世界性的關係，非兩端對抗那麼簡單，而是錯綜糾結式的。如高舉「工人無祖國」大旗的共產黨，往往宣稱他們是民族主義者，具本土性。批評者則指責他們破壞了傳統文化。國民政府也一再聲稱他們是傳統文化的正統繼承者，要復興中華文化。但大家常認爲執政黨推行的是西化政策，政府在整體表現上也不具民族主義性格。這種批評也可能再衍申爲：國民黨政權代表結合美、日文化，做爲美日經濟體系中邊陲性依賴者之角色，不具有臺灣本土性。然而，從另一方面看，許多人抨擊我們政治不夠民主化時，又說國民黨政治是因受傳統文化影響太深了，所以才在政治現代化的途徑上走得遲緩。當然，此說亦可能衍申爲：由於中國文化具有「東方專制主義」性格，所以臺灣要民主化，必須放棄中國文化，發展臺灣本土新文化。

除了本土性與世界性的糾結之外，以歐洲爲典範的現代化，在第一次大戰之後，隨著國際形勢的發展，逐漸分化成兩個次級系統，一是「英美——資本主義——民主議會」；一是「蘇聯——社會共產主義——無產階級專政」。這兩系統之間也存在著難以化解的衝突。其衝突不僅是歷史現實的、權力結構的，也是理念的。即使到現在，社會主義在蘇聯與東歐土崩瓦解，在臺灣卻仍是批判資本主義的主要武器。針對臺灣政府所採取的「英美——資本主義——民主議會」政經文化態度，反對者多採「社會主義——工農社會運動」路向，馬克思或新馬克思思想，一直是臺灣社會抗議人士之重要資糧。某些人也因此而對中共有比較寬諒的評價。

這些，都可視爲現代化過程中結構性的分歧，幾乎無可避免。另一個結構性的分歧則是問：「今日莊嚴燦爛的歐洲」如果是學習的楷模，那麼應如何始能如歐洲呢？今日之歐洲，據說也是從「傳統」社會脫胎換骨而成此「現代」社會，因此我們也應充分現代化。這一點大家逐漸有了共識。可是，現代化要如何進行呢？陳獨秀提到的文學革命、倫理道德革命，屬於思想文化方面的改變；他說的民主政體革命，則係政權結構的變更。

但，歐洲社會之變革，顯然還有它由傳統農業社會轉型為工業社會、出現資本主義等方面。相應於這些，中國若欲現代化，當然也必須改變原有的產業結構和社會組織，走向工業化。

從歐洲史來看，產業革命、宗教革命和民主革命乃是共同締造歐洲現代文明的要件。因此，我們要學歐洲，按理也應是綜攝這幾個方面，一同發展，才有可能。然而，對於到底應先從思想文化上改造傳統國民性，還是從政權結構的變更上著手，抑或提倡國富，由「物質理財救國」？這三者竟形成了三種不同的思路與策略。例如康有為早期只主張思想文化救國，用心只在保教尊孔，並不希望變更政權結構，更未觸及經濟改革面。後期則撰《物質理財救國論》，強調產業改變以富國裕民。五四運動，主要也是表現在思想文化救國方面。五四運動後期馬克思主義之勢力逐漸壯大，則是因為馬克思提供了政權結構變更、經濟體制改革、以及思想文化總體改造的模型。故能吸引當時的知識份子。國民黨在晚清成功地改變了政權結構，建立民主政體；其後又能提出三民主義，揭示思想文化改革及民生經濟理想，所以在對抗北洋軍閥時期也能鼓舞青年，示人以希望。但馬克思主義者在政權結構之變更和經濟體制方面，都較國民黨更激進，使人相信它更能「徹底」解決中國的問題，因此後來許多人選擇了共產黨，也不偶然的。國府播遷來臺後，政府推動現代化，重要成績及用力處，端在物質理財一面。於政權結構之改革，亦卽民主化，進展較爲緩慢。而全力發展經濟之後，經濟畸型膨脹，卻造成了對思想文化發展的若干壓制。這種狀況，也形成了臺灣的「官方」與「民間」對立。因爲政府及技術官僚總是強調經濟成就，總是計算成本效益；「民間」則一再抱怨民主化不足及思想文化上表現窳劣。

在現代化過程中出現這種分化，或政治經濟面壓制文化面的現象，不能只視爲各人對歐洲史及「現代化」之理解及選擇不同，或政府施政時之緩急有序使然。蓋現代化運動本身所具有之性質與發展，內部卽涵蘊了這個深刻的矛盾。丹尼爾・貝爾（Daniel Bell）《資本主義的文化矛盾》一書卽曾指出：當代西方資本主義的社會發展，顯示了經濟、政治、文化三大領域的根本對立衝突。其經濟領域係遵照效益原則運轉，形成嚴密等級制精細分工的非人化體系，以追求利潤爲目的，促進社會享樂傾向。其政治領域雖強調民主，但爲了應付日趨複雜的技術與經濟共同體所衍生之社經問題，仲裁各集團與階級的利益衝突，達成社會平等，國家機器必然要擴張其力量，干預經濟生產及分配。文化思想領域，則既不採經濟效益原則，也不採平等權力原則，所以它與政經體系中發達的組織管理模式相反，標榜個性化、獨創性及反制度化。但資本主義社會，貪婪攫取性（acquisitiveness）與經濟衝動力，經常壓倒了宗教衝動力。社會世俗化的結果，文化似乎越來越無法爲人類提供終極價值信仰了。貝爾認爲，這便是現代社會中萌生信仰危機的原因。解決之道，他主張重新向某種宗教觀念回歸，提出「後工業社會的新宗教」，做爲三大領域對立衝突之後，解消矛盾的一個「冒險的答案」。

在此，我們並無意推薦他的答案。而是想藉由他的論述，來說明近代中國出現思想文化救國、物質理財救國、政權結構改造等幾大路向的分歧，事實上便顯示了我們處在現代化歷程中的困境。不只是政治、經濟、文化三領域的矛盾衝突如此，前面所舉「資本主義／社會主義」的對抗關係也是如此。孫白蘭（Brenda Sanson）爲費正清《中國觀察》一書作的書評便提到：過去一般人只從中國革命與中國傳統的內部關係來理解近代史，現在則應納入全球經濟社會變遷中考慮。因爲國際資本主義擴張，摧毀了所有的傳統社會基礎，先行現代化的歐美國家，實施殖民地世界經濟。而馬克思主義則是對這種國際資本主義擴張的一種反應，所以它不僅在中國被接受，也被其他第三世界國家接受（見《九州學刊》三卷一期）。換言之，在世界性的現代化風潮中，資本主義工業化出現了貪婪攫取性，其追求經濟利潤的性格，刺激了政治面平等權力原則的擴張；馬克思主義企求從政治改造上達成經濟平等的想法，卽起於此種對抗關係中。

凡此「政治／經濟／文化」的衝突，再加上「世界性／本土性」「資本主義／社會主義」的糾結，構成了一種奇特的形勢。當代的政潮起伏、政策擺盪、意識型態衝突，除了現實權力及利益造成者外，大抵卽生於以上這一形勢中。錯綜複雜，無以名之，暫時稱做「現代化症候羣」吧！

三、在困窘中

近代中國史的「現代化實驗」，如上所述，其實是出現了一大堆現代化症候。對此症候，政府及國民黨一直沒有從現代化的理念與政經體系上去進行反省。其施政，大體上是在政經體制上追求現代化，而在文化上強調復興中華文化，提倡傳統倫理道德。

在政經體制的現代化方面，執政者主要是以國家政策促使持續且快速增加生產，以期達成經濟轉型；使人民能普遍取得社會財富，並逐漸參與政治決策，達成社會轉型。經過此等步驟，執政者希望能使國人重新肯定國家意識，改變屈服於外人的感覺。但是，所有政治經濟體制，都是外來的；社會轉型，提供的也是新的現代化的價值行為體系。這不但不能激發國家認同和國家文化意識的尊嚴感，反而教育民衆盡力去追求去學習「西方先進國家」。國家意識越來越淡薄，對中華文化的認同感也逐漸降低。在這種現代化的社會具體結構及情境中，執政者在文化上所提倡的復興中華文化云云，不僅對一般人來說是空洞的、抽象的、概念的，且根本便與社會具體脈絡脫節，成為一種虛浮的意識型態口號。

更糟糕的，是把「中華文化」描述成一種田園牧歌式的生活情調。把我們生活在現代化社會中種種精神上的不滿，投射到一個虛構的中國古代封建鄉村社會裏，藉著緬懷舊日社會的人生觀價值觀及生活方式，來撫慰心靈；或企圖用它來拯救我們這個社會。

這種走向，一直從「復興中華文化運動」到「文化建設委員會」設立，幾乎沒什麼改變。如果有什麼變化，那就是早期高談理念、道統、倫理道德，後期則落入具體的農村情調之緬懷與把玩上。如提倡民俗技藝之類。層次比從前還低；也更無力導引社會文化走向，或爲時代提供文化理想。

這是因爲執政者對現代化政經體系不僅缺乏反省與批判，反而常以現代化的政經成就爲傲。所以文化問題，被切隔在政經之外，要不就是遭到冷落，要不就以經濟效益來評判文化事務、壓抑文化發展，以政治力量宰制文化。其提倡之文化，也只能是成爲政經體系的邊緣性附屬性事務。故高者掛空而談，低者（如民俗遊藝表演、古式家具、民藝品展示與買賣、茶藝館文化……等）僅成爲社會生活中的消閑用品而已。似乎掌理文化工作者，對資本主義社會內部政經文化諸領域中的矛盾，尚無覺知。因此不但不以上述現象爲可憂，且夸夸其談，以爲我們經濟弄好了之後，正可以用濟經力來帶動文化事務。附會「倉廩實而後知禮義」之說，以爲我們亦將「有錢也有文化」，有錢之後，進而可以「富而好禮」。殊不知連文建會所提倡起來的「文化」，也已在這個社會結構中被徹底商品化價格化了。所以，若不以文化爲主體來思考文化政策及文化發展，而以政治或經濟發展來進行文化發展，是不可能有什麼作爲的。

而且，根據博蘭尼《鉅變：當代政治經濟的起源》的分析，經濟自由主義所造成的市場社會，本身就會激發一個強力的反對運動。因爲在我們這個社會中，把人轉變爲商品，正是市場社會的核心要義。而爲了保護社會免於企業家和國家主政者所建立市場之侵害，社會各部門會自發的、不經計畫卽興起對抗活動，以保護自然、生產組織、人類。例如立法干涉自由放任經濟原則，主張環境資源保護、社會保險，干涉公共衞生、工廠條件、公共設施等等。這些干涉及保護，必須通過立法程序及國家力量來執行，必須訴諸議會民主。所以結果也必然造成了議會民主與資本主義之間的基本衝突。這時，「國家」便陷入兩難的矛盾中。一方面，勞工及其他推動社會保護的人士，爲了社會組織與資源而行動，國家基於社會共同利益，不能不承認並配合之。但另一方面，他們所反對的自由市場，卻已成爲社會的物質基礎，新文明之存續卽有賴於市場本身的存續。所以資本家的市場利益，又變成了國家也必須維護的社會共同利益。這種不幸，正如博蘭尼所說，是文化的，而非經濟的，也不是誰鼓動了社會各階層去立法院爭取保護。對這種資本主義社會內部深刻矛盾所激發的文化——社會運動，對於國家在自由經濟和反對運動兩力交衡中的處境，執政黨實在是缺乏了解，也從未正視過，其左支右絀，實乃勢所必至者。

相對於執政者對現代化無所質疑的態度，反政府者、自居爲「民間」的文化工作者、乃至一般民衆，便顯然不同。在他們眼中，臺灣現代化社會所呈現的各種問題，就是執政者所造成的問題。如前文所提及的都市化工業化生活上遭到的不便與痛苦，社會結構轉變後所形成的社會問題，都會直接使民衆從抱怨政府提供的是一個惡質化的生活空間，進而懷疑到政府統治的正當性。因此，社會批判、政治批判和文化批判往往合在一塊兒。

當然，這其中大部份人是沒有明顯文化意識的，少數能思考當前文化問題的人或團體，便在這種情境中被烘托出來，導引了大衆思考的方向。

根據我們的觀察，目前對現代化或國民黨政經建設的批判，大略有三種方向或態度。一種是援引社會主義對資本主義的批判。指責臺灣社會已經被財團巨賈及外國經濟勢力所宰制，國家已成爲財團資本主義的幫凶，以致社會貧富不均，壓搾剝削變本加厲，「人的異化」情況也愈來愈嚴重。且逐漸造成資源枯竭、環境汚染、生態失衡的非理性社會。或變成依賴西方資本主義國家的邊陲地帶。此類批評者往往將臺灣放入第三世界國家的陣營中，認爲臺灣近數十年來在「國家機器——企業——外資」三邊聯合的結構下達成的依賴發展，形成了一種冷戰的、依賴的、反民族或非民族化的、無主體性的文化。由於他們所汲用的馬克思及新馬克思主義之理論，本身便有不少分歧，因此他們的意見也不甚一致，然其大致態度及分析社會的工具是相似的。其中有些人因爲反資本主義帝國主義，且對社會主義特有會心，又提倡民族主義，故成爲在野「統派」之中堅力量。其他人或未必主張與中共統一以反抗帝國主義，但此一思路仍爲批判社會現況、顯示追求正義之態度的利器。對青年學生知識份子，尤具吸引力。上次選舉時，即有特舉社會主義爲號召者；現在朱高正所欲籌組的新黨，似乎也準備掛社會主義的招牌。

第二種態度，則是重返地緣血緣的原生結構，來反叛現代社會及造成這種現代社會的非地緣血緣性政團：國民黨政府。

前文已經談到，我們的文化復興，只是把中國文化描述成一種虛幻的封建鄉村生活情調，教人在現代社會中發懷古戀舊之幽情；文化建設，又落入具體的農村情趣之把玩。順著這個路子走，自然就愈來愈黏著於土地與人民。歷史和文化，彷彿便是田園鄉厝、牛車雨笠。在這個意義上，中國，只是空洞不實存的夢幻。中國文化這個概念，遂一轉而成爲臺灣的文化。古物發掘、民俗考察、古蹟維護、民藝收藏、研究早期臺灣史等等，立刻獲得一個新的意義：是對臺灣歷史的追尋與重建，是對臺灣文化的肯定。「土地」和生活性的「人民」，逐漸成爲具有神聖性的詞彙了。

奠基於地緣及血緣性原生結構的臺灣意識及臺灣新文化運動，內容十分複雜，糾纏於歷史與權力鬪爭之中。此處的描述，僅涉及了其中一個面相而已。但這個面相是不可忽略而一般人卻未注意到的。也就是說，如今的臺灣本土文化意識，是由過去的中國本位文化活動逐步發展而成的。六〇年代的中西文化論戰、七〇年代的中國化熱潮（雲門舞集、社會及行為科學中國化、比較文學中國學派、科學中文化……），帶出了現代派與鄉土派大對抗的鄉土文學運動、校園民歌。這個時候尚無臺灣本土文化之說，只有在政治上談落實本土化，起用臺籍青年，詭稱「崔苔菁」的現象。其後才在文學藝術方面逐漸分化發展出「臺灣文學／中國文學」之爭。可見臺灣本土文化的意識重建，既是對現代化的批判；也是失落的民族主義，轉向投射的結果。

第三種態度，與前述二項頗爲不同。乃是在現代化中的反現代。這種後現代主義，不再迷戀泥土田園，也不高談民族文化或本土性，對第三世界並無太大認同，亦不著重批判資本主義的罪惡。它是現代化社會的產物，都市、電腦、消費生活，就是他們的田莊鋤犁和瓜棚豆架。所以它不想改造都市，也不是要去「適應」這樣的社會，而是他們本來就生活在這種多國化資本主義消費社會中。

歷經幾十年現代化之後，我們的都會區，特別是臺北市，事實上滿是這種「後現代主義人羣」，行走在新的街道、超級市場、電子遊樂場裏。它和現代化運動所具有的烏托邦性質極爲不同，它們只要大衆化、裝飾、拼貼、消費，追求生活上的愉悅和享樂；不再需要深度、眞理、結構與歷史。人只活在現在，一切都無所謂，一切都只是「論述」、是「言談」、是「形象」。新一代青年，所謂新人類，抱持的多是這種態度。

如果以文學家來做示例歸類，則陳映眞屬於第一類，宋澤萊、林雙不屬第二類，林燿德可以屬第三類。其他史學哲學社會學界諸文化工作者，也可以做類似有趣的分析。但做歸類遊戲是無濟於事的；這幾種態度間也常有混融現象，並不如此斬截。因此，我們只是藉由這樣的分判，來凸顯當代文化思考的問題。

蓋此數種型態，皆具有反現代、反政府、反國民黨的性質。然而，自附於第三世界國家，援引社會主義以申張民族主義者，事實上是更深地把自我納入世界體系理論中去，亦未眞正面對馬克思主義在中國實施的具體後果。徒然使自己成爲意識型態的追逐者。重返於地緣血緣原生結構者，雖要「大聲講出愛臺灣」，但把文化的根源與判準，推向非理性的土地與血緣，也是令人擔憂的傾向。其中蘊涵了反智與反文明的意味。而且，他們爲了將臺灣文化和中國文化區分開來，不惜攀引被殖民時期臺灣曾接受荷蘭日本文化之歷史，說臺灣文化具有世界性，與中國文化不同。更是一種將自己異化以證立自己具有主體性的扭曲之途。殊不可取。某些反對這種臺灣民族文化論調者，其理據及心理狀態，實與臺獨傾向者無太大不同；也是重返地緣血緣，以擁抱大陸的泥土與人民，來談中國文化問題。如此，不但形成兩種民族主義之間無可妥協的對決，臺灣在中國文化中的位階也被漠視了或降低了。至於後現代主義的虛無傾向，則使人不再能感覺到從過去通向未來的連續性，且文化和工業生產及商品已經緊緊結合在一起。其說固然具有瓦解、拆穿、揭露一切政治社會文化神話的功能，卻乏正面建構之力。以臺灣的社會現實來說，我們是否已跟西方一樣，業已進入晚期資本主義階段，亦大有問題。因此，後現代主義做爲臺北都會區知識份子的論述清談則可，欲以此解決當今文化問題，恐怕沒什麼效力。

四、實踐的創造之路

提出策略有許多種方式，本文是採取說明問題的方式。解決問題的辦法，即在我們的解析與批評之中。通過解析問題與批評各種處理方案，嘗試指出可能的實踐方向。

前文所述，其重點在於說明：現今處理文化問題，必須確認我們是在一個現代化的時代與歷程中談文化問題。確認這一點，非常重要。過去，執政黨推動現代化，以現代化成績爲「臺灣經驗」而沾沾自喜，視爲「成就」；它當然也就成爲所有批判現代化者的靶子。現在，執政者應該確實認清現代化歷程中的各種危機與文化矛盾，將自己改變爲危機的處理者與文化矛盾的消解者。轉換它在文化事務上的角色，與反對者一同來檢視現代化的病況（不要老是叫人看社會的「光明面」，認為揭露「陰暗面」就是別有用心，就是抹煞執政黨的成就）。唯有如此，才不會模糊問題；也才能與社會各文化工作者站在同一條陣線上，減少對立。

其次，所謂我們是在現代化的時代與歷程中談文化問題，意指我們不能再去想像一種傳統的鄉村生活型態，以舊有的人與自然、人與人的關係做爲追求的目標，或要求國民進行新生活運動。特別是執政者，不應叫人民禁慾，爲道德之踐履；而應致力改善文化環境與制度，強化文化批判力，以平衡整體社會的病況。例如現代社會中政治、經濟兩大領域對文化的傷害，執政者有何對策？我們常因經濟理由，停辦文化刊物、關閉文化服務機構、減少文史哲學科系之開設；也常因政治原因如此。以官僚體制推動文化工作的陋習，更是長期未能改善。故我們在文化領域上力量單薄，不足以平衡政經力量，才會造成社會畸型發展，使得社會問題叢生。現在民衆行爲及道德若有偏差，乃是結果，不是原因。要求民衆修己行善，是毫無道理的。所提之道德倫理要求，若又是傳統規範型態，那就更不能跟現代社會合拍了。

過去，我們是政經現代化而採文化保守主義，以一種懷舊的心情，批評現代社會所代表的價值，主張恢復傳統倫理道德、復興中華文化，以拯救現今社會之「沈淪」。但事實上，中華文化不應視爲一個已經凝固、定型了的東西，因爲我們現在創造的文化就是中華文化。我們應該討論的，是如何創造合理的人生觀、價值觀、世界觀，而非虛構地去揣想一個「經過論者調整以適己意的封建鄉村社會」。

創造以臺灣爲主體的當代中國文化，卽是在這個認識的基礎上說的。

海德格曾經分析過，現代社會之現代性的本質，是主體性與客體性的兩元分離，而以主體性優位爲其最根本的特徵。主體性優位的意思是說，在認識上、在倫理實踐上，作爲主體的個人被當作是評斷所有眞理、所有倫理生活、所有社會政治生活之對或錯的工具與依據。個人從傳統基督教社會之神學中心結構的世界中解放出來（在社會政治生活上，則從封建的束縛中解放出來，成爲可以在市場上自由買賣的勞動人），人不再被視爲這個世界的一部份、這個世界的產物。對於作爲主體的個人而言，世界（不管是自然世界或人的生活世界）就是外在的世界，是可以被人透過數學、自然科學、勞動等範疇來加以量度化、客體化的客觀世界，因而是可以轉化、可以征服的世界。從這種主體性優位的思想出發，作爲能量度、轉化、征服世界之獨立主體的個人，遂成爲一切存在的焦點。

在這種主體主義的思維中，主體可以懷疑一切；但有一樣東西不能懷疑，那就是作爲主體之個人。主體性在這裏是一個先驗的、孤立的存在。海德格從有限存有（finite being）的角度批判這種主體性，指出這種主體性和以之爲基本特徵的現代性，在權力意志（will to power）中達到其發展的最高點。對作爲主體的每一個人而言，每一個其他的人都是客體。在主體性的原則下，每一個人，都要去轉化、支配世界及其他人，以獲取最大之自主的自由。換言之，在這種主體性原則下，主體性的伸張或凸顯，卽表現在主體支配其客體的自然或其他個人的能力。

當前討論臺灣文化之主體性者，在分析範疇上多是把主體性看成這種本質的、先驗的、孤立的存在。例如退返地緣血緣原生結構上去確立臺灣本土文化的主體性。好像只要把外來的、加諸臺灣人民及土地上的政權和中國文化移開，這種主體性就顯現出來了。講中國文化的先生們，也認爲有一個先驗的、本質的中國文化的主體性，如道統傳承或祖國、土地、人民之類。這兩種主體性，也都有支配、獨佔的權力意志特徵。

但主體性不一定都得如此談。所謂創造以臺灣爲主體的當代中國文化，恰恰不是這種先驗的、本質的、孤立的主體性。用黑格爾的話來說：「一個人無從知道他是誰、他是什麼，除非他通過行動把自己造成眞實的事物」。心靈只有藉著創造一個事物，才能達到心靈的自我認識。猶如我們不眞知道我們有什麼想法，除非我們寫出一篇文章，通過文章寫作這個行動，才能把自己眞正的想法創造出來，同時也達到了自我認識的目的。換言之，主體性是在創造的實踐活動中呈現的。我們住在臺灣的這個時代之中國人，在創造的實際活動中，面對當代問題所呈現的文化處理，就是以臺灣爲主體的當代中國文化。

這種主體性，可以擺脫目前以血緣地緣定主體、或以古老中國圖騰來定文化主體兩方面的糾纏，而示人以實踐行動之方向、及追求之理想。且於創造的實踐活動中見主體，這種主體性也沒有支配、獨佔的意味。乃是聚合反省現代化社會的各方面力量，共同面對現代社會。此一創造，不單爲臺灣未來文化發展所必須努力者，亦將爲導引大陸文化走向之重要借鏡（因爲大陸也正在推動現代化），對全世界之思考現代化問題者，更將是一有價值的貢獻。

滄海叢刊書目

國學類

哲學類

現代藝術哲學	孫　旗　譯
現代美學及其他	趙天儀　著
中國現代化的哲學省思	成中英　著
不以規矩不能成方圓	劉君燦　著
恕道與大同	張起鈞　著
現代存在思想家	項退結　著
中國思想通俗講話	錢　穆　著
中國哲學史話	吳怡、張起鈞　著
中國百位哲學家	黎建球　著
中國人的路	項退結　著
中國哲學之路	項退結　著
中國人性論	臺大哲學系主編
中國管理哲學	曾仕強　著
孔子學說探微	林義正　著
心學的現代詮釋	姜允明　著
中庸誠的哲學	吳　怡　著
中庸形上思想	高柏園　著
儒學的常與變	蔡仁厚　著
智慧的老子	張起鈞　著
老子的哲學	王邦雄　著
逍遙的莊子	吳　怡　著
莊子新注（內篇）	陳冠學　著
莊子的生命哲學	葉海煙　著
墨家的哲學方法	鍾友聯　著
韓非子析論	謝雲飛　著
韓非子的哲學	王邦雄　著
法家哲學	姚蒸民　著
中國法家哲學	王讚源　著
二程學管見	張永儁　著
王陽明——中國十六世紀的唯心主義哲學家	張君勱原著、江日新中譯
王船山人性史哲學之研究	林安梧　著
西洋百位哲學家	鄔昆如　著
西洋哲學十二講	鄔昆如　著
希臘哲學趣談	鄔昆如　著
近代哲學趣談	鄔昆如　著
現代哲學述評㈠	傅佩榮編譯

當代西方哲學與方法論　臺大哲學系主編
人性尊嚴的存在背景　項退結編著
理解的命運　殷鼎著
馬克斯・謝勒三論　阿弗德・休慈原著、江日新譯
懷海德哲學　楊士毅著
洛克悟性哲學　蔡信安著
伽利略・波柏・科學說明　林正弘著

宗教類

天人之際　李杏邨著
佛學研究　周中一著
佛學思想新論　楊惠南著
現代佛學原理　鄭金德著
絕對與圓融——佛教思想論集　霍韜晦著
佛學研究指南　關世謙譯
當代學人談佛教　楊惠南編著
從傳統到現代——佛教倫理與現代社會　傅偉勳主編
簡明佛學概論　于凌波著
圓滿生命的實現（布施波羅密）　陳柏達著
薝蔔林・外集　陳慧劍著
維摩詰經今譯　陳慧劍譯註
龍樹與中觀哲學　楊惠南著
公案禪語　吳怡著
禪學講話　芝峯法師譯
禪骨詩心集　巴壺天著
中國禪宗史　關世謙著
魏晉南北朝時期的道教　湯一介著

社會科學類

憲法論叢　鄭彥棻著
憲法論衡　荊知仁著
國家論　薩孟武譯
中國歷代政治得失　錢穆著
先秦政治思想史　梁啟超原著、賈馥茗標點
當代中國與民主　周陽山著
釣魚政治學　鄭赤琰著
政治與文化　吳俊才著
中國現代軍事史　劉馥著、梅寅生譯
世界局勢與中國文化　錢穆著

中華文化十二講　錢　穆　著
民族與文化　錢　穆　著
楚文化研究　文崇一　著
中國古文化　文崇一　著
社會、文化和知識分子　葉啟政　著
儒學傳統與文化創新　黃俊傑　著
歷史轉捩點上的反思　韋政通　著
中國人的價值觀　文崇一　著
紅樓夢與中國舊家庭　薩孟武　著
社會學與中國研究　蔡文輝　著
比較社會學　蔡文輝　著
我國社會的變遷與發展　朱岑樓主編
三十年來我國人文社會科學之回顧與展望　賴澤涵　編
社會學的滋味　蕭新煌　著
臺灣的社區權力結構　文崇一　著
臺灣居民的休閒生活　文崇一　著
臺灣的工業化與社會變遷　文崇一　著
臺灣社會的變遷與秩序(政治篇)(社會文化篇)　文崇一　著
臺灣的社會發展　席汝楫　著
透視大陸　政治大學新聞研究所主編
海峽兩岸社會之比較　蔡文輝　著
印度文化十八篇　糜文開　著
美國的公民教育　陳光輝　譯
美國社會與美國華僑　蔡文輝　著
文化與教育　錢　穆　著
開放社會的教育　葉學志　著
經營力的時代　青野豐作著、白龍芽　譯
大眾傳播的挑戰　石永貴　著
傳播研究補白　彭家發　著
「時代」的經驗　汪琪、彭家發　著
書法心理學　高尚仁　著

史地類

古史地理論叢　錢　穆　著
歷史與文化論叢　錢　穆　著
中國史學發微　錢　穆　著
中國歷史研究法　錢　穆　著
中國歷史精神　錢　穆　著

國史新論	錢　穆　著
秦漢史	錢　穆　著
秦漢史論稿	邢義田　著
與西方史家論中國史學	杜維運　著
中西古代史學比較	杜維運　著
中國人的故事	夏雨人　著
明朝酒文化	王春瑜　著
共產國際與中國革命	郭恒鈺　著
抗日戰史論集	劉鳳翰　著
盧溝橋事變	李雲漢　著
老臺灣	陳冠學　著
臺灣史與臺灣人	王曉波　著
變調的馬賽曲	蔡百銓　譯
黃帝	錢　穆　著
孔子傳	錢　穆　著
唐玄奘三藏傳史彙編	釋光中　編
一顆永不殞落的巨星	釋光中　著
當代佛門人物	陳慧劍編著
弘一大師傳	陳慧劍　著
杜魚庵學佛荒史	陳慧劍　著
蘇曼殊大師新傳	劉心皇　著
近代中國人物漫譚・續集	王覺源　著
魯迅這個人	劉心皇　著
三十年代作家論・續集	姜　穆　著
沈從文傳	凌　宇　著
當代臺灣作家論	何　欣　著
師友風義	鄭彥棻　著
見賢集	鄭彥棻　著
懷聖集	鄭彥棻　著
我是依然苦鬥人	毛振翔　著
八十憶雙親、師友雜憶（合刊）	錢　穆　著
新亞遺鐸	錢　穆　著
困勉強狷八十年	陶百川　著
我的創造・倡建與服務	陳立夫　著
我生之旅	方　治　著
語文類	
中國文字學	潘重規　著

中國聲韻學	潘重規、陳紹棠 著
訓詁通論	吳孟復 著
翻譯新語	黃文範 著
詩經研讀指導	裴普賢 著
陶淵明評論	李辰冬 著
鍾嶸詩歌美學	羅立乾 著
杜甫作品繫年	李辰冬 著
杜詩品評	楊慧傑 著
詩中的李白	楊慧傑 著
司空圖新論	王潤華 著
詩情與幽境——唐代文人的園林生活	侯迺慧 著
唐宋詩詞選——詩選之部	巴壺天 編
唐宋詩詞選——詞選之部	巴壺天 編
四說論叢	羅盤 著
紅樓夢與中華文化	周汝昌 著
中國文學論叢	錢穆 著
品詩吟詩	邱燮友 著
談詩錄	方祖燊 著
情趣詩話	楊光治 著
歌鼓湘靈——楚詩詞藝術欣賞	李元洛 著
中國文學鑑賞舉隅	黃慶萱、許家鶯 著
中國文學縱橫論	黃維樑 著
蘇忍尼辛選集	劉安雲 譯
1984	GEORGE ORWELL原著、劉紹銘 譯
文學原理	趙滋蕃 著
文學欣賞的靈魂	劉述先 著
小說創作論	羅盤 著
借鏡與類比	何冠驥 著
鏡花水月	陳國球 著
文學因緣	鄭樹森 著
中西文學關係研究	王潤華 著
從比較神話到文學	古添洪、陳慧樺主編
神話卽文學	陳炳良等譯
現代散文新風貌	楊昌年 著
現代散文欣賞	鄭明娳 著
世界短篇文學名著欣賞	蕭傳文 著
細讀現代小說	張素貞 著

現代詩學	蕭　　蕭　著
詩美學	李 元 洛　著
詩學析論	張 春 榮　著
橫看成嶺側成峯	文 曉 村　著
大陸文藝論衡	周 玉 山　著
大陸當代文學掃瞄	葉 穉 英　著
走出傷痕——大陸新時期小說探論	張 子 樟　著
兒童文學	葉 詠 琍　著
兒童成長與文學	葉 詠 琍　著
增訂江皐集	吳 俊 升　著
野草詞總集	韋 瀚 章　著
李韶歌詞集	李　　韶　著
石頭的研究	戴　　天　著
留不住的航渡	葉 維 廉　著
三十年詩	葉 維 廉　著
讀書與生活	琦　　君　著
城市筆記	也　　斯　著
歐羅巴的蘆笛	葉 維 廉　著
一個中國的海	葉 維 廉　著
尋索：藝術與人生	葉 維 廉　著
山外有山	李 英 豪　著
葫蘆・再見	鄭 明 娳　著
一縷新綠	柴　　扉　著
吳煦斌小說集	吳 煦 斌　著
日本歷史之旅	李 希 聖　著
鼓瑟集	幼　　柏　著
耕心散文集	耕　　心　著
女兵自傳	謝 冰 瑩　著
抗戰日記	謝 冰 瑩　著
給青年朋友的信(上)(下)	謝 冰 瑩　著
冰瑩書柬	謝 冰 瑩　著
我在日本	謝 冰 瑩　著
人生小語(一)～(四)	何 秀 煌　著
記憶裏有一個小窗	何 秀 煌　著
文學之旅	蕭 傳 文　著
文學邊緣	周 玉 山　著
種子落地	葉 海 煙　著